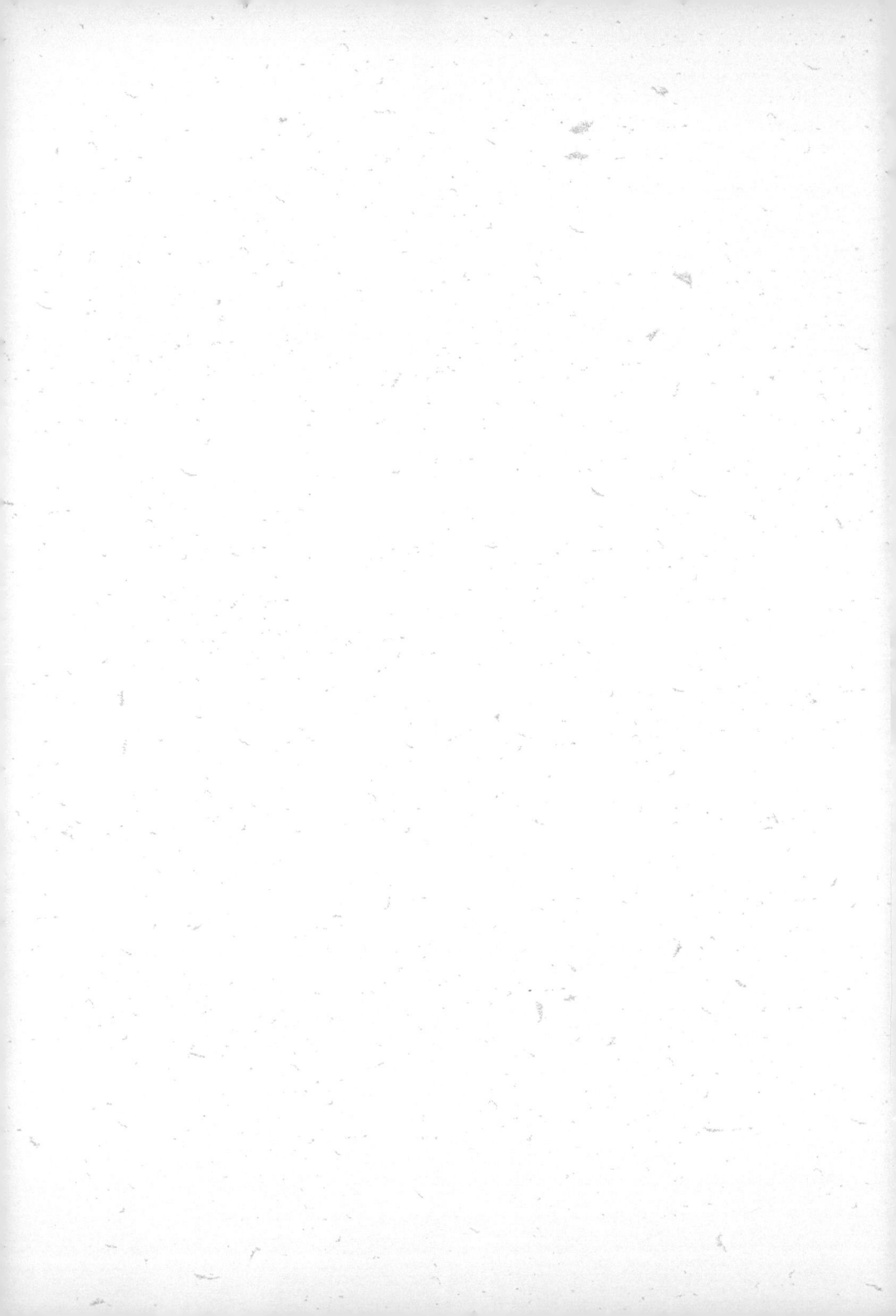

林语堂
的 朋友圈

LINYUTANG
DE PENGYOUQUAN

陈煜斓 著

中国文史出版社

图书在版编目（CIP）数据

林语堂的朋友圈 / 陈煜斓著. —北京：中国文史出版社，
2021.11

ISBN 978-7-5205-3441-3

Ⅰ.①林… Ⅱ.①陈… Ⅲ.①林语堂（1895-1976）—
人物研究—文集 Ⅳ.①K825.6-53

中国版本图书馆 CIP 数据核字（2021）第 257512 号

责任编辑：梁　洁　　　　　装帧设计：程　跃　王　琳

出版发行：中国文史出版社

社　　　址：北京市海淀区西八里庄路 69 号　　邮编：100142

电　　　话：010 - 81136606　81136602　81136603（发行部）

传　　　真：010 - 81136655

印　　　装：廊坊市海涛印刷有限公司

经　　　销：全国新华书店

开　　　本：880mm×1232mm　1/32

印　　　张：10

字　　　数：221 千字

版　　　次：2023 年 2 月北京第 1 版

印　　　次：2023 年 2 月第 1 次印刷

定　　　价：56.00 元

自　序

　　物以类聚，人以群分。朋友有许多种，既有男女之间的爱情朋友，又有常常吃喝玩乐的酒肉朋友，还有相互帮助和勉励的兄弟朋友，也有一同苦渡难关的落难朋友，更少不了那种因政治需要走到一起志同道合的朋友，以及跨越时空，彼此理解、心灵相通的知音朋友……他们有性格相似的，也有品性迥异的，但确确实实在人生某个阶段有过交集，或面交或神交。

　　林语堂一生交友甚广，有鲁迅、胡适、郁达夫、章克标、蔡元培、简又文、老舍、徐志摩、海戈、谢冰莹、陶亢德、邵洵美、赛珍珠、钱穆等同事、作家、文人、女兵，也有学生、电影明星、记者等。鲁迅对林语堂有"恨其不争"的情绪，在《书信·致曹聚仁》一函中说："语堂是我的老朋友，我应以朋友待之，当《人间世》还未出世，《论语》已很无聊时，曾经竭了我的诚意，写一封信，劝他放弃这玩意儿，我并不主张他去革命，拼死……我至今还自信是良言，要他于中国有益，要他在中国存留，并非要他消灭。"鲁迅也曾直言不讳地指出过林语堂散文创作的不足："不论谈老庄，谈明人作品，此公诚太浅陋也。"这些批评皆为朋友之道。故林语堂也回应："吾始终敬鲁迅；鲁迅顾我，我喜其相知，鲁迅弃我，我亦无悔。大凡以所见相左相同，而为离合之迹，绝无私人意气存焉。"在这些朋友中，有人始终与他保持较好的关系，也有人与他始于友善而终于决裂。林语堂晚年定居台北后同样常遭人批评或误会。他从不替自己申诉，简又文却替他叫冤，说道："像语堂待人的态度，殊有温温君子的风度。"林语堂待人温和、真诚，与他交往过的人几乎都是如此评价。"他总是那样仁慈、和蔼、可敬可爱，这一切都是从他温和的天性与渊博的文学中来。"陈石如此感慨地说。此外，马星野、黄肇珩、谢冰莹、陈纪滢、毕璞、钱胡美琦、羊汝德、薛光前、黄寄萍、林海音等对林语堂的印象亦是如此。

林语堂还有神交已久的孔子、老子、庄子、陶渊明、苏东坡、袁中郎、金圣叹等不同时代的故人。苏东坡是林语堂的第一偶像，这位百科全书式的天才文人，可当官，可为民，可写诗，可著文，问庄谈佛，可游戏风尘。1932年12月8日，林语堂在复旦大学的演讲中也有这样的话："谁是气质与你相近的先贤，只有你知道，也无须人家指导，更无人能勉强，你找到这样一位作家，自会一见如故。苏东坡初读《庄子》，如有胸中久积的话，被他说出，袁中郎夜读徐文长诗，叫唤起来，叫复读，读复叫，便是此理。这与'一见倾心'之性爱（Love at first sight）同一道理。你遇到这样的作家，自会恨见太晚。一人必有一人中意作家，各人自己去找去。找到了文学上的爱人，他自会有魔力吸引你，而你也自乐为所吸，甚至声音相貌，一颦一笑，亦渐与相似。这样浸润其中，自然获益不少。"苏东坡的人生态度与性格魅力深刻地影响了林语堂，所以他写下《苏东坡传》，自认苏东坡为千古一知己。林语堂还喜欢陶渊明。不过如果让林语堂选出他最喜欢去的朝代，他一定会选明朝。用林语堂的话是"那里有许多别出心裁的人物"。十六、十七世纪，有富于口才的屠赤水，有诙谐幽默并提倡性灵的袁中郎，有特立独行并以多口肇祸的李卓吾，还有组织戏班子并写下《肉蒲团》的李渔，还有放浪形骸口不择言的金圣叹、幽默风趣的袁子才……这些天才洋溢而私生活不检点的人物，林语堂视为旧交故友。林语堂说袁中郎喜欢徐文长的话，同样也可以用来说明他自己；换言之，正是因为林语堂有此体味与感受，所以他才能以这样的比拟来谈袁中郎。20世纪30年代，屡遭批评之时，那些提倡性灵幽默又不畏强权的历朝前辈，给了林语堂以极大的精神支援。几个神交已久的古代朋友，是林语堂的精神靠山，是他性灵与幽默主张的发源之泉。正如他在《生活的艺术·自序》中所言："当我写这本书的时候，有一群和蔼可亲的天才和我合作，从真实的意义上来说，这些灵魂是与我同在的。两个时代的人有着同样的思想，具有着同样的感觉。"

在林语堂身上，我们也会看到"中西文化双手互搏"的影子。尽管西方文化是林语堂的皮，是他外在的行为标准，东方文化才是林语堂的魂，是他内在精神的最终归宿。但是，西方文化人如尼采等对他的影响是不言而喻的。对萧伯纳则不同，因为在萧伯纳身上有着中国古代文人的儒雅大度和仙风道骨。古希腊晚期的伊壁鸠鲁提出快乐主义伦理学说，强调对快乐进行审慎的选择，使身体无痛苦和灵魂无烦扰。林语堂深受其思想的影响，在动荡的时局下，提倡闲适、快乐的生活，认为快乐属于感觉，只有在肉体快乐得到合理满足的基础上才能享受精神的快乐。他还用宇宙观消除对神灵和死亡的恐惧，以一种乐观的心态摆脱悲剧情结的困扰，追求尘世的幸福生活，享受人生的快乐。林语堂一向不愿应酬，能入他法眼者并不多见，尤其对西方的许多文化名人他并不喜欢，因为西方人思想太过理性，而心灵又焦虑不安和太过急躁，全然不懂生活的真义。

每个人一生所成就的事业和他对社会所作出的贡献，除了个人所做的主观努力之外，与他所处的社会条件、所接触的人、所从事的职业也是分不开的。就林语堂而言，若不是他在一生中的几个关键时刻都遇到了对他发生重大影响和帮助的人，那就很难说后来成为具有世界影响的文学大师。

林语堂交友待人方圆有度，秉持中庸的精神。他与朋友无论相得还是疏离，始终以开阔的胸襟，儒雅、和谐的态度处之。林语堂待人，恰如袁枚所言："所谓诗人者，非必其能吟诗也。果能胸境超脱，相对温雅，虽一字不识，真诗人矣。"林语堂则正是那种"真诗人"。他的"半半"人生观使其建筑起明慧、宽怀、达观的人生，饱含赤子之心，自由、随性、随缘，不被他人和世俗所困扰。

每个人都可能有自己的家庭成员，他们或健在，或已远去，但他们都会给家中的一分子或多或少的影响。在林语堂平凡的家庭里，对他影响最大的有母亲、父亲和二姐。他是个懂得感恩的人，母亲的辛勤劳作；父亲为了他读书而奔波；二姐出嫁时对他的叮嘱关爱；说出"没钱没关系"的廖翠凤，给予他充分的理解和信任，与他相濡以沫一辈子。这些他都牢记心中，到晚年写《八十自叙》时仍不忘他们对他的恩情、亲情，"这些事情太深刻，我永远忘不了"。

"两脚踏东西文化，一心评宇宙文章"的林语堂，中英文著述达 2000 多万字，在众多领域都有杰出贡献！然而，由于种种原因，1949 年后，因其资产阶级的"帮闲文人"及"反动文人"的身份，被清除出了文学史。直至 20 世纪 80 年代，被舍弃的林语堂才重回学术视野，而且对他的研究热度也逐渐回温。但是，这位"有一定代表性又带有某种特殊性的中国现代作家"，大众对他不甚了解，因此，做解读林语堂的普及工作教育非常必要。

具有独立、幽默、乐观、宽容、恬淡、平和、从容、勇敢、谦逊、冷静、超脱与睿智等人格特征的林语堂，一生都在追寻着朋友，又屡屡受到朋友的伤害。他想与鲁迅为友，最终分道扬镳；他也想与左翼文艺工作者交朋友，然而得到的是郭沫若等人对自己的污辱和谩骂；他以美籍作家赛珍珠为朋友，不仅受其盘剥，还遭其造谣中伤。林语堂找过老子、拜访过孔子、敬奉过陶渊明，与苏东坡有过跨越时空的握手……

有必要说明，林语堂以各种方式交往及对其产生影响者众多。譬如，1919 年，撰写论文《批评论文中的词汇变迁》，得到美国著名教授布利斯·皮瑞（Bliss Perry）的赞赏，鼓起了林语堂语言学探索的勇气；1923 年留学归来，在《晨报副镌》第 232 号发表语言学论文《国语罗马字拼音与科学方法》，得到钱玄同的鼓掌；亦师亦友的圣约翰大学校长舫济博士（Dr. F. L. Hawks Pott）；将林语堂 16 通手札装裱起来的张海平（海戈）……诸多圈内人物无法一一写到。

　　笔者编写这本集子，主要是出于以下两个方面的考量：首先，这些是林语堂一生中重要的组成部分，是非争议只有拨开云雾才能呈现出真实的林语堂形象；其次，筛选的人物、事件，联系到不同时期林语堂的活动，能呈现出一个完整时空下的多重对话模式。换一种表达方式做研究，既是当下一些学者正在做的尝试，也确实感到便于对前人观点的介入。

目 录

I

跨越时空的交流

至亲至爱的牵绊

现实人生
的对话

中西文化沟通的使者
林语堂与辜鸿铭

　　林语堂初识辜鸿铭是在上海圣约翰大学图书馆。据他后来回忆："少时在约翰大学图书馆，读到辜鸿铭著的 *Pviceroy's Yamen*，见其文字犀利，好作惊人语，已深喜其矫健。时陈友仁办北京英文日报 *PeKing Gazette*，亦约辜按月撰稿 4 篇，下课时每阅读二氏之文以为乐。不及一两月，辜因故脱离不复作。"[1] 辜鸿铭、陈友仁二人都精通英文，为学生时代的林语堂所极度仰慕者，对其一生的影响也极为深远。

　　1877 年，辜鸿铭获爱丁堡大学文学硕士学位后，又赴德国莱比锡大学等著名学府研究文学、哲学。由奈尔逊教授翻译的辜鸿铭论文集 *Vox Clamantis*（《呐喊》，又名《哀诉之音》），1920 年于莱比锡出版。次年 9 月林语堂转入莱比锡大学就读时，辜鸿铭的著作已是学校指定的必读书目了。

　　辜鸿铭（1857—1928），何许人也？祖籍福建同安，生于南洋英属马来西亚槟榔屿。学博中西，精通英、法、德、拉丁、希腊、马来亚等9种语言，先后荣获13个博士学位。光绪十一年（1885）学成而归，曾为湖广总督张之洞幕僚，又任清外务部左丞、北大教授及奉系军阀张作霖顾问，还曾获宣统颁赐"文科进士"荣衔。早在19世纪末到20世纪初的几年里，他一方面将中国经典古籍《论语》《中庸》《大学》等译成英文，相继在海外刊载和印行；另一方面将威廉·柯伯的《痴汉骑马歌》和柯勒律治的《古舟子咏》等诗人的诗歌翻译成中文，成为近代中国向国内译介西方诗歌的先驱。辜氏一生著述颇丰，且多用流利的英文写成，其目的在于使西方人了解中国的孔孟哲学，精神道义，并通过了解进而尊重中国文化。1883年肇始，辜鸿铭以"中国学"为题在英文报纸《字林西报》上发表文章，昂首走上宣扬中国文化之路。他以英文撰《尊王篇》，申大义，列强知中华以礼教立国，终不可侮。在《中国的牛津运动》一书中，把张之洞领导的维护中国纲常名教的清流运动和纽曼的牛津运动都看成是反对和攻击同一个敌人——现代欧洲高度物质文明的破坏力量。这位沟通中西文化的使者，精通西洋科学、语言兼及东方国学，因为语不惊人死不休的个性，被称为"清末怪杰"，在西方被称为精英。

辜鸿铭热衷于向西方人宣传东方的文化和精神，并产生了重大的影响。西方人曾流传一句话："到中国可以不看三大殿，不可不看辜鸿铭。"他在西方获得赫赫之名，多半由于他那机智有余、火花四溅、酣畅淋漓的英文实在太出色，他那专搔痒处、专捏痛处、专骂丑处的文化观点令欧洲学者为之心折，敬佩有加。但他不是崇洋媚外之人，相反，他在洋人面前向来表现出优越感。某天，辜鸿铭在北京椿树胡同的私邸宴请欧美友人，点的是煤油灯，烟气呛鼻。友人说:"煤油灯不如电灯和汽灯明亮。"辜鸿铭笑道:"我们东方人,讲求明心见性,东方人心明,油灯自亮。东方人不像西方人那样专门看重表面功夫。"当年,他在东交民巷使馆区内的六国饭店用英文演讲 The Spirit of the Chinese People(《中国人的精神》,他自译为《春秋大义》)。照惯例,中国人演讲历来不售票,他却要售票,而且票价高过"四大名旦"之一的梅兰芳。听梅的京戏只要一元二角,听辜的演讲要二元。辜鸿铭以独特的视角,把中国人和美国人、英国人、德国人、法国人进行了对比,凸显出中国人的特征之所在:"美国人博大、纯朴,但不深沉;英国人深沉、纯朴,却不博大;德国人博大、深沉,而不纯朴;法国人没有德国人天然的深沉,不如美国人心胸博大和英国人心地纯朴,却拥有这三个民族所缺乏的灵敏。只有中国人全面具备了这四种优秀的精神特质。"也正因如此,他认为中国人给人留下的总体印象是"温良""那种难以言表的温良"。

辜鸿铭辩才无碍,他既能在西洋人面前稳操胜算,也能在东洋人面前棋高一着。中日甲午海战后,伊藤博文到中国漫游,在武昌停留期间,辜鸿铭将刚出版不久的英文译本《论语》送给伊藤。伊藤早有耳闻,辜氏是保守派中的先锋大将,便乘机调侃。"听说你精通西洋学术,难道还不清楚孔子之教能行于 2000 多年前,却不能行于 20 世纪的今天吗?"辜鸿铭见招拆招:"孔子教人的方法,好比数学家的加减乘除,在数千年前,其法是三三得九,如今 20世纪,其法仍然是三三得九,并不会三三得八的。"

辜鸿铭有着愤世嫉俗的个性,褒贬人物,不留情面,性情狂狷不逊,敢于推倒一世雄杰,也曾骂遍天下强梁。他评价晚清强权大臣之毫不避讳："张文襄（张之洞）学问有余，聪明不足，故其病在傲；端午桥（端方）聪明有余而学问不足，故其病在浮。文襄傲，故其门下幕僚多为伪君子；午桥浮，故其门下幕僚多为真小人。"他认为曾国藩是大臣，李鸿章是功臣，曾之病在陋（孤陋寡闻），李之病在固（凡事无所变更）。而对居心不良者，更是不留情面。1907年，张之洞与袁世凯同入军机。一次，袁世凯对驻京德国公使说："张中堂（张之洞）是讲学问的，我是不讲学问的，我是办事的。"言下之意是，他处理公务无须学问帮衬。辜氏听了这话便说："当然，这要看所办的是什么事。如果是老妈子倒马桶，自然用不着学问；除倒马桶外，我还不知道天下有何事是无学问的人可以办到的。"以戏谑的语气嘲笑袁世凯不学无术。当时，有一种众人皆知的说法：洋人孰贵孰贱，一到中国就可判别，贵种的洋人在中国多年，身材不会走形变样，贱种的洋人则贪图便宜，大快朵颐，不用多久，就会脑满肠肥。辜鸿铭借题发挥，用这个说法痛骂袁世凯："余谓袁世凯甲午以前，本乡曲一穷措无赖也，未几暴发富贵，身至北洋大臣，于是营造洋楼，广置姬妾，及解职乡居，又复购甲第，置园囿。穷奢极欲，擅人生之乐事。与西人之贱种到中国放量咀嚼者无少异。庄子曰：'其嗜欲深者，其天机浅。'孟子曰：'养其大体为大人，养其小体为小人。'人谓袁世凯为豪杰，吾以是知袁世凯为贱种也！"辛亥年冬，袁世凯阴谋夺取大位，唐绍仪、张謇已做投靠的打算，他们还想将辜鸿铭网罗到袁氏麾下，辜鸿铭断然拒绝，他出语讽刺唐绍仪为"土芥尚书"，张謇为"犬马状元"，掷杯不辞而去。辜鸿铭生平最看不惯官场里的蝇营狗苟，而且毫不隐瞒地表达出来。在京城的一次宴会上，在座之中都是一些社会名流和政界大腕，一位外国记者逮住这个空当乘机采访辜鸿铭，他提的问题很刁钻："中国国内政局如此纷乱，有什么法子可以补救？"辜氏不假思索，立刻开出一剂猛药："有，法子很简单，把现在所有在座的政客和官僚，统统拉出去枪毙掉，中国政局就会安定些！"辜鸿铭对流俗之辈也是揭皮露骨："你们以为穿西服，流时髦头，便够摩登了？我告诉你们，孔孟纵然披上猴皮，还是圣贤；猴子纵然穿起蟒服，仍是兽类。内心未变，外表变更，毫无关系。"

桀骜不驯的辜鸿铭却是个十足的保皇死党，一个为人所诟病甚多的人。

首先，辜鸿铭一生主张皇权。慈禧太后去世后四年，辜鸿铭写过一篇《慈禧的品行、趣味和爱好》的文章，赞扬慈禧太后"胸怀博大，气量宽宏，心灵高尚"，是一位趣味高雅、无可挑剔的人。但他自认为"许多人笑我痴心忠于清室，但我之忠于清室，非仅忠于吾家世受皇恩之王室——乃忠于中国之政教，即系忠于中国之文明"。大清王朝被推翻后，他仍然拖着一条辫子执教于北京大学，并遑论"我头上的辫子是有形的，你们心中的辫子却是无形的。""我的辫子是有形的，可以剪掉，然而诸位脑袋里的辫子，就不是那么好剪的啦。"1919 年，张勋 65 岁生日时，辜鸿铭送给这位尸居余气的"辫帅"一副贺寿联，上联是"荷尽已无擎雨盖"，下联是"菊残犹有傲霜枝"。借用苏东坡《赠刘景文》一诗中的名句作寿联，与其说是夸赞张勋的遗老骨气，还不如说是别有深意，纯然作为自我表彰。

其次，辜鸿铭挑衅新学。最早译介《天演论》改变国人哲学观念的严复、译介西方小说改变国人文学观念的林纾，都在他的不满之列，认为"自严复译出《天演论》，国人只知物竞天择，而不知有公理，于是兵连祸结。自从林纾译出《茶花女遗事》，莘莘学子就只知男欢女悦，而不知有礼义，于是人欲横流。以学说败坏天下的不是严、林又是谁？"并欲"恨不能杀二人以谢天下！"他批评胡适讲的是美国中下层的英语，与高雅不沾边。胡适开哲学课，更让他笑掉大牙。他指出，欧洲古代哲学以希腊为主，近代哲学以德国为主，胡适不会拉丁文，又不懂德文，教哲学岂不是骗小孩子。讽刺胡适提出的文学"改良"："现在做官的人，都是为了保住他们的饭碗。他们的饭碗可跟咱们的饭碗不一样，他们的饭碗很大，里边可以装汽车，装洋房，装姨太太。""现在的人，包括那些自以为是的文字教授，用词作文都不通。譬如说'改良'吧，以前的人都说'从良'，字典里也只有'从良'这个字词，指的是娼妓弃邪从正，没有说'改良'的。'改良'让我百思不得其解，你既然已经是'良'了，还改什么？难道要把'良'改回去退而从'娼'吗？"

再次，辜鸿铭思想保守。他赞成一夫多妻制，声称"纳妾制乃社会和祥的保证，是男人的安乐窝，怨女的绝育所""妾者靠手也，所以供男人倦时作手靠也"。并有茶壶配茶杯的理论："你见过 1 个茶壶配 4 个茶杯，哪有 1 个茶杯配 4 个茶壶的呢？"他还把封建社会残害妇女的"裹小脚"当艺术来欣赏，"三寸金莲走起路来婀娜多姿，会产生柳腰款摆的媚态，那小足会撩起男人的遐想。女人的奇绝之处全在小脚。"尽管辜鸿铭与其日本夫人和中国夫人相处得都很和睦，在家里也不像普遍的中国男人那样喜欢颐指气使，但他脑子里并没有女权的影子。

辜鸿铭以怪论耸人听闻，刻意追求与众不同，大凡别人赞成的，他就反对；别人崇拜的，他就蔑视。时兴剪辫子时，他偏要留辫子；流行共和主义时，他偏要提倡君主主义。他才智出众，凡事都能说言高论，他保守偏激，但也有铮铮铁骨。林语堂将其定位为"最后一个儒家"。[2]

林语堂一生中英文著述达 2000 多万字，学科领域涉及文学、语言学、历史学、教育学和中外文化交流等众多方面。他通过《吾国与吾民》《生活的艺术》《京华烟云》等不同的体裁和题材，全面、系统、立体地向世界介绍、传播中华文化，呈现中国和中国人的形象，纠正和改变了外国人的"中国"观感，以及他们书写中无意的误解和有意的扭曲。"对中国人讲西方文化，对西方人讲中国文化"，同样备受西方推崇的林语堂，与辜鸿铭这位老乡校友有着辈分之隔。他对辜鸿铭有着从仰视到评论的过程。

1916 年，林语堂第一次在北京中山公园见到一位干瘦干瘦，头戴一顶瓜皮小帽，脑后留着一条又小又细的辫子，头昂得高高的，鸡爪似的双手背在身后，一副目中无人的老头子。这就是如雷贯耳，中英文俱佳、性格古怪任性的辜鸿铭。辜氏满腹经纶，尤精通四书五经，有译作《论语》《中庸》《大学》等。其《中国的牛津运动》一书，为各高校哲学系必读。中文论著则有《读易草堂文集》《张文襄幕府纪闻》等书。在圣约翰大学读书时，林语堂就读了辜鸿铭的著作，认为 20 世纪中国英文水平没有超过他的，对辜鸿铭翻译的精当准确和生动活泼佩服得五体投地。林语堂不喜欢他的一些恶癖，但对他的真才实学、硬骨头脾气和狂怪思想非常欣赏，因为这是一个不粉饰、率真自由的真人！一个不人云亦云的知识分子。本来，林语堂想上前向辜鸿铭请教，但他不敢，一是听说辜鸿铭相当傲慢；二是自己的水平尤其国学功底太浅，怕闹出笑话。最后林语堂还是悻悻离开。事后每次提起，林语堂总觉得当时错失了良机，如果能亲耳聆听辜鸿铭的高论，那该多好！

1917 年 3 月，身为清华大学英语教师的林语堂，撰写的 Li: The Principle of Social Control and Organization in China（《礼：中国社会控制与组织之原则》）载 *The Chinese Social and Political Science Review*（《中国社会及政治学报》）第 2 卷第 1 期。这篇篇幅较长的论文，内容共分为 6 个章节。

China's Interpretation of Herself

Meaning of Li

Li as the Principle of Social organization

Li, the Moral Code of Chinese Society (Social Control)

China the Country of Li

Practicableness of Li in Modern China

由章节标题可知，论文是意图解说前近代中国社会中"礼"的特质与其相当好的社会性机能。本书也可说是林语堂贪婪学习下的成果。林语堂在论文中并非将"礼"译成"rites"或"propriety"，而是将其译成更适合、更广义而且更有概括性的"civilization"。在该文中，他主要将"礼"视为具有社会性且空间性的广义，将其论述的焦点凝聚于安定秩序的效果。引导他进入广大的中国古代文化世界的辜鸿铭，在 The discourse and sayings of Confucius (1898)（《论语》的英译）中，将"礼"译为"art"。林语堂高度评价辜鸿铭的儒家经典英译，但如果要重视"礼"的社会秩序面的话，像辜鸿铭一样将"礼"视为"art"，的确是有困难的。

林语堂在最后一节当中，对于新时代个人主义是否能够容许"礼"制为基础的家族制度以及"礼"的形式主义，表示极为悲观。虽然他避免明白地指出，但是他所想要说的是，在现代中国社会中，"礼"是不可能和在古代社会一样能够那么有效地运作的。即使如此，他的论调与"五四"时期的大多数文章中激烈的反传统主义口吻很明显地划清了界限。对当时的林语堂而言，"礼"以及前近代中国文化并不是他确切诅咒的对象。这些应是和他属于"自我"内部的身份认同有密切关系，另一方面，这些东西也应该可说是带有"他者"性的吧。

在哈佛期间，林语堂参加 The Chinese Students/Monthly 的论文悬赏活动，多次入选第一名。我们发现 The Literary Revolution and What is Literature 是第一次得奖作品，入选第 15 卷第 1 期（1919，11），刊载于第 15 卷第 4 期（1920，2）。如果与他出国时辜鸿铭所发表的文学革命批判来做对照，在本篇文章中，他对文学革命支持的态度是非常明显的。但是，对于古典文学为何会吸引中国众多的文人，在本书里可看出他有一定的理解。也就是说，他并没有那么激烈地攻击古典文学。当然，他所主张中国新文学的态度是不动摇的。新文学不应该根据追求文学修辞完整性的游戏精神，而应该根据现代社会生活中所产生的自然而且强有力的文学精神。但他很客观地——语言原来的意识来说——描述古典中国文学，就是对他来说古典文学还是带有某种"他者性"。也许可以说，是因为他意识到英文读者对于中国古典文化未必有深入的理解所自然产生的倾向。但对他而言，英文决不只是一个有取代可能性的工具。如何评价他的英文著作多于中文著作？与其剔除以英文写作时的特殊倾向或者剔除以中文写作时的特殊倾向来做考量，更应该想象概括其伦理主体才是更接近真实的。如果说"五四"时期的激进反传统主义是激进地试图将"自我"与古典文化切割的话，林语堂这个伦理主体则可说是经过他独自的方式来筛选之后，试图吸取中国古典文化这个他者，逐渐融入"自我"的内在当中。

　　辜鸿铭对林语堂的影响是不言而喻的。1898 年，辜鸿铭完成的《论语》英译本 *The Discourses and Saying of Confucius* 由别发洋行（Kelly & Walsh）在上海出版。林语堂在编译 *The Wisdom of Confucius*（《孔子的智慧》）时曾参考过辜鸿铭的译文。不同的是，林语堂把《论语》作为《孔子的智慧》一书中的一章。在具体翻译时没有选择从"学而时习之"开始逐字逐句翻译，而是按内容归类重编，小题目有：夫子自述与旁人描写（孔子是怎样一个人），孔子的感情与艺术生活，孔子谈话的风格，孔子性格中的一面——霸气，孔子的机智，孔子的人道精神与仁，如何以仁度人，中庸为理想，论为政，孔子论教育、礼与诗。"本章内选了《论语》文字约四分之一，而根据思想性质予以重编。"理由是：(1) 这部书是未经分别章节、未经编辑的孔子混杂语录，涉及诸多方面，但对所论之缘起情况则概不叙明，而上下文之脉络又显然散乱失离。(2)《论语》中四五个字的短句颇多；除显示智慧之外，还可见夫子的语言之美。(3)《论语》的特色只是阐释说明，并没有把孔子的思想系统作一个完备周全的叙述，孔子学说之真面目则有赖读者去深思明辨。(4)《论语》文本的风格属于零星片段而飞跳飘忽，阅读时读者需凝神苦思。（5）中国学者从未有人把《论语》再作一番校正功夫，或予以改编，以便使读者对《论语》的含义获得更精确的了解。到了1959年，林语堂还会说："辜鸿铭帮我解开缆绳，推我进入怀疑的大海。也许没有辜鸿铭，我也会回到中国的思想主流；因为没有一个富有研究精神的中国人，能够满足于长期对中国本身一知半解的认识。"[2] 出人意料的是，那些对东方文化感兴趣、想要了解中国的外国人在读过林语堂的译本后能对中国文化及中国人有一个重新的认识。这也是林语堂对辜鸿铭翻译《论语》的突破，但这不影响林语堂用"电镀匠"来赞誉辜鸿铭的翻译奇才。"他了不起的功绩是翻译了儒家四书的三部，不只是忠实的翻译，而且是一种创造性的翻译，古代经典的光透过一种深的了然的哲学的注入。他事实上扮演东方观念与西方观念的电镀匠。"[3]

1934年9月20日，林语堂在《人间世》第12期刊发《辜鸿铭特辑》纪念辜鸿铭。他自己撰文就有《编者弁言》《有不为斋随笔：辜鸿铭》，翻译《辜鸿铭论》（Georn Brandes 著）。《辜鸿铭论》中这样介绍："瑞典学者斯万伯（Harald Svanberg）译述辜鸿铭著作，由是使我们得窥到此为卓越的中国学者对于欧战及对于中西文化关系的思想。比之通常欧洲人士所仅识得之多半作家，辜氏值得更大的注意而不可同日语了。""辜鸿铭最喜欢引用歌德一句话，表示中国精神：'世上有两种势力：公道与礼仪（Recht und Schickliohkeit）'。""由现代中国最重要的人的说法，据辜氏看来，中国的民族是主情的民族。据他说，德人之武力阶级比欧洲同阶级的人少粗暴性；而中国人的武力示忠厚和让，正与欧人之野兽抢掠本性相反。""辜氏对于他的议论有这样简单的结语：孔教力量之源在于敬爱父母，犹如各教力量之源在于敬爱教主。耶稣教会说：爱耶稣！回教教会教人：爱先知！中国的教会教人：爱你的父母！这样却使批评祖宗成为完全不可能，但是这批评却是进步的来源。"这是介绍辜鸿铭在海外的影响与认知。在《有不为斋随笔：辜鸿铭》中则评价曰："辜鸿铭善诙谐。其诙谐，系半由目空一切，半由好拆字。""实则辜鸿铭之幽默起源于其倔强之本性及其愤世嫉俗之见解。在举国取新若鹜之时，彼则扬言尊孔；在民国时期，彼偏言尊君，偏留辫子；在崇尚西洋文明之时，彼力斥西洋文化之非。""呜呼，辜作洋文，讲儒道，耸动一世，辜一怪杰矣！其旷达自喜，睥睨中外，诚近于狂。然能言顾其行，潦倒以终世，较之奴颜婢膝以事权贵者，不亦有人畜之别乎？"[4] 不敢说是真知灼见，但有几人敢如此评价一个抛出了时代轨迹的人？

1941 年 4 月 16 日，林语堂又撰文《辜鸿铭——最后一个儒家》，正文题名前标注"我所知道的顶有趣的人物"，给辜鸿铭一种评价。这个被林语堂视为"具备一流才智"，并且在他的信仰方向上扮演了"一个吹毛求疵者"的形象。林语堂多次使用"探险"一词来形容自己的"信仰之旅"，而这位"具备一流才智"的"吹毛求疵者"正是送他踏上"险途"的人，"辜鸿铭帮我解开缆绳，推我进入怀疑的大海"。

1939 年 7 月 16 日，林语堂所撰《吾国与吾民（一）》（雨秋译），载《朔风》第 9 期，第 393-395 页。正文前有雨秋撰写的引言："林语堂先生自著《吾国与吾民》(*My Country and My People*) 一书后，文名远播海外，为辜鸿铭后之第一人，近年漫游欧美，著作不辍，新绩斐然！除在 *Asia, Harper's, Atlantic* 及 *Christian Science*

Monitor Magazine 等杂志发表短篇论文外，还有《生活的艺术》(*The Importance of Living*)、《孔子哲学》(*The Wisdom of Confucius*) 二书。前者已有黄嘉德君按期译载《西风月刊》，后者多系翻译中文古籍，为美国'近代丛书'(Modern Library) 之一。林先生善谈生活趣味，写漂亮英文；幽默智慧，轻灵隽雅，为中西方读者所乐道，体察中国生活之性灵，针对西方生活之精神，精释巧判，相对成趣，尤为明达所欣鉴，故其书一出，纸贵一时，其才学之修养，已积之有素矣。《吾国与吾民》一书，于1935年由美国纽约 John Day 书局出版，风行一时，为该年美国新书中十大 Best Sellers 之一。赛珍珠女士称之为写实传真，包含骄傲、幽默、美丽、严肃、快乐，精通博解新旧之伟著，为谈中国以前未有之作，可谓知言。此书尚无中文译本，盖其所谈，皆为中国之种种，知者以为不需译，不知者又视为不易译也。余读此书，实深受之，然从未有译之之意，今承《朔风》编者之嘱，姑试为之，聊作游戏，并以解暑云尔。"这是两位中西文化沟通使者在民国时期的"同框"。遗憾的是，像辜鸿铭不受当时人们所待见一样，林语堂也曾一度被打入冷宫。这大概是两位"率性"的闽南同乡的宿命吧！

1976年3月26日，林语堂在香港去世。5月，他所撰写的《辜鸿铭英译〈论语〉序》刊载于台湾《综合月刊》第90期[5]，与辜鸿铭的交集终于画上了一个圆满的符号。

值得欣慰的是，20世纪末还有人给他们一个重新定义。现代著名学者陈平原在《东西文化的碰撞中》说："中国现代史上，着眼于东西文化综合，努力于以东方文化拯救世界，在西方产生一定影响的'东方哲人'，一是以儒家救世界的辜鸿铭，一是以佛教救世界的梁漱溟，一是以道家救世界的林语堂。"辜鸿铭、林语堂、陈平原都曾任教职于北京大学。

注释

[1] 林语堂:《辜鸿铭》,《人间世》1934年9月20日第12期,第37页。

[2] 林语堂著,夏楚译:《辜鸿铭——最后一个儒家》,《西风副刊》1941年4月16日第32期,第356—369页。

[3] 林语堂:《从异教徒到基督徒》,《林语堂名著全集》第10卷,东北师范大学出版社1994年版,第80页。

[4] 林语堂:《从异教徒到基督徒》,《林语堂名著全集》第10卷,东北师范大学出版社1994年版,第72页。

[5] 林语堂:《辜鸿铭英译〈论语〉序》,《综合月刊》1976年5月第90期,第74—76页。

尊敬与关怀

林语堂与蔡元培

　　蔡元培（1868—1940），字鹤卿，又子民，浙江绍兴府山阴县人。1892年进士及第，1907年又去德国莱比锡大学留学、考察，研究心理学、美学、文学诸学科，编著《中国伦理学史》等著作。他首任中华民国教育总长，致力于改革封建教育制度；任北京大学校长12年间，革新北大，开"学术"与"自由"之风。

　　林语堂尚无"莱比锡校友"身份之时，就已经得到了蔡元培的提携与关照。1918年2月15日，《新青年》第4卷第2期刊载《汉字索引制说明》，署名"林玉堂"，正文后附有《蔡子民先生序》。"林玉堂"即林语堂，蔡子民即蔡元培。"汉字索引制"是以首笔点画种类定部，即指定某些笔画为母笔，等于英文字母。对这种索引法，原本就有对传统《康熙字典》的突破。北大校长蔡元培更是指出："我国之字典既不易检，而电话簿、会员录之类，不立部首，专计划数者，其难检更甚。林君玉堂，有鉴于此，乃以西文字母之例，应用于华文之点画。而有'汉字索引'之创制……而检阅之速亦与西文相等。苟以之应用于字典、辞书及图书名姓之记录，其足以节省吾人检字之时间，而增诸求学与治事者，期功效何可量耶!"汉字索引制"立即引起学界的广泛关注，并在全国发起了部首改变运动。林语堂终生难忘第一次向蔡先生索序时留下的印象。"最使我触目的是北大校长的候客室当中玻璃架内陈列一些炸弹、手榴弹。我心里想，此人未可以外貌求之，还是个蘧伯玉吧。"[1]而对一个年轻人所做的文字学研究，蔡元培一直都给予肯定:"完全抛弃字原的关系，纯从楷书的笔画上分析，作根本改革，始于愿学华文的西人。但是他们创设的笔法，还没有输入中国。中国人创设这一类方法的，我所知道，自林语堂先生五母笔、二十八子笔始。林先生的草案虽五六年前曾经演给我看，然而他那具体的排列法，至今还没有发表。"[2]

到 80 岁，林语堂说起蔡元培先生仍然满怀敬意:"我们大家都对他敬称'蔡先生'。在国民党元老之中，他是唯一真正了解西方的。他中了进士，又是翰林院的翰林，这是人所争羡的。他也是国民党党员，在成立兴中会时，他和中山先生很密切。在康有为、梁启超保皇党瓦解之时，他到法国、德国去求学。他归国做北京大学校长之时，把学术自由奉为第一要事，在北京大学里，教授的新旧派是兼容并包。他聘请旧派名儒刘师培、黄侃，大名鼎鼎的辜鸿铭。辜鸿铭在人人都已剃去了辫子之后，他还依然留着，表示忠于清朝。著名的英国小说翻译家林纾，他仍然称白话文为'引车卖浆者之言'。他曾写过洋洋万余言的长文为文言辩护。另一方面，蔡元培也为胡适、陈独秀、沈兼士和《新青年》那一派敞开了大门。蔡元培平易近人，不斤斤于细节。蔡夫人曾说:'米饭煮得好他也吃，煮焦了他也吃．'但是对重要的问题则严格认真，绝不妥协。我记得《凡尔赛和约》割让山东半岛给日本时，蔡先生站起来说话，他的声音很柔和，他说：'抗议有什么用？我是要辞职的．'第二天，他神不知鬼不觉地搭上蓝色的京沪快车离开了北京。"[3] 严格地讲，林语堂一生都在追随蔡元培先生，他十分敬仰蔡先生的道德文章，凡是蔡先生所发起的事，他必跟随相助。蔡元培先生对他的具体帮助，林语堂也一生铭记于心。

1919 年春夏之交，林语堂到清华学校即将三年。按约定，三年服务期满，他可以获得官费奖学金赴美深造。而得知的信息却令他非常失望，清华学校只同意给他每月 40 大洋的半官费奖学金。[4] 于是，林语堂请胡适代向北大校长蔡元培说项，请为其提供为期 3 年，每月 30 美元的留学津贴，学成归来为北京大学服务。胡适与蔡元培商议，后者口头同意了林语堂的请求，不过随着五四运动爆发，5 月 9 日蔡元培提出辞职，当日便离开北京，南下上海、杭州。北京大学的运转出现混乱，胡适也因此未能及时地代林语堂订妥条款并履行有关手续。[5] 7 月 5 日，蔡元培于杭州复函胡适，明确同意资助林玉堂（林语堂）赴美留学："林玉堂君如到京，请与订定，照约帮助。"[6] 林语堂才得以于 8 月 17 日下午一时半坐上"哥伦比亚号"轮船，起航去美国哈佛大学深造。

1921 年 8 月，林语堂准备转往"生活成本较低"的德国学习，他又致函胡适催寄"大学去年经费"（实指第三年津贴）。但此时北京大学困难至极，该笔经费迟迟未能寄出，蔡元培亦去信向林语堂解释一切。[7]

1922 年 9 月 2 日，北大毕业生张季熙启程出国，经法国等，于 10 月 17 日到达莱比锡大学。临行前，蔡元培特意修书一封，托其带给正在莱比锡大学攻读博士学位的林语堂。[8] 根据张季熙的致信可知，内容大致是解释北京大学现实的财经困难，以及盼林语堂早日回国为北京大学服务之心。信中提到他在莱比锡"晤林玉堂及其夫人，极承热情款待。面呈手书，并道达敦促之意。渠谓再迟三月（明年正月杪）考取博士后，当即径行归国，往北大担任教席。其夫人则回厦门，候明年暑假后，再取入京，此时未克遵命，殊属抱歉云。"[9]

1923 年初，林语堂获得德国莱比锡大学授予的博士学位。归来后，他履行诺言，9 月正式执教于北京大学，任英文系英文及语言学教授。

1926 年，林语堂离开北大，来到厦门大学，有心将厦门大学文科系建成国内一流的文化和文学重镇。蔡元培当年主掌北京大学"兼容并蓄"的办学方针影响到林语堂的用人观。他聘请的文化名流中，既有鲁迅，也有顾颉刚，甚至连只信仰胡适和陈西滢的朱山根等也不排斥。在林语堂看来，没有博大的心胸不足以成就大业；当年，蔡先生还不是将辜鸿铭一类人请到了北京大学吗？按照蔡元培先生不同学派互相取长补短的观念，林语堂认为"语丝"和"现代评论"派并无深仇大恨，双方同舟共济一定能将厦门大学的国学研究院办好。次年，蔡元培与马叙伦为避军阀通缉，一度辗转来到厦门大学。时任厦门大学文科主任兼研究院总秘书的林语堂参与接待，在校的北大旧同事鲁迅、沈兼士、顾颉刚等也相邀共叙旧事。

1927 年 3 月，林语堂离开厦门去武汉。途中，他乘海轮到上海，拜会他尊敬的蔡元培先生，谈到武汉国民政府外交部部长陈友仁邀约之事。因为林语堂太不懂"政治"，蔡先生就根据当时的态势，一一为他分析国内错综复杂局面和瞬息万变的斗争形势，最后判定出武汉和南京不久就会分裂，劝林语堂不要去武汉。尽管林语堂抱有为国民革命服务的满腔热忱，没听从蔡元培的劝告，但武汉的半年生活经历，让他更加敬重蔡先生的睿智。

　　1927 年 9 月，林语堂离开武汉来到上海。在近代中国，上海一向是社会大动荡的避难所。可林语堂没有腰缠万贯的本钱，来上海当不了寓公。他的全部家当，就是手中的一支笔。与其说他是选择以写作为生的自由职业者，不如说是出于无奈而以卖文为生。此时，知名度不够的林语堂要靠卖文为生，只能说他满足了精神上的需要，未必能满足物质上的需要。又是蔡元培先生在危难之时，向他伸以援手。1928 年，宁汉合流之后建立的南京中央政府，成立了大学院，行使教育部的部分功能，同时又成立了中央研究院，两院的院长都是蔡元培。林语堂被聘为中央研究院的英文编辑，同时兼任中央研究院国际出版品交换处处长，月俸 300 元，相当于名教授的工资。这份工作不仅使林语堂的生活有了充分的保障，而且发挥了他的特长——实际工作相当于蔡元培的英文秘书。那时中央研究院设在法租界亚尔培路 331 号（现位于陕西南路 147 号），蔡元培的院长办公室和林语堂的办公室都在二楼。林语堂的办公室房间较小，专放元明善本书。这里工作比较清闲，林语堂上午在办公室办公，下午就闭门读书，生活极有规律。他无暇去享受闲情逸致，也不喜欢同朋友串门聊天，几乎把空余时间全部花在阅读古今中外各种著作上。他在上海滩的横空出世，与这时静静地充电不无关系。更为重要的是，与蔡元培共事，既得到先生对他的器重，又从先生那里学到了很多处世之道，让自己慢慢地成熟稳重起来。蔡先生家和林语堂家都在愚园路，每天上班，两人便乘同一辆公车。性格开朗的林语堂，一路上总是谈笑风生，对种种事物发表或偏激或幼稚、或深刻或滑稽的见解，而蔡先生总是客气地说："是，是，你的说法不错。"[10] 车中交谈十分融洽。因此，在林语堂眼里蔡先生是位温文尔雅的长辈，"做北大校长也好，中央研究院院长也好，教育部长也好，总是给人心悦诚服的。"[11] 尊敬和爱戴之情溢于言表。在蔡先生的领导下，林语堂工作积极认真，得到大家的肯定。1928 年 8 月 13 日，在中央研究院第三次院务会议上，与吴敬恒、胡适、陈寅恪、赵元任、顾颉刚、刘复等被推举为"社会科学"组中"历史语言"评议会人选。[12] 1930 年 7 月 1—3 日，中央研究院第一届院务年会举行。会上，出版委员会提出"临时提案"："加推英文编辑主任林语堂先生为本会委员案。""大会决议：通过。"同时，研究院办事处拟于近期内编辑《中央研究院组织及工作概况》中文本，"大会决议：推许寿裳、林语堂担任编辑。"[13] 直到 1931 年为中央研究院历史语言研究所第二组"专任研究员"，但在"总办事处服务"。

20 世纪 30 年代在上海期间，林语堂无论是参与社团组织，还是营救、追怀文化名人等活动，不仅是与蔡元培同步调，而且是唯其马首是瞻。

1931 年 4 月、5 月，林语堂和蔡元培一起，与马君武、潘光旦、陈翰笙等上海青年会青年读书会选书委员议定，王星拱编的《科学大纲》为"一月份当选之书"、夏承法与冯达夫编译的《经济地理学大纲》为"二月份当选之书"、周志骅编的《东三省概论》

为"三月份甲种当选之书"。

1932年10月23日，蔡元培、杨杏佛、柳亚子、林语堂等上海学术界领袖致电南京国民党中央党部与国民政府，意在营救陈独秀。电文如下："南京中央党部国民政府钧鉴：闻陈独秀于卧病中被捕解京，甚为系念。此君早岁提倡革命，曾与张溥泉、章行严同办《国民日日报》于上海。光复后，复佐柏烈武治皖有功。而五四运动时期，鼓吹新文化，对于国民革命，尤有间接之助。此非个人恩怨之私所可抹杀者也。不幸以政治主张之差异，遂致背道而驰。顾其反对暴动政策，斥红军为土匪，遂遭共党除名，实与欧美各立宪国议会中之共产党议员无异。伏望矜怜耆旧，爱惜人才，特宽两观之诛，开其自新之路，学术幸甚，文化幸甚。临电不胜惶恐待命之至。"[14]

11月3日，林语堂撰英文文章 For a Civic Liberty Union（《应当成立民权保障同盟》），载《中国评论周报》第5卷第44期，呼应蔡元培的"民权保障同盟"的主张。同月17日，林语堂和蔡元培等其他文化同人同启《徐志摩先生逝世周年纪念公祭启事》："本月十九日为徐志摩先生逝世周年纪念之日，同人等拟于是日上午由沪乘九时十分特快车在硖石徐先生柩前致祭，下午五时四十一分快车回沪。凡徐先生亲友愿参加公祭者，请准时乘车，在硖石车站聚齐同往。"[15]

1932年12月17日，宋庆龄、蔡元培、杨铨（杨杏佛）、黎照寰、林语堂等人在上海发起成立中国民权保障同盟，并且均担任中国民权保障同盟筹备委员会委员。[16] 该同盟的任务是反对国民党一党独裁，援救一切爱国的革命的政治犯，争取人民的出版、言论、集会和结社自由。随后，中国民权保障同盟致电国民党当局，要求释放许德珩等人。蔡元培与林语堂等人一同列名。[17] 12 月 29 日，中国民权保障同盟在上海华安大楼举行成立大会，并推选最高执行机关临时执行委员会。宋庆龄担任主席，蔡元培为副主席，杨杏佛为总干事，林语堂为宣传主任。[18] 林语堂曾说过"决不做政治家"，但是民权保障同盟只是一个民间组织，干的又是营救生命之事，与他的宗旨不冲突；更何况宋庆龄是他爱戴之人，蔡元培是他尊敬的人，所以他才出任宣传主任，仅次于宋、蔡和杨的第四号人物。跟着他们，林语堂的"土匪"心又复活了，干劲十足地投入了同盟的日常工作。他拿起笔来，讽刺嘲笑中外法西斯，连希特勒也不例外。

1933 年 1 月 17 日下午 4 时，中国民权保障同盟会上海分会在亚尔培路中央研究院召开成立大会，蔡元培、杨杏佛、林语堂、伊罗生（Harold Robert Isaacs，1910—1986）、斯沫特利（即史沫特莱 Agnes Smedley，1892—1950）、邹韬奋、许申、吴汉祺、陈彬龢、林众可、郭蔚然、胡愈之、鲁迅、周建人、王造时、郑大朴 16 人到会，宋庆龄、蔡元培、杨铨、林语堂、伊罗生、邹韬奋、陈彬龢、胡愈之、鲁迅 9 人当选为执行委员。[19] 同时，林语堂还将其博士学位论文下篇第三部分《陈宋淮楚歌寒对转考》，刊发于中央研究院历史语言研究所编印的《庆祝蔡元培先生六十五岁论文集》，以此表达自己的感恩之心。[20] 该书列为"国立中央研究院历史语言研究所集刊外编第一种"。卷首所载"历史语言研究所集刊外编第一种撰文人谨启"的《本书撰文人共上蔡元培先生书》，正出自林语堂之手，写于"中华民国二十二年一月十四日"。

1933 年 1 月，针对国民政府江苏省主席顾祝同枪决镇江《江声报》编辑刘煜生一案，中国民权保障同盟会下午在华安大楼八楼召开执行委员会会议，宋庆龄、蔡元培、林语堂、伊罗生、陈彬龢、邹韬奋等十人出席。本次会议议决发表中英文宣言昭告全国，并请国民政府严办顾祝同。林语堂还主张全国报界一致以言论批评该案。[21] 3月18日，《申报》刊登《民权保障会今日开会》一文，内含蔡元培与林语堂联名撰写的启事："径启者：兹定本月十八日（星期六）准下午四时假座八仙桥青年会九楼举行会员大会，务请拨冗出席讨论会务，以利进行为荷。专此顺颂台安！蔡元培、林语堂谨启。"[22] 会议如期举行，宋庆龄、杨杏佛、陈彬龢、鲁迅、周建人、郁达夫、吴迈、洪深、王造时等40多人到会，蔡元培因病、林语堂因事未能出席。按照会章规定，身为中国民权保障同盟临时中央执行委员会委员的宋庆龄、蔡元培、杨杏佛、林语堂、伊罗生、邹韬奋与胡愈之7人不得再行兼任上海分会执行委员，于是全部辞去后一职务。经过记名投票，郁达夫、洪深、吴迈、沈钧儒、王造时、钱华与宁明予7人当选上海分会执行委员。[23] 4月26日，国民政府教育部函聘世界文化合作中国协会筹备委员，包括戴传贤、钮永建、辛树帜、朱家骅、王世杰、翁文灏、李书华、程其保、郭有守、杨廉、厉家祥、李熙谋、宋子文、陈立夫、罗家伦、蔡元培、张继、李煜瀛（李石曾）、张人杰、褚民谊、杨杏佛、林语堂、陈和铣、庄文亚、吴敬恒25人，并指定吴敬恒为筹备委员会会长。[24]

5月23日，为营救丁玲与潘梓年，蔡元培、林语堂等人联名致电国民政府。电报全文如下："南京国民政府行政院汪院长、司法行政部罗部长钧鉴：比闻著名作家丁玲、潘梓年，突被上海市公安局逮捕。虽真相未明，然丁、潘两人，在著作界素著声望，于我国文业，不无微劳。元培等谊切同文，敢为呼吁。尚恳揆法衡情，量予释放，或移交法院，从宽办理，亦国家怀远右文之德也。蔡元培、杨铨、陈彬龢、胡愈之、洪深、邹韬奋、林语堂、叶圣国、郁达夫、陈望道、柳亚子、俞颂华、黄幼雄、傅东华、樊仲云、夏丏尊、黎列文、江公怀、李公朴、胡秋原、沈从文、王鲁彦、赵家璧、蔡慕晖、彭芳草、马国亮、梁得所、叶灵凤、徐翔穆、杨邨人、沈起予、戴望舒、邵洵美、钱君匋、穆时英、顾均正、杜衡、施蛰存等同叩。漾。"[25]

6月4日，世界文化合作中国协会筹备会在办事处（上海霞飞路1836号）召开第一次全体会议，林语堂因故未能出席，由蔡元培代。[26] 不过，《申报》则称林语堂当时确有出席。[27] 没出席更为可信，因为2日下午4时，林语堂为侄儿林惠元被军方枪杀灭口之事，在华安大厦向上海新闻界及中国民权保障同盟会同人说明真相。[28] 林惠元在福建龙溪担任抗日会常委、民众教育馆馆长，在家乡积极开展抗日宣传活动。他于5月5日严办采购仇货之台籍商人简孟尝医师，游街示众，并没收其公济医院财产，不料以"通匪嫌疑"罪名被逮捕，并不加审讯，以"木板箱口"立即枪决。宋庆龄、蔡元培，曾代表中国民权保障同盟于五月卅一日电陈铭枢、蒋光鼐、蒋廷锴要求彻底昭雪。不管林语堂是否出席了这次会议，都能看出林语堂和蔡元培关系密切。

7月15日，林语堂所译《两封关于文化合作的信》载《申报月刊》第2卷第7期，内含《蔡元培致文化合作院主任班纳函》与《麦雷教授之复函》。正文前有林语堂的"译者附志"，全文如下："民国二十一年，国际联盟文化由世界文人思想领袖交换函札，讨论今日文化中心问题。所邀请者如德国之 Thomas Mann，法国之 Paul de Valery 等。去年巴黎文化合作院（即国际文化合作委员会之执行机关）主任班纳（Banner）君致函蔡元培先生请提出问题讨论，蔡先生即作一函。本年初得国际文化合作委员会主席麦雷教授来函，内言现代文化之溃灭及战争之危机，极其痛切，所贡献意见，又系麦雷教授在国联方面多种努力及观察之心得。故亟为译出，以公于世。该委员会发起之通信，现已发表者两册：一为蔡元培，麦雷，Henri Focillon，Paul Valery，S. de Madriaga，Ozorio de Almeida，Alfonso Reyes 之通信；二为恩斯坦与佛罗特关于战争之通信，题目为《为什么有战争》（英、德、法三文皆有专册，文化合作院出版）。麦雷（Gilbert Murray）君系英国牛津大学希腊文教授，素负文名，亦曾作诗词，晚年感于世界大势，努力于国联之工作。当沪战发生时，曾屡次联络英国知识阶级，在英伦国联会社演说，并向英国政府要求，主持公道。"[29]

1934 年 7 月 14 日刘复在北平病逝。因其对中国文学界贡献巨大，蒋梦麟与胡适等人在北平，蔡元培与林语堂在上海，共同发起筹备追悼刘复，并向各方征集挽联。[30]

1935 年 3 月 22 日晚上，世界笔会中国支会在上海静安寺 749 号 338 号房召开全体会员大会，共有蔡元培、黎照寰、傅东华、林语堂、全增嘏、宋春舫、傅彦长、李青崖、董任坚、赵景深、张若谷、曾虚白、邵洵美等 30 多位中国会员及茀立茨夫人（Mrs. Fritz）等 10 多位外国会员到会。本次会议改选蔡元培、林语堂、曾虚白、宋春舫、茀立茨夫人、何柏成、傅东华、黎照寰、李青、邵洵美与全增嘏 11 人为理事，推定蔡元培为会长，茀立茨夫人为英文书记，曾虚白为中文书记，宋春舫为会计；并议定以上海南京路 50 号国际戏剧协会空余房屋为办公地址。[31] 7 月，国语推行委员会正式成立，成员包括吴敬恒（主任委员）、钱玄同、黎锦熙、汪怡、陈廷、魏建功（以上均兼任常务委员）、蔡元培、赵元任、林语堂、顾颉刚、胡适、肖家霖、董渭。[32]

1936 年 8 月 6 日，欢送林语堂赴美的茶话会下午 5 时在交通大学大礼堂举行。蔡元培、交通大学校长黎照寰等 10 多人出席。[33] 这应该是蔡元培生前最后一次与林语堂面叙。之后林语堂赴美，而蔡元培于 1940 年 3 月 5 日在香港九龙病逝。林语堂、蔡元培从此人冥两路。

在林语堂的心目中，蔡元培不仅是自己的长辈、恩人，还是一位"大丈夫"。在五四运动中，他目睹了蔡元培的风骨与胆识；20 世纪 30 年代在反对独裁，争取公民权利中英勇无畏。他为自己能与既待人谦和又大节凛然的蔡先生并肩作战而感到荣幸。1968 年，在蔡元培百年华诞之际，林语堂在《想念蔡元培先生》中写道："可惜他过去在我们战乱时期中，到现在还没有一个纪念碑。这回百年寿诞，大家以口为碑，以心为碑，以文为碑，是应该的。"[34] 字字句句都表达出林语堂对蔡先生的敬重与情谊。

注释

[1] 林语堂：《记蔡孑民先生》，《林语堂名著全集》第十六卷《无所不谈合集》，东北师范大学出版社 1994 年版，第 377 页。

[2] 蔡元培："蔡序"，王云五：《四角号码检字法（附检字表）》，商务印书馆 1933 年版，第 2 页。

[3] 林语堂:《八十自叙》,《林语堂名著全集》第十卷,东北师范大学出版社 1994 年版,第 300 页。

[4] 林太乙:《林语堂传》,《林语堂名著全集》第二十九卷,东北师范大学出版社 1994 年版,第 34 页。

[5] 吴元康:《五四时期胡适自费资助林语堂留学考》,《安徽史学》2009 年第 5 期,第 78 页。

[6] 高平叔、王世儒:《蔡元培书信集》(上),浙江教育出版社 2000 年版,第 424 页。

[7] 吴元康:《五四时期胡适自费资助林语堂留学考》,《安徽史学》2009 年第 5 期,第 79 页。

[8] 《胡适遗稿及密藏书信》第 29 册,第 373 页。

[9] 高平叔:《蔡元培年谱长编》中册(1917—1926),人民教育出版社 1996 年版,第 596 页。

[10] 林语堂:《八十自叙》,《林语堂名著全集》第十卷,东北师范大学出版社 1994 年版,第 300 页。

[11] 林语堂:《想念蔡元培先生》,《林语堂名著全集》第十六卷,东北师范大学出版社 1994 年版,第 378 页。

[12] 《国立中央研究院第三次院务会议第二日记录》,《国立中央研究院总报告》(第一册),1928 年印行。

[13] 《本院第一届院务会议记录》,《国立中央研究院院务月报》第 2 卷第 1 期"第一届院务会议专号",1930 年 7 月出版。

[14] 《蔡元培等营救陈独秀》,《申报》1932 年 10 月 24 日,第 9 版。

[15] 《申报》1932 年 11 月 17 日,第 5 版。

[16] 《宋庆龄等发起中国民权保障同盟》,《申报》1932 年 12 月 18 日,第 11 版。

[17] 《中国民权保障同盟营救许德珩等代电》,《申报》1932 年 12 月 18 日,第 11 版。

[18] 《中国民权保障同盟昨日招待中外记者》,《申报》1932 年 12 月 31 日,第 11 版。

[19] 《中国民权保障同盟会沪分会昨成立 宋庆龄等当选为执委》,《申报》1933 年 1 月 18 日,第 9 版。

[20] 林语堂:《陈宋淮楚歌寒对转考》,《庆祝蔡元培先生六十五岁论文集》,北平:中央研究院历史语言研究所刊印,1933 年,第 425—428 页。

[21] 《枪决刘煜生案之反响》,《申报》1933 年 2 月 2 日,第 13 版。

[22] 《民权保障会今日开会》,《申报》1933 年 3 月 18 日,第 20 版。

[23]《民权保障同盟昨日召开会员大会》,《申报》1933 年 3 月 19 日,第 11 版。

[24]《教部聘世界文化合作筹备委员》,《申报》1933 年 4 月 27 日,第 11 版。

[25]《蔡元培等电京营救丁潘》,《申报》1933 年 5 月 24 日,第 10 版。

[26] 中国第二历史档案馆:《中华民国史档案资料汇编》,第 5 辑,第 1 编"文化",
    江苏古籍出版社 1994 年版,第 899 页。

[27]《世界文化中国协会昨日下年举行筹备会》,《申报》1933 年 6 月 5 日,第 12 版。

[28]《林惠元家属昨在沪招待报界》,《申报》1933 年 6 月 3 日,第 12 版。

[29] 林语堂:《两封关于文化合作的信》,《申报月刑》1933 年 7 月 15 日,第 2 卷第
    7 期,第 65-59 页。

[30]《平教育界筹追悼刘复》,《申报》1934 年 7 月 23 日,第 7 版。

[31]《世界笔会中国支会昨开大会》,《申报》1935 年 3 月 23 日,第 14 版。

[32]《国语统一会结束后教部设立国语推行会》,《申报》1935 年 7 月 23 日,第
    14 版。

[33] 张若谷:《当代名人特写》,谷峰出版社 1941 年版,第 24-25 页。

[34] 林语堂:《想念蔡元培先生》,见《林语堂名著全集》第十六卷,东北师范大学
    出版社 1994 年版,第 378 页。

"相得"与"疏离"
林语堂与鲁迅

1936 年 10 月 19 日，鲁迅先生在上海病逝。人在美国的林语堂闻讯即撰《悼鲁迅》以怀念，其文云："鲁迅投鞭击长流，而长流之波复兴，其影响所及，翕然有当于人心，鲁迅见而喜，斯亦足矣。宇宙之大，沧海之宽，起伏之机甚微，影响所及，何可较量，复何必较量？鲁迅来，忽然而言，既毕其所言而去，斯亦足矣。鲁迅常谓文人写作，固不在藏诸名山，此语甚当。处今日之世，说今日之言，目所见，耳所闻，心所思，情所动，纵笔书之而馨其胸中，是以。使鲁迅复生于后世，目所见后世之人，耳所闻后世之事，亦必不为今日之言。鲁迅既生于今世，既说今世之言，所言有为而发，斯足矣。后世之人好其言，听之；不好其言，亦听之。或今人所好在此，后人所好在彼，鲁迅不能知，吾亦不能知。后世或好其言而实厚诬鲁迅，或不好其言而实深为所动，继鲁迅而来，激成大波，是文海之波涛起伏，其机甚微，非鲁迅所能知，亦非吾所能知。但波使涛之前仆后起，循环起伏，不归沉寂，便是生命，便是长生，复奚较此波长彼波短耶？"这足以证实林语堂对鲁迅是怀有敬意的。同时，他又以"鲁迅与我相得者二次，疏离者二次，其即其离，皆出自然，非吾与鲁迅有轻轩于其间也"[1]一语，概括了二人十多年间情谊的波澜起伏。鲁迅生前也说"必参商到底，无可如何"。[2]研读《鲁迅日记》可以得到一点直观的数字：从1925年12月5日到1934年8月29日，8年多时间里，与林语堂集结与交往的记录，在《鲁迅日记》里总共出现过126次。其中，从1929年8月28日记有"南云楼"两人不睦之后，到1933年1月11日之前，鲁迅在日记中不曾有过这方面的记载。第一次"相得"，在《鲁迅日记》里有88次记录。停止了3年多的记录后，从1933年1月11日到1934年8月29日，一年七个月里，《鲁迅日记》中又有了他们的交往记录，共38次。这第二次"相得"因"中国民权保障同盟"的成立，最终还是因为两人的观念、性格等方面差异，以及种种误会所致。1934年秋后，《鲁迅日记》中已没有和林语堂来往的记载。那么，他们的情谊究竟经历了怎样的变化，又是何因致使昔日挚友竟成参商，这不能完全靠读《鲁迅日记》作研判。

第一次"相得"与"疏离"

1923年林语堂到北京大学任教时，当时北大的教授已经形成了以胡适为代表的"现代评论"派和以鲁迅为主将的"语丝"两派。尽管林语堂与胡适有极为相近的思想和个人情谊，但他不喜欢"现代评论"派的"名士"派头与格调，而对"任意而谈，无所顾忌，要催促新的产生，对于有害于新的旧物，则竭力加以排击"[3]

的《语丝》感兴趣。尤其是1925年12月5日和6日，具有斗士品格的鲁迅两次主动给林语堂写信约稿。接着是林语堂的复信和交稿，这就是两人"相得"的开始。

12月8日，鲁迅收到林语堂的信。同日，林语堂撰写《插论语丝的文体——稳健，骂人，及费厄泼赖》，提倡"费厄泼赖"[4]精神，即胜利者对失败者要宽大，不要过于认真，不要穷追猛打。鲁迅不赞成对"落水狗"心存"费厄泼赖"，故而林语堂又写《祝土匪》一文，修正了自己前文的观点，声援鲁迅和青年学生的正义斗争。文章采用反话的形式揭露和抨击了打着"学者""绅士""君子""士大夫"旗号的"文妖"们，以"中和稳健"的面目出现，却"将真理贩卖给大人物"。整篇文章，丝毫没有"费厄泼赖"精神，而是充满了"土匪"的战斗精神。该文与鲁迅的《论费厄泼赖应该缓行》一同刊于1926年1月10日发行的《莽原》半月刊，第1卷第1期。

12月31日，林语堂撰写《〈公理的把戏〉后记》。24日出版的《国民新报副刊》第20期上刊载了鲁迅的《"公理"的把戏》，揭露打着"公理"旗号的"教育界公理维持会"，在女师大事件中的无公理。林语堂拜读后"引起我一些意思，似有可补充及插说之余地"[5]，那就是"当刘百昭雇用三河县老妈子倒拖学生到报子街的时候，为什么不见燕树棠站出来维持'公理'？"[6]（当时未公开发表，后收入《剪拂集》）公开呼应鲁迅，并为其摇旗呐喊。同时，又写《苦矣！左拉！》，笔锋直对闲话"公理"的陈西滢。

林语堂和鲁迅在"语丝"时期是同一战壕的战友，在女师大风潮中，在"三一八"惨案的前前后后，互相支援，配合战斗。当林语堂被鲁迅点名批评的时候，也是林语堂和鲁迅的战斗情谊越来越密切的时候。林语堂的"费厄泼赖"之说是沿袭周作人的观点，而此时周氏兄弟关系非常微妙，人们总以为林语堂一直是鲁迅批判的对象。其实，鲁迅提出痛打"落水狗"的原则以后，林语堂立即撰文放弃自己的立场，他不仅心悦诚服地接受鲁迅的意见，而且还积极投入鲁迅所发起的"打狗"运动，撰写了一系列"打狗"文章，在数量上甚至超过鲁迅，大有后来者居上之势，成为名副其实的"打狗"急先锋。1926 年 1 月 23 日，林语堂所绘《鲁迅先生打叭儿狗图》刊载在《京报副刊》第 393 期，旁边附有鲁迅的《论费厄泼赖应该缓行》中的部分文字，图文并茂，可谓林语堂、鲁迅并肩作战的见证。

　　林语堂的杂文创作生涯从《语丝》起步，逐步形成自己"语丝"时期"浮躁凌厉"的个人风格，这与"语丝"同人，尤其是与鲁迅的精心指导分不开的。刚走上文坛时，"其实文调每每太高，这是一切留学生刚回国时之通病。后来受《语丝》诸子影响，才渐知书识礼，受了教育，脱离了哈佛腐儒的俗气。"[7] 用"回国中文半瓶醋，乱写了吗与之乎"来说回国之初的状况，半是自谦，半是实情。"语丝"诸子对他的熏陶，特别是鲁迅对他的影响，林语堂不仅思想上了一层楼，而且文字、文调也在磨炼中上了几个台阶。把他 1925 年 3 月写的《论性急为中国人所恶——纪念孙中山先生》与一年后写的《泛论赤化与丧家之狗——纪念孙中山逝世周年》相比，可以看出，他的文学水平得到了迅速的提高。前文固然有强烈的战斗性、针对性，但调子过高，缺乏分寸，后文战斗性、针对性不亚于前文，但更凝练、透彻，而且白话文的运用更熟练自如。

1926 年，为躲避军阀政府的迫害，林语堂先一步来厦门大学担任文科主任，随即邀请同是在通缉名单中的鲁迅至厦大任教，厦门大学的相互扶持使他们之间的情谊发展更深厚了。鲁迅先生在厦门大学任教时著作很多，特别是那精美的《从百草园到三味书屋》，为中国百姓家喻户晓。《两地书》里关于闽南话和吃香蕉的描述："听讲的学生倒多起来了，大概有许多是别科的，女生共五人。我决定目不斜视，而且将来永远如此，直到离开厦门。嘴也不大乱吃，只吃了几回香蕉，自然比北京的好，但价亦不廉，此地有一所小店，我去买时，倘五个，那里的一位胖婆子就要'吉格浑'（一角钱），倘是十个，便要'能（二）格浑'了。究竟是确要这许多呢，还是欺我外江佬之故，我至今还不得而知。好在我的钱是从厦门骗来的，拿出'吉格浑''能格浑'去给厦门人，也不打紧。"[8]娓娓入耳，风趣有声，也是心情的一个方面。在厦大期间，林语堂多次请鲁迅吃饭，共进"午餐""夜餐"，有时也一道散步海滨，尽地主之谊。

　　鲁迅在厦大也遭到一些人的刁难，如三次要他移住所，最后一次派他住在理学院大厦的地窖，使鲁迅气得"目瞪口呆，胡须尽翘起来"。"厦大人事纠纷复杂，你枪我剑，相互挤轧，不是学者能久留之地。"[9]孙伏园、沈兼士先后离校。鲁迅亦打算去广州大学任教，但他首先考虑的是"只怕我一走，玉堂立刻要被攻击，因此有些彷徨"，多次劝语堂"将此处放弃"同往广州。[10]鲁迅也算是尽了朋友之道。

　　1926 年 11 月 17 日，林语堂赠给鲁迅一本《汉字末笔索引法》，上书"鲁迅兄指正　语堂敬赠　十五，十一，十七"。11 月 27 日，林语堂陪同鲁迅一起到集美学校演讲一整天。12 月 3 日，鲁迅向厦门大学校方递交辞呈，林语堂感慨良多。

1927 年 1 月 1 日，林语堂写了《译尼采〈走过去〉——送鲁迅先生离厦门大学》一文，表达了对鲁迅先生勇敢地向前走的伟大人格的钦佩与赞叹，将鲁迅比喻成萨拉土斯拉脱。鲁迅将林语堂的照顾也铭记于心，他在给许广平的信中说："玉堂的兄弟和太太，都很为我们的生活操心。"[11] 鲁迅也将自己的观点毫无保留地告诉林语堂，为林语堂的下一步发展提供参考。厦门大学期间，他们两人相处融洽，互相欣赏。曾有报纸报道：美国作家埃德加·斯诺在访问鲁迅时曾问及中国现在最著名的杂文作家，鲁迅回答时谈到了5 人，前三名的排列次序依次是周作人、林语堂、鲁迅。从而可看出在当时鲁迅对林语堂的杂文是相当欣赏的。可以说，这一时期林语堂、鲁迅最为"相得"。

1927 年初春，鲁迅去了广州中山大学，林语堂去了武汉国民政府外交部。夏秋之际，他们又不约而同地相聚于上海。当时大起大伏的时代潮流使整个社会遭到空前的震荡和急剧的分化。鲁迅坦承，时代潮流的强劲冲击波"轰毁"了他的"思路"。其实，林语堂的"思路"又何尝不是被"轰毁"了，而且从此走上了与鲁迅不同的方向。

以自由文化人身份战斗在上海的鲁迅，还是秉承"语丝"风格，直面惨淡的人生，把文学当作"匕首"和"投枪"，刺向敌人。林语堂则是创办《论语》，借助幽默，表现性灵闲适，曲折地表示自己的不满。他认为："愈是空泛的，笼统的社会讽刺及人生讽刺，其情调愈深远，而愈近于幽默本色。"[12] 鲁迅却不这么看，他认为在反动派的屠刀下，没有幽默可言，中国只有"将屠夫的凶残，使大家化为一笑，收场大吉"[13]一类的东西。这种审美观的不同，并没有完全影响他们的交往。1928年11月30日，林语堂所撰剧本《子见南子》刊载《奔流》第1卷第6期。目录题名为《子见南子（独幕悲喜剧）》，写于"十七，十，卅"（1928年10月30日）。在这个剧本中林语堂将南子塑造成一位追求个性解放、主张男女平等的新女性，并与孔子展开了辩论；孔子师徒最后在"郑卫之淫声"和妖冶的舞蹈中落荒而逃。后来，位于曲阜的山东省立第二师范学校的学生经过排练，于1929年6月8日晚在学校礼堂上演该剧，由此在社会上引起了一场大风波，剧本和演出者同时遭到反动当局和尊孔派们的围攻。由于官宦孔祥熙的介入，林语堂又写了《给孔祥熙部长的公开信》，指责反动派"开口浮屠，闭口孔孟""勇于私斗""不恤民艰"。此时，鲁迅挺身而出，在《语丝》第5卷第24期上辑录了题为《关于〈子见南子〉》的一系列资料，给林语堂以有力声援。

据《鲁迅日记》记载，自广州来上海之初的两三年，与林语堂见面的次数甚多，且关系还很密切。1928年12月6日，林语堂撰写英文文章Lusin[14]对鲁迅在"五四"新文化运动中的业绩和思想变迁深致敬意，称其为"现代中国最深刻的批评家""叛逆思想家"，对"四一二"后鲁迅的斗争精神与战斗艺术特加赞颂，比喻鲁迅为世间稀有的"白象"。可见林语堂对鲁迅的敬重。

直至1929年8月28日的南云楼晚宴上，鲁迅与林语堂因误会而疏远。北新书局的老板李小峰原是鲁迅在北京大学的学生，鲁迅的书稿多在北新书局出版，两人关系密切，合作也非常愉快。但北新书局拖欠作者稿费和版税的情况日渐严重，连鲁迅也不能幸免，到后来北新书局竟欠下鲁迅数万元。鲁迅催过几次，都没有结果，无奈，鲁迅准备状告北新书局。李小峰慌了手脚，因为一则他不可能一下子还清鲁迅的欠款；二则一旦与鲁迅的事公布于众，将会严重影响北新书局的业务。于是，李小峰极力周旋，请郁达夫等人到鲁迅那里说情，以求和平解决。最后双方达成协议：北新书局以最快速度即十个月内还清所有欠款。

在鲁迅与李小峰交涉过程中，一个叫张友松的人，请鲁迅和林语堂吃饭，他声称自己准备办一家书店，并表示自己决不会像李小峰那样不讲道义，只顾自己赚钱，一味拖欠作者稿酬。鲁迅知道张友松与李小峰不和，所以，张友松对李小峰变本加厉的贬损在鲁迅看来是理所当然，对此并不为意。

为了与鲁迅达成真正的谅解，李小峰请郁达夫出面邀约鲁迅和许广平到南云楼聚餐。为调节气氛还请来了鲁迅的一些朋友，林语堂夫妇、王映霞、杨骚等人都到了。宴席接近尾声，李小峰承认自己财迷心窍，所以没有及时将稿费送给作者，表示今后一定痛改前非。

林语堂不知道这次聚餐的真正目的，更不了解鲁迅与李小峰因版税而发生的争执始末，他还以为大家都是朋友，李小峰赚了钱做东请朋友吃饭聚谈。当然，他也不知道张友松与李小峰是仇敌。为了活跃气氛，林语堂直头直脑地说："小峰的话我赞同。不久前，张友松请我和鲁迅先生吃饭还谈起此事。他对你拖欠作者稿费之事很有看法，张友松说他自己也要办一家书店呢！"

没想到李小峰听到林语堂如此说，面色骤变，自言自语道：

"原来如此，怪不得事情会闹到这种地步！"李小峰怀疑是张友松从中挑拨，才导致鲁迅和他大闹版税官司。

不明所以的林语堂还想多嘴多舌，画蛇添足似的幽默道："小峰我要严厉批评你，不可不把作者当成上帝。不过，话又说回来，拖欠稿酬也是常有的事，明白人也不能过于计较认真。"

这话一下子把鲁迅激怒了。一是他近来一直对林语堂怀有不满，除了文学观点不能赞同，也有风传"林语堂太重钱"；二是他觉得林语堂太多嘴多舌，因为林语堂提到张友松，鲁迅看到李小峰起了疑心，认为是张友松挑拨才使他大闹版税。在这种情况下，用得着你林语堂来说这些没意味的话？三是疑心林语堂说风凉话，有意讽刺他。鲁迅心里不舒服的是：你林语堂大赚稿费，大拿版税，反而说我过于认真，真是岂有此理！四是鲁迅多喝了几杯，有些失控。有了以上这些复杂原因，鲁迅当时拍案而起，一面大声嚷着要控诉，一面手指林语堂，直斥他没有说话资格之类盛气凌人的话。林语堂被搞糊涂了，当明白鲁迅真在朝他吼骂时，也霍然而起，针锋相对地说："你凭什么骂我，我哪里得罪了你？"就这样，两人互不相让，足足对峙了一二分钟。他们"两人对视像一对雄鸡一样"。[15] 郁达夫一看事态严重，一边将鲁迅按下，一边赶快拉林语堂夫妇离开，这才使一场"战争"平息下来。

对这一"风波"起因，鲁迅和林语堂有不同的解释。用鲁迅的话说，林语堂"鄙相悉现"[16]；而用林语堂的话说，这次不快的原因是"他的多疑，我是无猜"。"和事佬"郁达夫在《回忆鲁迅》一文中明确指出，这是"因误解而起正面的冲突"。当时，鲁迅有了酒意，"脸色发青，从座位上站了起来""一半也疑心语堂在责备这

第三者的话，是对鲁迅的讥刺。"[17] 事后，林语堂知道了鲁迅与李小峰的复杂关系，也知道了这次宴请的真正目的，尤其知道了鲁迅的性格多疑，脾气急躁，加上多喝了几杯酒，也就原谅了他的当众发火。郁达夫也向鲁迅解释："林语堂事前确实不知道版税官司之事，玉堂本人的性格又坦诚天真，像一个大孩子，作为长者，你就不要和他认真了。"鲁迅也非常坦诚，酒醒后也感到自己做得过分。后来两人有过一次和解，都希望对方不要介意。虽说和解，但这次不快在两人心中留下了难以愈合的裂痕，一个明显的例证就是，之后三年多他们没有直接见面的记载。这就是鲁迅和林语堂的第一次因"任意而谈"而同道，因思路的"轰毁"与误会而"疏离"。

第二次"相得"与"疏离"

鲁迅和林语堂的再次"相得"始于 1933 年初，终于 1934 年秋。促使两人恢复交往的重要原因，是中国民权保障同盟的成立。林语堂是"同盟"的发起人之一并兼宣传主任，鲁迅是"同盟"上海分会执行委员之一，两人都是"同盟"的积极分子。每次开会，都有外国记者在场，林语堂说英文，鲁迅说德语，他们是"同盟"通向世界的耳朵和眼睛，两位"语丝"战友又并肩站在了一起，为人道公义而奔走。

虽说又重归于好，但再也没有恢复到往日那种毫无芥蒂的友情了。误会频出，尤其是在文化和文学观念上，二人越走越远：鲁迅已经成为"左翼"革命文学的主脑；林语堂则成长为"幽默"小品文的主将。他们的再次"疏离"是从 1933 年夏至 1936 年鲁迅去世。

1933 年 2 月 1 日下午 3 时左右，针对国民政府江苏省主席顾祝同枪决镇江《江声报》编辑刘煜生一案，中国民权保障同盟会在华安大楼八楼召开执行委员会会议，宋庆龄、蔡元培、林语堂、伊罗生、陈彬龢、邹韬奋等 10 人出席。本次会议议决发表中英文宣言昭告全国，并请国民政府严办顾祝同。林语堂、邹韬奋、谢武刚等人还主张全国报界一致以言论批评该案。[18] 3 月 4 日，林语堂在上海青年会关于民权保障同盟活动中作了"谈言论自由"的演讲，不满于当时的言论不自由。5 月 19 日，十九路军特务团团长李金波以私通共产党为由，下午 2 时逮捕林景良之子、林语堂之侄林惠元，至下午 4 时多便将其枪毙。6 月 2 日下午 4 时，为林惠元牺牲之事，林景良、林语堂等人在华安大厦招待上海新闻界及中国民权保障同盟会同人，林景良、林语堂等均有发言，揭露军方草菅人命。[19] 5 月 23 日为营救丁玲与潘梓年，蔡元培、林语堂等人联名致电国民政府，为其说情。[20] 处处与"党国"不同调，林语堂已然进入了当局的监督名单。

1933 年 6 月 18 日，中国民权保障同盟的第三号人物杨杏佛乘车刚驶出中央研究院的大门，就响起几声沉闷的枪声。杨杏佛即刻伏住身边的少年，背部中了好几枪，当场死亡。惨案一出，世界震惊，所有的舆论都倾向于"同盟"一边。可杀人的政府是不会管这些的，他们宣称还有一张五六十人的暗杀名单，"同盟"的主要领导人都榜上有名。林语堂是"同盟"居宋庆龄、蔡元培、杨杏佛之后的第四号人物，受到的冲击可想而知。荷枪的便衣每天在林家门口晃来晃去，他只要迈出大门一步，就会有人前来闹事。好友的故去让林语堂悲痛欲绝，更让人难过的是，他和鲁迅又产生了误会。

6月20日，举行杨杏佛的入殓仪式。林语堂正在被严密监控，出不得门。鲁迅去后没有见到他，很生气，"这种时候就看出人来了，林语堂就没有去。其实，他去送殓又有什么危险！"[21] 事实上，据《申报》报道，林语堂参加7月2日杨杏佛的出殡下葬仪式，也是冒着生命危险去的。那一次，鲁迅没有去。林语堂没有向鲁迅解释。他觉得清者自清，没有必要自我辩护。然而，鲁迅对林语堂的印象就此大打折扣，两人的裂缝朝着不可避免的方向越拉越大。

此间，林语堂一直向鲁迅约稿。据《鲁迅日记》记载，6月20日，收到林语堂来信。当夜，鲁迅复信林语堂，信中写道："语堂先生：庆奉到来札并稿。前函令打油诗，至今未做，盖打油须能有打油之心情，而今如何者。重重压迫，令人已不能喘气，除呻吟叫号而外，能有他乎？不准人开一开口，则《论语》虽专谈虫二，恐亦难，盖虫二亦有谈得讨厌与否之别也。天王以无一支笔，仅有手枪，则凡执笔之人，自属全是眼中钉，难乎免于今之世矣。专复，并请道安。"话虽如此，鲁迅还是经常为之撰稿。这一时期刊发在《论语》上文章有《学生与玉佛》（署名动轩）、《谁的矛盾》、《王化》、《由中国女人的脚，推定中国人之非中庸，又由此推定孔夫子有胃病》（署名何干）等。对林语堂主编的《论语》，鲁迅说他并非全不赞成，或许因为《论语》有不少文章暴露和讽刺政治社会的丑恶，但总体来看态度是很悲观。先是说："我并非全不赞成《论语》的态度，只是其中有一二位作者的作品，我看来有些无聊。"[22] 继而又讲："老实说罢，他所提倡的东西，我是常常反对的。先前是对'费厄泼赖'，现在呢，就是'幽默'。我不爱'幽默'，并且以为这是只有爱开圆桌会议的国民才闹得出了的玩意儿。"[23] 林语堂还是将鲁迅的文章在《论语》上照登不误，尤其是像《王化》这样明显抨击当局的文章，鲁迅曾投《申报·自由谈》时被检查官删掉，《论语》也刊发了。就《论语》的发展情形来看，恐怕这时期的"刺"最多，对国民党讽喻最突出。刊登如此战斗的杂文毕竟是危险的，也有违《论语》同人的初衷。之后，林语堂与陶亢德三番两次给鲁迅去信，要鲁迅按《论语》的要求，写打油诗和庆祝新年的纪念性文章，遭到鲁迅的断然拒绝。

1934 年，林语堂又办起来小品文半月刊《人间世》。对《人间世》，鲁迅是全不赞成。《人间世》走的是《论语》谈幽默的老路子，只不过取法晚明的公安派，更强调"闲适"和"独抒性灵"。林语堂认为文学只是"性灵的表现"，不可以充作政治的武器。鲁迅认为中国充满仁义道德的文化只是"吃人"，对于现世界、现社会的丑恶，处处抗争到底，所以他视笔如枪，视小品文如匕首。从中可以看出他们对文学作用的认识，确实带有本质性的区别。

鲁迅、林语堂对翻译的看法也不同。鲁迅主张直译，把每个英文字都照字面的意思译成中文。林语堂非常反对这种洋化的中文。他说："翻译的艺术所倚赖的，第一是译者对于原文文字上及内容上透彻的了解；第二是译者有相当的国文程度，能写清顺畅达的中文；第三是译事上的训练，译者对于翻译标准及技术问题有正当的见解。此三者之外，绝对没有什么纪律可为译者的规范，像英文文法之于英文作文。"[24]

这些不过是见仁见智的问题，鲁迅此时还是把林语堂当成朋友，用他自己的话来说"玉堂是我的老朋友，我应以朋友待之"[25]。但接下来又因误会把两人的关系弄得更僵。鲁迅劝林语堂不要再写幽默、小品文这种小玩意儿，有这精力还不如多翻译一些英国文学名著。鲁迅此话本意是站在朋友角度，为林语堂着想，不想浪费他的翻译才华。林语堂的回信，除了谢意外，说翻译的事业等他老年再做。鲁迅看信后火冒三丈，以为林语堂是讥讽他老了，因为鲁迅此时正在热火朝天地进行翻译工作，于是愤愤地在致曹聚仁的信中说："这时我才悟到我的意见，在语堂看来是暮气，但我至今还自信是良言，要他于中国有益，要他在中国存留，并非要他消灭。他能更急进，那当然很好，但我看是决不会的，我决不出难题给别人做。"[26] 其实，这也是误会而已。林语堂后来无奈地解释道："我的原意是说，我的翻译工作要在老年才做。因为我中年时有意识把中文作品译成英文……现在我说四十译中文，五十译英文，这是我工作时期的安排，哪有什么你老了，只能翻译的嘲笑意思呢？"[27]

不巧的是，在一次饭桌上，几个广东籍作家兀自讲粤语，说得兴致盎然，其他人听不懂，想插嘴都插不上。林语堂故意讲一口流利的洋泾浜英语，表示是鸡同鸭讲，逗趣一番。没料到鲁迅厉声道："你是什么东西！难道想用英语来压中国的同胞吗？"原以为鲁迅在开玩笑，可当他明白鲁迅真在责骂他时，林语堂就低下头，没说一句话。有三年前的教训，林语堂知道，再解释或争议都无意义。他明白：这一次他与鲁迅真是情断义绝了。在回家的路上，林语堂非常伤心，他不知道鲁迅何以如此痛恨和厌恶他！而由此衍生出"倚徙华洋之间，往来主奴之界，这就是现在洋场的'西崽相'"[28]，从呵斥到谩骂，林语堂感到自己的人格尊严受到了侮辱，这是他最不能忍受的。"急进"只是思想意识的要求，带有善意，可"压中国同胞"的"西崽相"却是民族情感的分歧，已是明显的攻击，而且已经超越了文学立场的问题。鲁迅说成是"以我的微力，是拉他不来的"，不再把林语堂当朋友了。后来，在一场婚宴上，鲁迅看见林语堂夫妇在座，二话不说抬腿就走。

1934 年以后，《鲁迅日记》中已没有和林语堂来往的记载。在文章或通信中提到林语堂，也是用负面之词。譬如，1934 年 6 月 21 日，鲁迅在致郑振铎信中说："语堂学圣叹一流之文，似日见陷没，然颇沾沾自喜，病亦难治也。"[29] 1935 年 4 月 20 日，鲁迅写下《天生蛮性》一文，此文只有三句话："辜鸿铭先生赞小脚；郑孝胥先生讲王道；林语堂先生谈性灵"。[30] 把林语堂与前清遗老和伪满大臣相提并论，足见鲁迅对其厌恶之深。鲁迅先后写过《骂杀和捧杀》《读书忌》《病后杂谈》《论俗人应避雅人》《隐士》等文章对林语堂进行批判。

此时有人认为鲁迅已与林语堂绝交，也有人认为他们是一体的。1934 年 7 月 26 日，具有国民政府立场的微风文艺社，在《申报》公开声讨鲁迅、林语堂："（一）大会提交声讨鲁迅、林语堂应如何办理案决议：（甲）发表通电由梅子、高完白、童赤民起草。（乙）函请国内出版界在鲁迅、林语堂作风未改变前拒绝其作品之出版。（丙）函请全国报界在鲁迅、林语堂未作改变作风之前一概拒绝其作品发表及广告。（丁）呈请党政机关严厉制裁鲁迅及林语堂两文妖。（戊）警告鲁迅及林语堂迅即改变其作风，否则誓与周旋。"[31]

据大马《林语堂的攻击者》一文中说："林语堂以《论语》提倡幽默而震动一时，后且进而提倡小品而办《人间世》，由幽默而风雅，寓风雅于幽默，占尽了出版界的风光，于是攻击之声来了。

攻击林者，据林云是有组织的行动，这在某一部分来说，不能说不对；但就全部攻击的队伍来说，则未尽然。与其谓为预定计划，不如说是不谋而合。攻击者，起于《申报》'自由谈'栏，继于朝党左右翼的党报，再而蔓延至南京《中央日报》。同时，《文学》月刊，也有不满意的表示。这差不多把林语堂大师限于重围之中了。围攻林语堂的军队，可以说是杂色军队。有红色的赤卫军（所谓'左'翼作家之群，即共产党的宣传员），有黑色的挺进队（朝党'右'翼之报），有灰色军衣的红军（朝党左翼之报）。除了上述打起政治旗号的队伍而外，则有保卫文学地方治安的民团（即不属于党派，如《文学》等）及眼红的地痞。政治队伍对林的攻击，是毫不留情的。两个队伍的主帅虽不同，但攻击的目标是相同的。不过赤卫军的战术比挺进队厉害得多，然而能予林语堂致命伤的，还是民团的冷枪。"[32] 不管鲁迅属于什么军队，但此时肯定是对林语堂攻击者之一。

林语堂也写了《做人与作文》《我不敢再游杭》《今文八弊》等文章来回敬。《做人与作文》，已经是直截了当地让"鲁迅"这一符号去神圣化："你骂吴稚晖、蔡元培、胡适之老朽，你自己也得打算有吴稚晖、蔡元培、胡适之的地位，能不能有这样的操持。你骂袁中郎消沉，你也得自己照照镜子，做个京官，能不能像袁中郎之廉洁自守，兴利除弊。不然天下的人被你骂完了，只剩你一个人，那岂不是很悲观的现象。我问鲁迅：'你打算怎么办呢，现在?''装死'便是他的回答。"[33] 显然他对鲁迅没有了之前的那份崇敬。《今文八弊》公开反对：一、方巾作祟，猪肉熏人的文章，即虚伪的社会造出的虚伪的文章。二、随得随失，狗逐尾巴——劝文人勿专投机，凡事只论是非，勿论时宜。三、卖洋铁罐，西崽口吻——指当时一些文人既赶时髦，生怕落伍，于是标新立异，竞角摩登。四、文化膏药，袍笏文章——吾人制牙膏必曰"提倡国货"，炼牛皮必曰"实业救国"。五、宽己责人，言过其行。六、烂调连篇，辞浮于理。七、桃李门墙，丫头醋劲。八、破落富户，数伪家珍，指戳对近代既无认识，对古代尤无真知的人。这些表面看是针对当时的文坛现象，实质上是因内心隔膜所致，暗示鲁迅为其首要，所谓宽容、分寸、温和、忍让、风度、友谊都看不出来，看出来的只是对鲁迅的反感，分道扬镳的意识很是明显。

不过，1936 年 6 月 20 日，鲁迅有信给林语堂："不准人开一开口，则《论语》虽专谈虫二，恐亦难，盖虫二亦有谈得讨厌与否之别也。天王已无一支笔，仅有手枪，则凡执笔人，自属全是眼中之钉，难乎免于今之世矣。"[34] 据《鲁迅全集》注，"虫二"是"风月"两字去其边，"虫二"即"风月无边"之意。所谓"天王"指的是"国民党"。此时，鲁迅已经身体状况不好，他对《论语》的作风仍然不甚满意，但语气还是平和的。但积怨太深，加之林语堂不久就出国，鲁迅也去世，矛盾终未当面化解。

"相得""疏离"的思考与辨析

对两个人的"相得""疏离"，林语堂是这样看的："鲁迅顾我，我喜其相知，鲁迅弃我，我亦无悔。大凡以所见相左相同，而离合之迹，绝无私人意气存焉。"[35] 鲁迅认为是"因环境之异，而思想感觉，遂彼此不同……"所致。[36] 林语堂的话绝非矫情之语，虽然和鲁迅后来断了来往，但所发表的中日战争日记（1943 年 9 月

22 日—1944 年 3 月 22 日），他特意取鲁迅的主张，名之为《枕戈待旦》。他一生不曾忘记鲁迅对中国新文学的贡献。1942 年林语堂编《中国印度之智慧》时，现代中国人中只编鲁迅的《醒世语》[曾以 The Epigrams of Lusin（《鲁迅隽语》）载《亚细亚杂志》第 42 卷第 12 期，第 687-689 页]；1961 年，在讲到《"五四"以来的中国文学》时，充分肯定鲁迅在中国现代文学的地位，说中国现代作家中最好的短篇小说作家是鲁迅、沈从文、冯文炳和徐訏。他高度评价鲁迅在打倒旧中国方面是个主将，在 20 世纪 30 年代使中国青年转向左倾方面，鲁迅发挥了重要作用。"鲁迅用讽刺作为利器，把旧中国活活剥皮。他的笔犹如锋利而涂有毒药的箭。他自以为是战士而不是作家。他一箭击中对手时的得意之状，还历历在我眼前（我在北平、厦门、上海，都和他极熟）。鲁迅有个敏感锐利的头脑，而他所处的又正是个难逃大变的社会。……事实上，他对旧中国是所知太多了，熟悉了那个社会的世故和为人之道。他曾在日本读书，但他是浙江绍兴人，而绍兴师爷那种一字定人生死的刀笔本领，正是他的文章风格的来源。"[37] 鲁迅的话也是很客观地说出了二者的决裂有着多方面的因素。当时，那个风云变幻时代下的具体细节已不可考了，人与人之间关系的复杂微妙更是难以说出个子丑寅卯，但根据现有的资料，对造成他们"疏离"的诸多因素，还是可以做些梳理。

首先，生活的背景就很不同。林语堂有着基督教家庭的出身背景，而鲁迅则出生在传统的封建没落家庭。林语堂生活在一个和谐温暖的环境中，从小感受着父母亲和兄弟姐妹无私的爱。鲁迅虽出身名门望族，但是懂事不久就遭受家庭的变故。童年的生活对他们两人的精神人格定格的影响是不可小觑的。充满爱意的温馨回忆和基督教文化的感染形成了林语堂那种随性的认真和严格的我行我素。家庭的变故与苦难使幼年的鲁迅丧失了童年难能可贵的快乐，孩子般的童真被污浊的社会所污染，这也使后来的鲁迅对这段回忆难以释怀，内心遭受的沉重负荷使他的性格变得激进。厦门大学期间，鲁迅就不理解林语堂聘用"现代评论"派诸人的做法，认为这是林语堂的"糊涂"。他太过于情绪化，对"现代评论"派成见太深，以致不加区分一概"讨厌"，这就失去了合作的前提，必使双方矛盾激化。和鲁迅一样，林语堂也是从恨意出发[38]，1926年4月17日林语堂写道："……若并一点恨心都没有，也可以不做人了。"寻找新的理想的社会。但方法不一样，鲁迅在面对一条落水狗时，是再给它加上一棍，绝不手软。对于仇敌鲁迅的原则是一个都不饶恕！林语堂往往主要不是站在阶级角度，而是站在"是非"角度待人，哪怕是他不喜欢的人，即便言辞再激烈也多采取幽默和"Fairplay"的态度。他是把公平参与视为同情他人的一个观念。林语堂"不忍"看到他人受苦，在传统的"忍"上面，他认为这是中国人民族性的大缺点之一，并苦思如何改掉，但不是利用工具毁灭掉。鲁迅却说："他对你不'费厄'，你却对他去'费厄'，结果总是自己吃亏，不但要'费厄'而不可得，并且连要不'费厄'而亦不可得。所以要'费厄'，最好是首先看清对手，倘是些不配承受'费厄'的，大可以老实不客气；待到它也'费厄'了，然后再与它讲'费厄'不迟。"是不是"费厄"，也是不同生存环境下所养成的不同态度与方法。对于林语堂而言，无论是批评集权统治者，还是与个人的冲突，他都认为不应该彻底毁灭对手。他主张就事论事，不要针对人，可以批评事件，但是不要对人采取人身攻击。当二人发生冲突后，鲁迅曾在日记里骂林语堂曰："鄙相悉现。"二人分裂后原来《鲁迅日记》里频现的林语堂，从此烟消云散；而林语堂则在《忆鲁迅》中为发脾气的鲁迅开脱说："大概他多喝一杯酒。"

其次，人生哲学与审美情趣不同。林语堂所向往的是传统中国文人精致、典雅、悠闲的生活，这与鲁迅此时所热衷的无产阶级文学是不同调的。鲁迅积极参与社会现实与身在中心的欲望较强，文学更关注的是救国救民之道，笔下多是阿 Q、祥林嫂一类人物的苦难形象，但心灵的自由和逍遥精神不够；林语堂自由与逍遥被放在最显目的位置，文学更关注的是对人生和人性的解读，笔下则是渲染木兰与莫愁的女性美、人性美，旁观者的姿态更强烈一些。从"五四"到 20 世纪 30 年代，那一代的作家中，无论是小说还是散文，大多强调中国的苦难，列强的侵凌，礼教的束缚，继而要同胞奋发、努力、改革不合理制度。在林语堂看来，文学除了为作者自己服务外，没有其他的服务对象。他以"独抒性灵，不拘格套"[39]作为写作的原则。"独抒性灵"就内容而言，亦即文学功能只是在抒发作者的性情、哀乐、癖好。至于是否有益世道人心，能否劝世救国，以至为无产阶级服务，都与文学不相干。"不拘格套"则是就形式而言，好的作品在形式上有充分的自由。所以，他说"文学亦有不必做政治的丫鬟"。[40]武汉时期的经历使林语堂再也不相信政治，他先后创办《论语》《人间世》《宇宙风》等刊物，以一个自由主义者的姿态，提倡"幽默""闲适"，抒写"性灵"，选择以此来委婉曲折地表示自己的不满。受现实的感召，鲁迅以"挣扎和战斗""深沉含蓄、感情浓烈、讽刺辛辣"为文学特色。对林语堂的把幽默作为一种语言风格和表现手法，鲁迅是持否定态度的。尤其是林语堂以晚明文人的作品和生活形态，来作为20世纪中国知识分子的范式，鲁迅以为这是忽略了时代的不同，"九一八"以后的中国毕竟不是万历后期的明代；而明季的山人墨客，表面上风雅自适，而实际上有许多欺世盗名之徒，风雅闲适只是幌子，争名夺利毫不多让。小品文是晚明那个特殊时代的产物，反映的是十六、十七世纪中国部分文人墨客的生活。林语堂何尝不知"九一八"之后，中国真是到了存亡的关头，何尝不知"重重压迫，令人已不能喘气"。他之所以在此时写打油，谈风月，正是要在这样恶劣的环境之下，为中国人提供一处在政治上比较中立的空间，在那方园地里，也还能喘喘气，还能在"呻吟叫号"之外，有些微吟低唱。他在《有不为斋丛书序》中，很风趣地说明了这样的心情："难道国势阽危，就不可以吃饭、撒尿吗？难道一天哄哄哄，口沫喷人始见得出来志士仁人之面目吗？恐怕人不是这样一个动物吧。人之神经总是一张一弛，不许撒尿，膀胱终必爆裂，不许抽抽烟，肝气终要郁结，不许讽刺，神经总要麻木，难道以郁结的脏腑及麻木的神经，抗日尚抗得来吗？"[41]

最后，文化选择的不同。鲁迅疾恶如仇，更有儒家的精神，林语堂闲适放逸，更具道家的智慧。林语堂为人诚恳，任性而幽默，多受老子思想的影响，有老子"无为"的想法，对于别人的意见经常是这样可以那样可以，不愿意太认真。林语堂同时受到中国传统文化与西方基督文化的双重滋养，认为中国的文化是人道的文化，从人道主义的观点出发，他主张无论哪一种竞争斗争，都必须遵守规则，公平参与，秉持同情心。鲁迅敏感多疑，但求真的执着，无一不达到挑剔的地步。鲁迅敬仰司马迁的丝毫不苟且，林语堂心仪苏东坡的洒脱无羁。林语堂对苏东坡的热情研究，并不是要描述苏东坡的生平事迹，而是要借苏东坡为现代提供一个值得效法的模范，指引人生命努力的道路。做人与为文，对林语堂而言是同样的一件事。他表示，一个作家不能轻易自毁名誉，他必须保持中立。苏东坡以及他所代表的中国传统文化的意义，对林语堂而言，就是站在人道的一面，不但与军阀和法西斯主义相对抗。简单说，一个作家应"不羁"，不受限制，并以此态度确保社会意见多元发展。鲁迅是社会现实参与派的代表，激愤、尖利，呐喊声如雷贯耳，而且养成了"一个也不放过"的革命心理，如何与快乐逍遥者相容呢？

　　林语堂和鲁迅，实际上是 20 世纪中国最优秀的知识分子的两类代表。迥异的性格相碰，不可避免地在他们二人之间产生难以克服的隔膜与冲突。林语堂拒绝依附党派，拒绝卷入政治斗争，并不是不关心政治，不关怀社会。在他看来，知识分子在政治上扮演的角色，不是顾问，而是质疑者。一旦成了顾问，那就免不了得为当道者谋划献策，林语堂为中国的将来既没有画过蓝图，也没有指出过方向，他没有鲁迅要用文学来为中国人治病的雄心。他们共同生活的那个时代，是一个新旧转换的时代，是一个多种文化并存的时代。各种文化观点之间存在差异而导致文化相冲突也是一种常见的现象。林语堂与鲁迅所坚持不同文艺观之间的辩论就是那个时代一个突出的现象。他们的"相得"与"疏离"，反映了"语丝派"的集结与分裂，以及新文学阵营内部不同作家各不相同的人生追求和文化抉择。鲁迅是思想的强者，故而成为革命文学的主将；林语堂则是人生的智者，也就成为近情文学的代表。鲁迅让人肃然起敬，林语堂让人想靠近。

附录：鲁迅在《日记》中所记与林语堂的交往

1925 年

12 月 5 日，致信林语堂。

12 月 6 日，致信林语堂。

12 月 8 日，收到林语堂回信。

12 月 15 日，收到林语堂信及稿件。

12 月 17 日，致信林语堂。

12 月 27 日，收到林语堂来信。

12 月 29 日，上午，致信林语堂。下午，收到林语堂来信及稿件。

1926 年

1 月 31 日，收到林语堂来信，后复信。

2 月 20 日，致信林语堂。

2 月 22 日，收到林语堂信。

2 月 23 日，致信林语堂。

2 月 27 日，收到林语堂来信及稿件。

3 月 7 日，同赴刘半农家聚餐。

3 月 9 日，中午，同聚餐于西安饭店。

5 月 10 日，晚，在"大陆春"接受林语堂的宴请。

5 月 13 日，晚，在"宣南春"为林语堂饯行。

5 月 15 日，林语堂来访。

5 月 19 日，出席女师大师生举行的为林语堂饯别的茶话会。

5 月 24 日，收到林语堂"辞行片并照相"。

7 月 1 日，收到林语堂的厦门来信。

7 月 4 日，收到林语堂的厦门来信。

7 月 5 日，致信林语堂。

8 月 15 日，收到林语堂的两封来信。

8 月 18 日，致信林语堂。

9 月 4 日，抵达厦门，林语堂亲自带人迎接至厦门大学。

9 月 5 日，接受林语堂的寓所招待。

9 月 19 日，林语堂陪同去南普陀寺用午餐。

9 月 21 日，中秋之夜，林语堂陪同赏月。

11 月 20 日，一同出席下午厦门大学举办的茶话会。

11 月 27 日，林语堂陪同去集美学校演讲。

11 月 30 日，收到英译本《阿 Q 正传》三本，旋即赠送玉堂一本。

12 月 12 日，晚，和孙伏园一起去访林语堂，并在其寓所夜餐。

12 月 14 日，应邀共进晚餐。

12 月 30 日，晚，林语堂来访。

12 月 31 日，下午，与矛尘等人见林玉堂，决定辞去厦门大学的一切职务。

1927 年

1 月 1 日，晚，林玉堂与厦门大学同人为其饯行。

1 月 7 日，晚，林玉堂寓所宴请，表送行之意。

1 月 8 日，在鼓浪屿共进晚餐。

1 月 16 日，与罗常培等人前往码头为其送行。

1 月 29 日，收到林语堂信。

2 月 6 日，晚，得林语堂电报。

2 月 8 日，林语堂致信。

2 月 23 日，林语堂致信。

3 月 13 日，林语堂致信。

3 月 23 日，林语堂致信。

3 月 27 日，林语堂致信。

5 月 14 日，晚，致信林语堂为谢玉生、谷中龙两位学生谋职。

10 月 3 日，晚，林语堂到上海共和旅馆拜访鲁迅。

10 月 4 日，与林语堂等人共进午餐。

10 月 7 日，与林语堂等人共进晚餐。饭后，一起去百星戏院观剧。

11 月 7 日，林语堂来访，未晤。

12 月 21 日，晚，林语堂来访。

12 月 31 日，应李小峰及夫人之邀，与林语堂等人在"中有天"晚餐。

1928 年

1 月 26 日，林语堂邀请中午用餐。

2 月 16 日，林语堂来访。

3 月 4 日，林语堂来访。

4 月 5 日，邀宴林语堂。

5 月 1 日，晚，林语堂携夫人来访。

6 月 4 日，收到林语堂的来信。

6 月 8 日，复信林语堂。

6 月 19 日，收到林语堂的来信。

6 月 20 日，复信林语堂。

6 月 23 日，收到林语堂的来信。

6 月 24 日，应林语堂邀请，赴"悦宾楼"午餐。

7 月 1 日，复信林语堂。

7 月 5 日，晚，林语堂来访。

7 月 7 日，中午，李小峰招饮"悦宾楼"，林鲁同往。

7 月 28 日，晚，林语堂来访。

8 月 4 日，一同赴"万云楼"夜餐，李小峰邀请。

8 月 14 日，收到林语堂的来信。

8 月 17 日，上午，林语堂来访。

9 月 27 日，共聚晚餐。

10 月 16 日，致信林语堂。

10 月 17 日，致信林语堂。

10 月 24 日，午后，致信林语堂。

10 月 29 日，收到林语堂的来信。

11 月 1 日，收到林语堂寄来的信件和稿件。

11 月 11 日，下午，林语堂来访。

11 月 26 日，收到林语堂的来信。

12 月 1 日，晚，林语堂来访。

1929 年

1 月 24 日，午后寄信林语堂，下午林语堂来访。

1 月 26 日，应郁达夫之邀，与林语堂等人在"陶乐春"共进午餐。

2 月 16 日，林语堂来访。

3 月 6 日，寄信林语堂。

3 月 27 日，应李小峰之邀，同去"陶乐春"晚餐。

4 月 30 日，应张友松、夏康农之邀，同去大中华饭店进晚餐。

7 月 7 日，林语堂来访。

8 月 28 日，与林语堂等人在"南云楼"晚餐，席间两人不睦。

1933 年

1 月 11 日，下午，去中央研究院开民权保障同盟会，"胡愈之、林玉堂皆不至，五人而已"。

2 月 16 日，收到林语堂的来信。

2 月 17 日，与宋庆龄、蔡元培、林语堂等欢迎来上海访问的萧伯纳。

2 月 19 日，收到林语堂的来信。

2 月 21 日，寄林语堂信及文稿一篇。

2 月 24 日，应杨杏佛之邀，与林语堂等一起午餐。

2 月 27 日，下午，去林语堂寓所。

3 月 5 日，寄林语堂信及文稿一篇。

3 月 28 日，收到林语堂的来信。

4 月 20 日，邮寄《两地书》给林语堂。

4 月 30 日，收到林语堂的来信。

5 月 10 日，收到林语堂的来信。

5 月 15 日，为史沫特莱饯行，两家皆受邀请。两家互为小孩赠送玩具。

5 月 19 日，致信林语堂。

6 月 6 日，给林语堂邮寄信和稿件。

6 月 8 日，收到林语堂的来信。

6 月 20 日，收到林语堂的来信。

6 月 21 日，复林语堂信。

8 月 1 日，收到林语堂的来信。

8 月 2 日，复林语堂信。

8 月 16 日，收到林语堂复信。

8 月 24 日，寄林语堂信及稿件。

8 月 27 日，收到林语堂来信。

12 月 28 日，林语堂赠寄新出版的《语言学论丛》。

1934 年

1 月 6 日，黎烈文在古益轩请客，两人一同出席。

1 月 7 日，上午，寄信林语堂。

1 月 18 日，收到林语堂信并还稿。

3 月 18 日，收到林语堂的来信。

4 月 9 日，收到林语堂的来信。

4 月 14 日，收到林语堂的来信。

4 月 15 日，复信林语堂。

5 月 4 日，收到林语堂的来信。

5 月 5 日，复信林语堂。

5 月 9 日，收到林语堂的来信。

5 月 10 日，受邀赴林语堂寓所聚餐，"晚住其所"。

7 月 6 日，收到林语堂寄赠新出版的《大荒集》(上下册)。

8 月 28 日，收到林语堂请柬。

8 月 29 日，复林语堂信。

注释

[1] 林语堂：《悼鲁迅》，《宇宙风》1937 年 1 月 1 日第 32 期。

[2] 徐文斗、徐苗青选注：《鲁迅选集·书信卷》，山东文艺出版社 1991 年版，第 265 页。

[3] 鲁迅：《我和〈语丝〉的始终》，《三闲集》，人民文学出版社 2006 年版，第 166–179 页。

[4] 林语堂：《插论语丝的文体——稳健，骂人，及费厄泼赖》，《语丝》1925 年 12 月 14 日第 57 期。

[5] 林语堂：《"公理"的把戏后记》，《翦拂集》，北新书局 1929 年第 2 版，第 59–69 页。

[6] 林语堂：《"公理"的把戏后记》，《翦拂集》，北新书局 1929 年第 2 版，第 59–69 页。

[7] 林语堂：《语言学论丛·弁言》，《林语堂名著全集》第 19 卷，东北师范大学出版社 1994 年版，第 1 页。

[8] 鲁迅：《两地书·集注 厦门—广州（四八）》，厦门大学出版社 2008 年版，第 42 页。

[9] 林语堂：《林语堂传》，《林语堂名著全集》第 29 卷，东北师范大学出版社 1994 年版，第 58 页。

[10] 鲁迅：《两地书·集注　厦门—广州（六四）》，厦门大学出版社 2008 年版，第 93 页。

[11] 鲁迅：《两地书·集注　厦门—广州（五三）》，厦门大学出版社 2008 年版，第 58 页。

[12] 林语堂：《论幽默》下篇，《林语堂名著全集》第 14 卷，东北师范大学出版社 1994 年版，第 14 页。

[13] 鲁迅：《"论语"一年》，《鲁迅文集》第 4 卷《南腔北调集》，黑龙江人民出版社 1933 年版，第 488 页。

[14] Lin Yutang, Lusin, The China Critic, Vol, I, No.28, December 6, 1928, pp.547−548. （该文后由光落翻译，1929 年 1 月 1 日刊载《北新》第 3 卷第 1 期。）

[15] 林语堂：《忆鲁迅》，《智慧人生》，陕西师范大学出版社 2003 年版，第 348 页。

[16] 鲁迅：《鲁迅全集》第 14 卷《日记》1929 年 8 月 28 日，人民文学出版社 1981 年版。

[17] 郁达夫：《回忆鲁迅》，《郁达夫忆鲁迅》，花城出版社 1982 年版，第 42 页。

[18] 《枪决刘煜生案之反响》，《申报》1933 年 2 月 2 日，第 13 版。

[19] 《林惠元家属昨在沪接待报界》，《申报》1933 年 6 月 3 日，第 12 版。

[20] 《蔡元培等电京营救丁潘》，《申报》1933 年 5 月 24 日，第 10 版。

[21] 张梦阳：《鲁迅全传·苦魂三部曲》之《怀霜夜》，华文出版社 2016 年版，第 147 页。

[22] 鲁迅：《致陶亢德》，《鲁迅文集（导读本）》第 23 卷《文艺书简》（上），黑龙江人民出版社 1995 年版，第 131 页。

[23] 鲁迅：《"论语"一年》，《鲁迅全集》，人民出版社 1981 年版，第 567 页。

[24] 林语堂：《论翻译》，《林语堂散文经典全编》第 1 卷，九州出版社 2002 年版，第 285 页。

[25] 徐文斗、徐苗青选注：《340813 致曹聚仁》，《鲁迅选集·书信卷》，山东文艺出版社 1991 年版，第 304 页。

[26] 徐文斗、徐苗青选注：《340813 致曹聚仁》，《鲁迅选集·书信卷》，山东文艺出版社 1991 年版，第 304 页。

[27] 严昌编注：《民国新语》，安徽文艺出版社 2015 年版，第 72 页。

[28] 鲁迅:《"题未定"草》,《鲁迅全集》第 6 卷,人民文学出版社 1981 年版,第 350—357 页。

[29] 徐文斗、徐苗青选注:《340621 致郑振铎》,《鲁迅选集·书信卷》,山东文艺出版社 1991 年版,第 296 页。

[30] 鲁迅:《"天生蛮性"——为"江浙人"所不懂的》,署名越山,原载《太白》1935 年 4 月 20 日第 2 卷第 3 期。

[31] 《声讨鲁迅林语堂 昨举行首次社务会议》,《上海鲁迅研究》,2003 年版,第 370 页。

[32] 大马:《林语堂的攻击者》,《新垒月刊》1934 年 7 月第 3 卷第 6 期。

[33] 林语堂:《做人与作文——廿三年十二月廿七日在暨南大学演讲》,《林语堂名著全集》第 17 卷,东北师范大学出版社 1994 年版,第 258 页。

[34] 鲁迅:《致林语堂》,《鲁迅全集》第 12 卷,人民文学出版社 1981 年版,第 187—188 页。

[35] 林语堂:《悼鲁迅》,《宇宙风》1937 年 1 月 1 日第 32 期。

[36] 徐文斗、徐苗青选注:《340504 致林语堂》,《鲁迅选集·书信卷》,山东文艺出版社 1991 年版,第 265 页。

[37] 刘心皇:《五四以来的中国文学》(林语堂),《现代中国文学史话》,正中书局 1979 年版,第 162—163 页。

[38] 林语堂:《打狗释疑》,《林语堂名著全集》第 13 卷,东北师范大学出版社 1994 年版,第 69 页。

[39] 袁宏道:《叙小修诗》,《袁中郎全集·文钞》,台湾世界书局 1964 年版,第 5 页。

[40] 林语堂:《且说本刊》,《林语堂散文经典全编》第 1 卷,九州出版社 2002 年版,第 251 页。

[41] 林语堂:《有不为斋丛书序》,《林语堂散文经典全编》第 4 卷,九州出版社 2002 年版,第 478—479 页。

同中有异的性情中人
林语堂与胡适

  1966 年 1 月 31 日，台湾《中央日报》刊登台湾"中央社"记者黄肇珩撰写的《成功路程中的艰苦与辛酸：林语堂的动人故事》，内含胡适的"无声援助"；蓝布包和瓜皮小帽；二姐给的四毛零钱。1966 年 1 月 26 日林语堂从美国飞抵台北。1 月 29 日林语堂便由马星野陪同，参观了胡适纪念馆陈列室（1962 年去世），面对已不能同框的胡适，他久久地默悼这位以倡导"白话文"、领导新文化运动闻名于世的"无声援助"者。

无声援助

  胡适只长林语堂 4 岁，是同时代人，但学界辈分不一样。1917 年 9 月，从国外归来的胡适到北京大学任教，林语堂以清华学校教员的身份与北京文化界名流一起前去迎接。林语堂自述其情景：听这位面色清癯，态度和蔼而严肃的博士，引用 15 世纪伟大人文主义者伊拉斯摩斯（Erasmus）从意大利返回自己的国土荷兰时的豪语道："我们回来了。一切都会不同了。"此时，胡适不足 26 岁，已誉满全国，是真正的青年才俊。胡适指出，文言已成为老八股，用典深奥，辞藻陈腐。读书人十年寒窗，所写的只是些八股和僻典，没有创造新颖词句的自由。反之，白话是一种活的话言，词句是多彩多姿的。听到这里，林语堂有触电般的感觉。他更是钦佩，只有像胡适那样信念坚定的人，才敢公开指出中国不仅在枪炮和机器方面远远赶不上西方，就是在现代民主政治方面，在学术研究方面，也远远落后。换句话说，胡适主张"充分世界化"，或全盘西化。他相信除此之外，别无他法能使中国追上时代。林语堂觉得国家突然进入了汹涌的文学革命波涛中。对比胡适深厚的国学功底与对西方文化的理解，林语堂意识到，他要做的事情太多了！如果说以前自己聪明太过，今后还真要少耍聪明，守住拙朴，去掉机巧，留住朴厚，即"大智若愚"和"韬光养晦"。

北京大学的蔡元培、陈独秀、胡适和钱玄同等人，以《新青年》杂志为阵地，发表文章，阐述己见，影响巨大深远。林语堂翻阅这个刊物，由此他知道了当时的文化界是多么活跃，而这些文化先驱又多么与众不同。"在北京，我和两位一流才智的人接触，他们给了我难以磨灭的影响，对我未来的发展有不同的贡献。其一是代表 1917 年中国文化复兴的胡适博士。文化复兴，和其他较重要的事，严格说来就是反儒学。胡适博士，当时是哥伦比亚大学的研究生，在纽约放出第一炮，这一炮完全改变了我们这一代的中国思想及中国文学的趋势。这是文学革命，在中国文学史上是一个路标，提倡以国语取代文言，以国语作为文学表现的正常媒介。同时，北京国立大学有一个信奉共产主义的教授陈独秀。"[1] 对于进步的新文化运动，林语堂"直觉地同情"，而对于新文化运动的先行者，毫不隐讳地表述对他们的崇拜之情。

1918年4月，林语堂所撰《论"汉字索引制"及西洋文学》载《新青年》第4卷第4期"通信"栏目。5天后，林语堂在写给胡适的英文信中提道："我要谢谢你帮我润饰了我的白话，因为我知道我的白话需要经过润饰。然而，我还是很惊讶，我第一次写的白话居然公开露面。那封信是我第一次用白话写的。这跟我学习了多年晦涩的文理多么的不同啊！而我却非常踌躇不敢把它公之于世！"[2] 而林语堂在《新青年》杂志上发表的《汉字索引制说明》和《论"汉字索引制"及西洋文学》等文，也逐渐引起了胡适的注意。胡适凭自己的眼力，认定林语堂是个人才。

1919年春夏之交，林语堂到清华学校即将三年。按约定，三年服务期满，他可以获得官费奖学金赴美深造。而此时得知的信息却令他非常失望，清华学校只同意给他每月40大洋的半官费奖学金。[3] 于是，林语堂请胡适代向北大校长蔡元培说项，请为其提供为期3年，每月30美元的留学津贴，学成归来赴北京大学服务。胡适与蔡元培商议，后者口头同意了林语堂的请求，不过随着五四运动爆发，5月9日蔡元培提出辞职，当日便离开北京，南下上海、杭州。北京大学的运转出现混乱，胡适也因此未能及时地代林语堂订妥条款并履行有关手续。[4] 7月5日，蔡元培于杭州复函胡适，明确同意资助林玉堂（林语堂）赴美留学："林玉堂君如到京，请与订定，照约帮助。"[5]

1919年，林语堂能去哈佛留学，胡适起了很大作用。8月19日，林语堂在赴美留学途中的哥伦比亚号轮船上，给胡适写了一封信，主要表明 3 年以后学成归来的计划："三年以后，我们可以一起做事了，闲时还可以由我们改良天地宇宙，由人性以至于拼音字母。那话还长着呢。我的意思，尽我的力量做白话文，在美国时候，既然读近代文学，必定时常有论一个一个文学家的论文essays，我要试试用白话做，寄回来可以登印的登印，介绍近代文学于中国。未翻的书，未介绍的 authors 还多着呢。"[6] 从中可见林语堂抱负之大与自视之高。正受命为北京大学"招兵买马"的胡适，自然也很想把林语堂"挖"过来。

林语堂在国外期间，由于奖学金迟迟不至，而妻子廖翠凤又开刀住院，经济陷入困境。林语堂拍电报向胡适求助，希望胡适作保向北京大学支借 2000 元，以度过生活上的困境。1920 年 2 月 19 日，林语堂收到了胡适电汇的 300 元，如释重负，不仅能渡过眼前难关，更感到高兴的是，回国后可以和胡适等文化名流共事。

1920 年暑假，林语堂在哈佛读完一学年，各科成绩均十分优秀，但留美学生监督施秉元突然取消了他的半额奖学金。[7] 与此同时，北京大学给予林语堂第二学年的津贴未能如期汇到。[8] 迫于经济压力，林语堂向基督教青年会申请到法国为华工服务，获得对方批准并提供旅费。

8 月，林语堂即将转往莱比锡大学学习，他又致函胡适催寄"大学去年经费"（实指第三年津贴）。但此时北京大学财经困难，该笔经费迟迟未能寄出，蔡元培亦去信向林语堂解释一切。[9]

1923 年，林语堂戴着哈佛大学文学硕士、莱比锡大学语言学博士高帽回国，经胡适推荐被聘为北大教授。一到北京大学，他便向校长代理蒋梦麟（蔡元培校长当时正游历欧洲）表示要清还 2000 元借款，并一再致谢，蒋梦麟却是一头雾水，"什么 2000 块钱？"

　　原来，胡适虽然爱才心切，但以恐将来使林语堂为难，并没有求助于北大，而是自己掏腰包，分次将钱寄给林语堂。林语堂得知实情后，对胡适很是感激，年底便把钱款还给了他。这件事，胡适从未对外提起过，"这就是他的典型作风。"林语堂在晚年几次提到，在国外留学，自己囊中羞涩，一贫如洗，在万般无奈的情况下，是胡适伸出慷慨之手，解他于危难之中。

　　一别经年，但彼君之深情厚谊不曾忘怀，铭刻于心。有所谓"白发犹新，倾盖如故"，斯可见，古人诚不相欺。如此友情，教人感动而默然，人生若能得一如此知己，便是失去许多用以交换又如何！林语堂又想起多年来，尽管与胡适的观点、意见及性情有时相左，但胡适很少介意，反而处处为林语堂辩护，因为他理解林语堂的文章人品。

文坛风云

　　1923 年 4 月下旬，林语堂从厦门乘船北上，到北京大学报到。不过这次未能与胡适谋面，因为胡适已于 4 月 21 日离开北京，前往上海、杭州养病。[10] 5 月 31 日，林语堂于北京致信胡适："我很希望能于我未回南之先得在这儿见见你的面，我们有多少话可以谈的啊。"[11]

　　初到北京大学，林语堂教学之余，主要从事语言文字学的研究以及翻译实践，但也写一点文化批评类的文章。所撰《机器与精神》载上海亚东图书馆于 1924 年 11 月出版的《胡适文存三集（卷一）》，作为胡适所撰《我们对于西洋近代文明的态度》一文的附录，可以看出是他们文化观念的呼应。

出国四年归来，林语堂发觉国内变化太多了，新文化阵线的分化和分裂已经完全公开化和表面化。当时北大的教授分为两派，一是"语丝"派，鲁迅和作人周氏兄弟、孙伏园、钱玄同、刘半农这些人都属于这一派。林语堂在《语丝》第3期发表《论士气与思想界之关系》一文，用北京城的"士气"来比喻"中国的生活和思想界的昏浊停滞的空气"，立志要做一名与这种"士气"进行持续斗争的"土匪"与"叛徒"。[12]之后，他陆续撰文在这份周刊发表，其中多数是杂文、散文，也有翻译作品与语言学论文，成为《语丝》经常撰稿人之一。另一派则是以胡适为代表的"现代评论"派，有徐志摩、陈源、周鲠生、陶孟和等。林语堂和胡适是北大英文系的同事，系里的教授陈源、徐志摩和温源宁等人都是胡适派的中坚力量。按说林语堂与胡适有着一种天然的文化联系，无论从哪个方面来看，林语堂参加胡适派是合乎逻辑的。

1924年11月《语丝》创刊之前，林语堂与胡适还是私交甚好的。如《胡适日记》记载：1924年1月2日，"到林玉堂家久谈"。1月5日，"到聚餐会。是日到会的只有陈伯通、张仲述、郁达夫、鼎巽甫、林玉堂。但我们谈得很愉快"。[13]

的确，起初林语堂和胡适都曾有以西方文化本位来反观中国文化的相同趣味，但后来两人都有所修正。胡适倾向于"重客观"，用实验主义的科学方法来剖析中国的社会文化生活。林语堂则倾向于"重主观"，醉心于建构自己的中西合璧的文化体系，他不盲从古今中外任何伟人或任何主义。私交友谊是一回事，个人趣味爱好又是一回事。率性自然和我行我素的林语堂更喜欢鲁迅和周作人的特立独行、放逸自由。而胡适等人过于热衷仕途，奔走官场，这是林语堂不喜欢的。他愿意做一个自由人，即有自己的独立性和做自己的自由。故而，他没有因为感恩去迁就胡适这一派。对此，胡适似乎非常了解林语堂，他并不因为自己对林语堂有恩，就非要他亲近自己，而不高兴他接近鲁迅兄弟。胡适曾告诉钱玄同，如果某人的意见被林语堂看不起，那么即使这个人是他的朋友，林语堂也不愿意与他打招呼。由此可见胡适对林语堂的宽容与理解。

1925 年 6 月，胡适在《现代评论》第 21 期发表《胡说》一文，指出王统照译文的谬误，并在篇首附一首《劝善歌》，劝人买字典译书。对此，林语堂撰写《劝文豪歌》，指出胡适此举很容易变成劝人死抱字典译书，这是绝对行不通的。[14] 直接碰撞的意味很是明显。

1927 年 5 月 7 日，上海的《大陆报》报道了胡适在日本东京的谈话，胡适说"蒋介石与张作霖，他们俩都是与同一敌人作战——即共产党，并且赞助同一的主义——即最后的中国之自由"。说张作霖赞同的"主义"是"中国之自由"。林语堂无法接受。5 月 18 日，他就写文章予以批驳："张作霖的'主义'是'最后的中国之自由'，就是天才，也须做过英皇委员，游过英岛，才能替我们发见。即此一点，已可以证明'适之先生'并未负此一行也。"[15] 这已是直率的批评了。

批评归批评，但不影响彼此为新文化所做的努力。1930 年 5 月 12 日，蔡元培、胡适、叶玉虎、杨杏佛、谢寿康、徐志摩、林语堂、邵洵美、郑振铎、郭有守、唐腴庐、戈公振等人在华安大厦召开笔社发起人会议。先由胡适说明发起经过，然后通过了徐志摩拟定的章程，定名为"笔会"，会址暂设在亚尔培路 203 号。[16] 1931 年，联华书报社还出版了 *China's Own Critics: A Selection of Essays by Hu Shih and Lin Yu tang*（《中国自己的批评家：胡适与林语堂小品文选》），林语堂、胡适曾共选一书，由汤良礼选编，汪精卫点评。该书第一部分为胡适小品文（Part One: Essays by Hu Shih），包括：

Which Road Shall We Take?

The Rights of Man

When Shall We Have a Constitution?

Wang Ching-Wei's Commentary

On Knowledge and Action

Wang Ching-Wei Commentary

China's Sterile Inheritance

第二部分为林语堂小品文（Part Two: Little Critiques by Lin Yu-tang），包括：

The Metropolitan Village of Nanking

Do Bed- bugs Exist in China?

Han Fei as a Cure for Modern China

More Prisons for Politicians

On Civil Disobedience

The Model Bandit

How to Write English

An Open Letter to an American Friend

What is Face?

The Chinese People

Confucius as I Know Him

Chinese Realism and Humour

　　他们同为太平洋国际学会中国分会会员，胡适还出任执行委员会委员长，[17] 没有什么不愉快的传闻。

　　20 世纪 20 年代末 30 年代初，正当新的国民政府试图加紧掌控巩固权力之时，胡适站起来挑战新政权，写了一系列质疑政府对公民自由立场的文章，唤起了一场"人权运动"。从武汉到上海的林语堂，参加了胡适在上海组织的"平社"。也有交往，如《胡适日记》1931 年 1 月 23 日记载："罗隆基来，林语堂来。语堂说，国际联盟的 Committee no Intelleetual Cooperation（智力合作委员会），政府所命的吴稚晖先生已决定不就，现拟任蔡子民先生去。Rajchmran（雷奇曼）本望我去，我知道他靠杨杏佛传话，便知道决不会轮到我。"[18] 之后这两位 30 年代自由派知识分子领军人物，又一同参与了中国民权保障同盟。

　　1932 年 12 月 29 日，中国民权保障同盟在上海宣告成立。发起人为宋庆龄、蔡元培、杨铨（杏佛）、黎照寰、林语堂等人。该同盟的任务是反对国民党一党独裁，援救一切爱国的革命的政治犯，争取人民的出版、言论、集会和结社自由。宋庆龄、蔡元培分任主席和副主席，杨杏佛为总干事，林语堂担任总会宣传主任。同时，在北平（今北京）、上海等地设分会。鲁迅被推选为上海分会9个执行委员之一，胡适被推选为北平分会执行委员和主席。

1933年2月4日、5日、11日，胡适致函蔡元培、林语堂，认为将《北平军委会反省院政治犯 Appeal 控诉书》以"中国民权保障同盟全国委员会的名义"发表，"这是大错"。为此，"此信及附件，乞与蔡、杨两先生一看"。[19] 3月3日，中国民权保障同盟召开执委会，议决开除胡适，后又于3月18日召开总会全体大会追认此决议。

此为何故？起因是1933年初，宋庆龄收到了一封由《中国论坛》报总编辑伊罗生转交的匿名信件。这封长达5页的英文信件，详细列举了北平军人反省院中种种私刑拷打的现象，揭露了狱中的恶劣条件。信件请求民权同盟北平分会向国民党当局提出抗议，废除反省院中的种种私刑。

据后来查实，这封信是中共地下党员刘尊棋所写。当时，与刘尊棋一同被关押在北平草岚子胡同军人反省院的还有薄一波、安子文、刘澜涛、杨献珍等人。1932年底，在狱中的薄一波等人从被收买的看守员那里获得了一份《中国论坛》，获悉中国民权保障同盟成立的消息。他们决定，由刘尊棋执笔写一封英文信，通过《中国论坛》报总编辑伊罗生转交给中国民权保障同盟。最后，信件辗转来到宋庆龄手中。

宋庆龄收到此信后非常重视，因为营救政治犯本来就是同盟成立的初衷。她将这封信提交同盟执委会讨论，决定指派总干事杨杏佛利用到北平参加同盟北平分会成立大会的时机，实地调查军人反省院的实况。

1月30日下午，中国民权保障同盟北平分会成立。当晚11时，杨杏佛拜会了少帅张学良，他们获得了视察军人反省院的许可。于是，2月1日上午，杨杏佛、胡适、《世界日报》社长成舍我，与张学良的外事秘书王卓然等一行，前往军人反省院等几个监狱视察。这是胡适加入中国民权保障同盟之后做的第一件事。对于监狱当局来说，这是一次出其不意的视察。政治犯们都向视察者诉说戴脚镣的痛苦和伙食太坏，还有人诉说虽准许看书，却不准看报。胡适他们直接了解到监狱里的情况，即据此向有关方面提出了一些要求。张学良的幕僚王卓然给胡适复信说："先生笃念时艰，抒发伟议，审微见远，良殷心倾。所提各节，然即向汉公（汉公即张学良，字汉卿）商办，冀能一一实现，不负先生苦心。"可见胡适他们的这一次活动是取得了一些成果的。

可是，就在这时候，2月5日，在英文《燕京报》上刊出了宋庆龄签名的控告信以及《北平军分会反省院政治犯控诉书》。控诉书详述反省院中种种惨酷的私刑拷打。宋庆龄要求胡适代表中国民权保障同盟北平分会，向政府当局提出交涉，"立即无条件地释放一切政治犯"。信中还表示，此控诉信和同盟的呼吁已经在各大报刊发表。

胡适感到非常吃惊。他当即给在上海的蔡元培和林语堂等人写信，表示自己非常"失望"。他认为，自己与杨杏佛在视察该院时，犯人并没有提及"严刑拷打"一事。而且与写这封控诉信的刘尊棋用英文交谈过，"倘有此种酷刑，他尽可用英语向我诉说"。加之此前的2月3日，胡适收到北平军人反省院一个叫韩麟符的犯人写来的信，信中没有提及"严刑拷打"之事。因此，胡适判断这封匿名控诉信失实，并在信中指责上海总盟"随便信任匿名文件，不经执行委员会慎重考虑，遽由一二人私意发表，是总社自毁其信用"。胡适信末表示，上海总盟"如有应由总社更正或救正之处，望勿惮烦，自行纠正，以维总社的信用"。

凑巧的是，这时《世界日报》转给胡适一封李肇音的信，该信假借胡适的名义，显系伪造。因此，胡适马上给蔡元培和林语堂写了第二封信，指出刘尊棋信件很可能是捏造的，以更严厉的措辞让上海总盟追究发表信件者的责任：我认为此等行为大足以破坏本会的信用。应请两公主持彻查此项文件之来源，并彻查"全国执行委员会"是否曾经开会决议此种文件的翻译与刊布。如果一二私人可以擅用本会最高机关的名义，发表不负责任的匿名稿件，那么，我们北平的几个朋友，是决不能参加这种团体的。同时，向发表控诉信的《燕京日报》等媒体写信，表示北平军人反省院不存在严刑拷打的情形，称犯人来信是"不能置信的"。

事实上，对于胡适担心的情况，同盟总会也进行了慎重的处理——特别是在李肇音托名信件出来之后。经过长时间的分析和讨论，总会认定，刘尊棋信件的真实性没有问题，虽然总会在没有与胡适等视察者沟通之前就发表控诉信，有处理失当之嫌，可胡适的反应显然过激，特别是矛头直指宋庆龄和其英文秘书史沫特莱"以一二人擅用总会名义"，明显不符事实。因为发表控诉信和呼吁经过了执委会讨论。

这时，胡适同民权保障同盟一些人的分歧已经很明显了，他觉得有必要把自己的观点明白表示出来，2月7日写了一篇《民权的保障》，刊登在2月19日出版的《独立评论》周刊第38号上。文章提出："把民权保障的问题完全看作政治的问题，而不肯看作法律的问题，这是错的。只有站在法律的立场上来谋民权的保障，才可以把政治引上法治的路。只有法治是永久而普遍的民权保障。"他批评说："同盟的总会宣言有要求'立即无条件的释放一切政治犯'的话……这不是保障民权，这是对一个政府要求革命的自由权。一个政府要存在，自然不能不制裁一切推翻政府或反抗政府的行动。向政府要求革命的自由权，岂不是与虎谋皮？谋虎皮的人，应该准备被虎咬，这是作政治运动的人自身应负的责任。"

考虑到胡适的情绪，总会决定由蔡元培和林语堂写信回复胡适。2月13日，蔡元培、林语堂在给胡适的信中进行了解释，并婉转批评了胡适的"以一二人擅用总会名义"之说，称"故此文若不宜由本会发表，其过失当由本会全体职员负责，决非一二人之过，亦决非一二人擅用本会名义之结果"。

2月21日，英文《字林西报》发表了该报记者访问胡适的报道，"胡博士说，同盟不应如某些团体所提出的那样，提出释放一切政治犯，不予依法治罪的要求。一个政府应该有权对付那些威胁它本身生存的行为……"内容和这篇《民权的保障》有一处明显的出入，就是记者用了"有权"一语，而《民权的保障》一文中并没有这意思。这段话，不但公然为专制政府辩护，而且批评了同盟的宗旨"释放一切政治犯"，也违背了自己的承诺。因为同盟成立共有三条宗旨，其中两条就涉及政治犯，"为国内政治犯之释放与非法的拘禁酷刑及杀戮之废除而奋斗""予国内政治犯与法律及其他之援助"。

《字林西报》的这一报道在民权保障同盟立刻引起了强烈的反

应。民权保障同盟给胡适发来电报："本日沪《字林西报》载先生谈话，反对本会主张释放政治犯，并提议四原则，与本会宣言目的第一项完全违背，是否尊意？请即电复。"胡适没有答复。几天之后，又由宋庆龄、蔡元培署名发来了电报："养（22日）电未得尊复。释放政治犯，会章万难变更。会员在报章攻击同盟，尤背组织常规，请公开更正，否则惟有自由出会，以全会章。盼即电复。"胡适还是没有答复。

身为同盟北平分会执行委员和主席的胡适，竟然发文反对总会"释放一切政治犯"的要求。林语堂认为他违背了民盟的章程，赞成同盟的决议，但也为胡适进行过辩护。据《鲁迅日记》记载，3月3日召开执委会议。会上蔡元培、林语堂极力为胡适辩护，没有结果。3月4日，上海《申报》报道："中国民权保障同盟临时中央执行委员会昨日开会，决议：开除该会会员胡适之。"

后来才知道，这一份伪造的"控诉书"是共产国际的人通过史沫特莱拿去发表的。在共产国际的人看来，胡适这种只是要求在法律范围内保障政治犯人权的态度，已经跟"同盟"要求无条件释放政治犯的宗旨完全背道而驰。胡适再留在"同盟"之内已经有害无益了。而且胡适坚决反对发表伪造文件并且要求公开纠正的态度，也没有任何转圜的余地了。

惺惺相惜

去美之后，林语堂和胡适的交往更为密切与自然。他们一同参加文化活动，出席各种集会。《胡适日记》多有记载：1940年3月16日，"林语堂一家今天启程回国"；1940年3月30日晚，与胡适等人在洛杉矶出席张领事举行的宴会；3月30日，"语堂邀去吃饭，见着 Anna May wong"；1943年3月4日，同去看望前来纽约的宋美龄，"我下午去见她，屋里有林语堂夫妇"……[20] 20世纪40年代，身在欧美的林语堂，因抗战问题屡屡对英美发出尖锐的批评，引起了一些西方人的不满。对此胡适在日记中写道："Train（特雷恩）对我说，'有人闻林语堂何以不能代表中国作家？'他问我的意见。我说，前几天 Charles Merz（查尔斯·摩斯）对我说，林语堂总不会成熟，这话似乎有道理。"[21] 赤裸所以赤诚，纯粹因而真实，所谓"不成熟"是性情中人林语堂的天性，胡适没有像有些人那样，把林语堂往党派、政治立场、意识形态等方面去分析。林语堂发明中文打字机之后，有许多人说闲话，说林语堂这次又发大财了，又是胡适出来说"公道话"，叫人家不要胡说八道，语堂为了发明打字机弄得倾家荡产。所以，林太乙认为"胡适的确是语堂的真正密友"。

林语堂亦是重道义之人，他毕生不忘胡适之恩，且始终敬重胡适。据徐訏回忆，胡适曾批评林语堂的某本书是拾人牙慧，但林语堂对胡适从未有过轻侮的话语。有人说林语堂的英文水平高于胡适，他从不承认。而且，早在1934年4月5日，林语堂就将译作《胡适之》载《人间世》第2期"今人志"栏目，目录题名为《胡适》，正文题名后标注"改译英文中国评论周报"，意在让更多的国人了解这位在新文化运动中举足轻重的人物。

20世纪50年代，胡适去了美国，林语堂有时去看他。那时，中国内地的"批胡运动"正在如火如荼地进行。胡适不提被骂之事，指着满壁的书，对语堂说，他在写《中国哲学史大纲》下册。

听到这话，有"半部史"之称的往事又浮现在林语堂的眼前。《中国古代哲学方法之进化史》是胡适留学哥伦比亚大学时的博士论文，1917年据此编成"中国哲学史"讲义，在北大授课，1918年整理成《中国哲学史大纲》的上卷，1919年2月由商务印书馆出版后，下卷却再也不见踪影。1921年胡适写的《白话文学史》初稿几经增删修改，于1928年由新月书店出版了上卷，而下卷也终不能问世。故而黄侃曾因此调侃胡适是"著作监"，写书总是"绝后"。话虽阴损，但也道出了当时许多读者的共感。时人温源宁曾分析过这种"无后"的写作现象的原因："适之为人好交，又善尽主谊。近来他米粮库的住宅，在星期日早上，总算公开的了。无论谁，学生，共产青年，安福余孽，同乡客商，强盗乞丐都进得去，也都可满意归来。穷窘者，他肯解囊相助；狂狷者，他肯当面教训；求差者，他肯修书介绍；向学者，他肯指导门径；无聊不自量者，他也能随口谈谈几句俗话。到了夜阑人静时，才执笔做他的考证或写他的日记。但是因此，他遂善做上卷书。"在温源宁看来，因为谁都把胡适视为"我的朋友"的缘故，导致胡适应酬太多，遂成"最好的上卷书作者"。对胡适今天的学术追求，林语堂能理解。

1961年1月16日，林语堂应美国国会图书馆之邀，到华盛顿演讲了《"五四"以来的中国文学》，其中对胡适高度评价：五四运动的温床是北京大学，它的代表性刊物是《新青年》。说来有趣，运动的第一炮，不是来自北京，而是发起纽约，那时胡适正在哥伦比亚大学作研究生，他以明净平和的文笔，提出主张，要以现代白话代替文言，来作为文学的语言。这主张是革命性的，令人吃一大惊，因为，从来没有人这样想过，而文言在中国是神圣不可侵犯的。这真是一个大的挑战和解放。[22] 由此，衍生出唐德刚在《胡适杂忆》中说胡适在中国文学史上的地位，可与"文起八代之衰"的韩愈相埒。

1962 年 2 月 24 日胡适在台北逝世。2 月 26 日刚从南美访问归来的林语堂在纽约通过国际电台（CGRA，Chinese Government Radio Administration）致电胡适家人，表示哀悼："Hearfelt sympathy."（"最诚挚的慰问。"）[23] 3 月 3 日，中国旅美学人举行集会追悼胡适，林语堂出席，并撰写《追悼胡适之先生》一文，称"胡适的确是个了不起的人""他启迪了当代人士的思想，也为他们的子孙树立楷模，他一生所遭受的恶毒批评和攻讦，几乎比任何人多……但是这些谩骂叫嚣丝毫不能影响或改变胡适对发展科学、民主制度以及革新需要的信念。""适之先生在学问、道德文章方面，都足为我们的楷模。学问且不必说，在他个人人品之清高及操守之严谨，都不愧为我们的楷模。在精神上，又是爱国，乐观，无党无派，不偏不倚。他有最深的国学根底，又能领导及代表一百分接受西方文化的潮流"。[24] 1965 年 9 月 20 日、27 日，林语堂还在《台湾新生报》连续发表《胡适之与辜鸿铭（上）》和《胡适之与辜鸿铭（下）》，赞许胡适文化贡献。第二年，林语堂定居台湾，度过了他生命的最后十年。在台湾，他每年都会到胡适墓前献花，寄托他对胡适的思念。

在 20 世纪 30 年代，胡适和林语堂被公认为受西式教育的中国现代知识分子的两位代表人物。区别在于林语堂的西式教育更有本土色彩，同时更彻底。胡适童年受过传统中式教育熏陶，大学本科和研究生赴美就读，而林语堂生于中国的基督教家庭，从小上教会学校，大学本科毕业于上海圣约翰大学。林语堂没有胡适那样反传统，但是捍卫"赛先生"最为得力，特别是针对专制践踏人权，林语堂的批评最为犀利、毫不留情。他们的政治倾向相近——不要革命，但在个性、脾气方面却又有很大的不同——胡适讲生活要科学化，是实证派；林语堂讲品格的浩然之气，是精神派。林语堂不欣赏胡适常有与政府做"诤友"的态度，但喜欢他的自由主义立场。

想到老友一个个离开人世，林语堂有说不出的孤独寂寞。

注释

[1] 林语堂：《从异教徒到基督徒》，《林语堂名著全集》第 10 卷，东北师范大学出版社 1994 年版，第 66 页。

[2] Lin Yu-tang to Hu Shih, April 9, 1918，"胡适档案"（馆藏号：E272-001），转引自江勇振：《舍我其谁：胡适（第二部日正当中，1917—1927）》，台北经联出版事业股份有限公司 2011 年版，第 246-247 页。

[3] 林太乙：《林语堂传》，《林语堂名著全集》第 29 卷，东北师范大学出版社 1994 年版，第 34 页。

[4] 吴元康：《五四时期胡适自费资助林语堂留学考》，《安徽史学》2009 年第 5 期，第 78 页。

[5] 高叔平、王世儒：《蔡元培书信集》（上），浙江教育出版社 2000 年版，第 424 页。

[6] 耿云志主编：《胡适遗稿及秘藏书信》第 29 册，黄山书社 1994 年版，第 294 页。

[7] 林太乙：《林语堂传》，《林语堂名著全集》第 29 卷，东北师范大学出版社 1994 年版，第 280 页。

[8] 吴元康：《五四时期胡适自费资助林语堂留学考》，《安徽史学》2009 年第 5 期，第 79 页。

[9] 吴元康：《五四时期胡适自费资助林语堂留学考》，《安徽史学》2009 年第 5 期，第 79 页。

[10] 吴元康：《五四时期胡适自费资助林语堂留学考》，《安徽史学》2009 年第 5 期，

第 79 页。

[11] 吴元康:《五四时期胡适自费资助林语堂留学考》,《安徽史学》2009 年第 5 期,第 79 页。

[12] 林玉堂:《论士气与思想界之关系》,《语丝》1924 年 12 月 1 日第 3 期,第 2–3 页。

[13] 《胡适全集》第 30 卷,安徽教育出版社 2003 年版,第 143、145 页。

[14] 林语堂:《劝文豪歌》,《语丝》1925 年 6 月 15 日第 31 期,第 13 页。

[15] 林语堂:《天才乎——文人乎——互捧欤——自捧欤》,《中央副刊》1927 年 5 月 21 日,第 68 页。

[16] 《笔社发起人会》,《申报》1930 年 5 月 13 日,第 16 版。

[17] 肖伊绯:《胡适的鳞爪》,凤凰出版社 2014 年版,第 199–200 页。

[18] 《胡适全集》第 32 卷,安徽教育出版社 2003 年版,第 33 页。

[19] 《胡适全集》第 24 卷,安徽教育出版社 2003 年版,第 135–138 页。

[20] 《胡适全集》第 24 卷,安徽教育出版社 2003 年版,第 140–141 页。

[21] 《胡适全集》第 33 卷,安徽教育出版社 2003 年版,第 480 页。

[22] 林语堂自译:《"五四"以来的中国文学》,《中国一周》1966 年 7 月第 846 期,第 4–7 页。

[23] 台湾"中央研究院"近代史研究所胡适纪念馆馆藏"胡适档案"之"南港档"(馆藏号:HS–NK01283–043;旧档号:南港一 6–03.43)。

[24] 林语堂:《追悼胡适之先生》,《海外论坛》1962 年 4 月 1 日第 3 卷第 4 期,第 2 页。

一南一北话美文
林语堂与周作人

周作人（1885—1967），散文家、文学翻译家。字启明，号知堂。"五四"时期参加新文化运动，发表《人的文学》《平民文学》等文章，提倡以人道主义为本的人的文学。之后又起草《文学研究会宣言》，倡导为人生而艺术的现实主义文学。1921年后写了许多针砭时弊、批判封建文化的散文，文笔舒缓自如，略带幽默和轻松，对"五四"以来的散文创作影响较大。所作散文结集为《自己的园地》《雨天的书》《谈龙集》《谈虎集》等。1927年后逐渐逃避现实，提倡写作表现性灵、情趣的闲适小品文。周作人比林语堂大10岁。"语丝"时期，周作人是《语丝》周刊的主编，林语堂是主要撰稿人，他们是同一战壕的战友。对周作人不痛打落水狗的"费厄泼赖"精神，林语堂引为同调，并给予积极支持。民国时期，周作人是最早提倡"闲适"和"性灵"的小品文、看重文学的"无用之用"精神的人，继而是林语堂的"幽默""闲适""性灵"的小品文。周作人对林语堂的影响主要是在学术上。他们有合作，也有矛盾，一切都似顺其自然。同时，他们又都是"双鬼"缠身——一个是绅士鬼，另一个是流氓鬼。大凡名士，既是正途出身，体制中人；又落拓不羁，反抗主流，亦正亦邪，集两气于一身。何时为正，何时为邪，要看人生的不同阶段和历史的具体情境。

文坛的交往

林语堂与周作人的交往既有同在北京时的"语丝"时期，也有离开北京后的《论语》至《宇宙风》时期，距离不是问题。

出身于闽南一个小山村牧师家庭的林语堂，山野的自然蛮性让他不同于循规蹈矩大户人家的孩子，从小调皮捣蛋，精灵古怪。他最喜欢苏东坡，说"其可爱处，偏在他的刁皮"。一个人在阵营对立时的站队，有时候未必全然取决于思想倾向，更多的是一种精神气质的选择。林语堂与胡适、陈西滢在思想上同属自由主义，但他不喜欢他们过于浓厚的一本正经的绅士派头；相反地，周氏兄弟身上那种名士气，反而更让他感到气味相投。

1924 年 1 月 30 日下午，歌谣研究会在北京大学第三院研究所国学门歌谣室开会，结束上学期会务并欢迎新会员。周作人主持会议。他首先分省介绍并欢迎新会员，"特别指导的有伊凤阁先生、林玉堂先生、李玄伯先生"。然后，他提出两项计划，付诸讨论。计划一是与国学门方言调查会合作。对此，林玉堂主张："音标为划一起见，应该只限二十六字母，这可以用国际音标和罗马字母对照拼写。最好歌谣就可以拿它来全行注音，以汉字注罗马字，如 Hoh（福）Kian（建）。"他还指出："罗马字母不够用，而且有危险，固然是的。但是近年来汉字不够用的事件，更很明显，所以只要想法免除此种危险就是。这可以在歌谣每期上把字母每个的发音举一二例证，或以某地某字为准。至于为研究方言的人便利，又当特别注意。"计划二则是扩大歌谣收集范围。对此，林语堂主张："神话等等的调查，应该实行，歌谣范围，应该推广，似宜注重在民俗艺术性质中的东西的收集。更改名称，宜定为'民族艺术'或'民族文艺'。月刊或季刊，也可发行。"他还称："收集的目的应该是注重在民间未经记载的文字；这在文学的史料上，再拿种种方面的眼光分析研究。"[1]

1925 年 11 月 23 日出版的《语丝》第 54 期，刊载了周作人的《答伏园论"语丝文体"》，率先提出"费厄泼赖"是《语丝》的特色。在第 56 期上又发表《失题》，把吴稚晖的不打"死老虎"的意向明确地表述为不打"落水狗"的主张。不打"落水狗"的"费厄泼赖"精神，与林语堂的自由主义根性有着内在的精神联系，所以，他提笔写了《插论语丝的文体——稳健、骂人及费厄泼赖》，赞成周作人的"费厄泼赖"精神，认为"且对于失败者不应再施攻击，因为我们所攻击的在于思想非在人"。[2]

为此，林语堂还无意而又情愿地替周作人背了一次"黑锅"。事情是这样的，1925 年 12 月 29 日，鲁迅撰写《论"费厄泼赖"应该缓行》，提出痛打"落水狗"的主张，直指点名林语堂，而实际上首倡"费厄泼赖"者是周作人，不是林语堂。对此无端的批评林语堂是充分谅解的，因为从 1923 年 7 月周作人向鲁迅送"绝交信"之后，弟兄关系完全破裂。鲁迅提出痛打"落水狗"，反对"费厄泼赖"是出于对《语丝》同人的保护。为了避免节外生枝，所以在文章中故意回避了首倡者周作人，就只提林语堂的名字。林语堂不仅没做任何辩解，还在《京报副刊》刊出自己绘制的漫画《鲁迅先生打狗图》。漫画上的鲁迅，手持竹竿，猛击落水狗的头，而那只落水的叭儿狗正在水里挣扎。林语堂还连续写了《闲话与谣言》《讨狗檄文》《泛论赤化与丧家之狗》等文，支持"打狗运动"，主张"应自今日起，使北京的叭儿狗、老黄狗、螺蛳狗、策狗及一切的狗，及一切大人物所养的家禽家畜都能全数歼灭"，以示与鲁迅同步调。虽然追随鲁迅痛打"落水狗"，抗议政府对女师大学生迫害，但这并不影响他与周作人的交往。他们原本就是"语丝"同人。1926 年 4 月 4 日，《京报副刊》第 459 号刊发林语堂的《请国人先除文妖再打军阀》，这是对启明（周作人）4 月 2 日在《京报副刊》刊载《恕府卫》一文的回应。

在政治高压之下，"语丝"同人分化了。鲁迅依然坚守自己特立独行的战士姿态。周作人、林语堂则从战壕里撤出，摇身一变为名士。周作人躲在八道湾胡同里感叹："清醒地都看见听见，又无力高声大喊，此乃是凡人的悲哀。"林语堂也在上海的租界里发牢骚："读书人谈不得国事，只好走入乐天主义，以放肆狂悖相效率。"

虽然地处南北，但这并不影响他们的交往。1933 年，正值周作人五十寿诞，他将自寿诗二首分赠友人，林语堂也在其列。之后，也多有文字的互动。

1934 年 4 月 26 日，林语堂所撰写的《周作人诗读法》，载本日《申报》第 17 版"自由谈"栏目。该文开首提道："近日有人登龙未就，在《人言周刊》《十日谈》《矛盾月刊》《中华日报》及《自由谈》化名投稿，系统地攻击《人间世》"。

1935 年 2 月 2 日，林语堂的《我与人间世》，载《人言周刊》第 2 卷第 1 期，文中提道："我办《人间世》与办《论语》动机相同，因为那时无人办小品文刊物，所以办了。后来小品文刊物也多了，我也不知怎样，忽然得了风雅的罪名了，自己莫名其妙。大概因为第一期登了周作人的照片，普罗看见甚不高兴罢了。"

1936 年 4 月，宇宙风社出版了"舒白香原著""黎庵海戈标点"的《游山日记》。周作人为该书题签（署名"知堂"）并作序（目录称《周作人序》，正文称《周序》，文末标注"中华民国二十四年十二月八日，知堂记于北平苦茶庵"），林语堂亦为其作序（目录称《林语堂序》，正文称《游山日记读法》，署名"语堂"）。

1936 年 9 月 16 日，《宇宙风》第 25 期卷首还载有《知堂先生近影及手札》，包括一张周作人近照，以及周作人于 1935 年 6 月 4 日致林语堂信的影印版本。

《人间世》第 26 期刊登了废名的《关于派别》，有"语堂跋"："吾读此文甚得谈道及闻道之乐，益发增吾归北平之感。此文自有一番境界，恐非常人所易明白，且易启误会，非常人所易明白而吾仍必发表之，不得已也。知人论世，本来不易，识得知堂先生面目更非私塾先生而心地湛然者莫办，废名可谓识先生矣。若吾评知堂先生，必曰此公不能救国，亦不能领导群众，摇旗呐喊，只是纯然取科学态度求知人生之作者，后人当有是吾言者。此文最好处是录与知堂平伯对答的话，此并非侮辱，废名知吾如何爱好此《论语》式之对话也。想此番记录工作非做不可，而能记其语录者，又非以上论道诸君子不可。勉之哉，勉之哉。吾犹有一句要话奉劝。问问岂明，若子死，岂明不能免俗大热闹一番，是何道理？岂明答辞，便是他整个性格之剖析。吾于此一事，甚见得岂明之'渐近自然'处，'吾从众'处及其内情之冲动处，其热闹乃其恸哭。又若子死后闻岂明曾探一同岁女子之病，此岂非'各言其子'之相近境界乎？至公安作文知与不知，只在中郎《癖嗜录叙》'予尝谓作文无他法，抽笔时举精神肤发尽脱之笔端而不自知则善矣'一语。此语见《狂言》卷二，狂言岂假得来乎？"[3] 当左翼知识分子群起攻击周作人"谈狐说鬼"是"逃避现实""背叛五四传统"时，林语堂却看出了其"狷"的一面。

推崇明清小品文

1925 年，周作人在《陶庵梦忆序》中就将中国现代散文与明清小品联系起来，又于 1928 年在《杂拌儿跋》中明确说："明清时代也是如此，但是明代的文艺美术比较地稍活气，文学上颇有革新的气象，公安派的人能够无视古文的正统，以抒情的态度作一切的文章。虽然后代批评家贬斥它为浅率空疏，实际却是真实的个性的表现，其价值在竟陵派之上。"这在当时的文坛无疑是新声，影响颇大。至于林语堂是何时何地开始接触"公安三袁"的，这恐怕很难确定，因为林语堂未明确说明过，但可以肯定地说与周作人的影响有关。1932 年 12 月 26 日，林语堂在《论语》第 7 期上刊发《新旧文学》，明白无误地说："近读岂明先生《近代文学之源流》（北平人文书店出版），把现代散文溯源于明末之公安竟陵派（同书店有沈启无编的《近代散文抄》，专选此派文字，可供参考），而将郑板桥、李笠翁、金圣叹、金农、袁枚诸人归入一派系，认为现代散文之祖宗，不觉大喜。"[4] 同年 12 月 8 日在复旦大学的演讲中，林语堂也有这样的话："谁是气质与你相近的先贤，只有你知道，也无需人家指导，更无人能勉强，你找到这样一位作家，自会一见如故。苏东坡初读《庄子》，如有胸中久积的话，被他说出，袁中郎夜读徐文长诗，叫唤起来，叫复读，读复叫，便是此理。这与'一见倾心'之性爱（Love at first sight）同一道理。你遇到这样的作家，自会恨见太晚。一人必有一人中意作家，各人自己去找去。找到了文学上的爱人，他自会有魔力吸引你，而你也自乐为所吸，甚至声音相貌，一颦一笑，亦渐与相似。这样浸润其中，自然获益不少。"其实，林语堂说袁中郎喜欢徐文长的话，同样也可以用来说明他自己；换言之，正是因为林语堂有此体味与感受，所以他才能以这样的比拟来谈袁中郎。

1934 年 4 月 5 日，《人间世》问世，打出"以自我为中心，以闲适为格调"的旗号，并刊登周作人的大幅照片和手书的两首自寿诗：

前世出家今在家，不将袍子换袈裟。

街头终日听谈鬼，窗下通年学画蛇。

老去无端玩古董，闲来随分种胡麻。

旁人若问其中意，请到寒斋吃苦茶。

半是儒家半释家，光头更不着袈裟。

中年意趣窗前草，外道生涯洞里蛇。

徒羡低头咬大蒜，未妨拍桌拾芝麻。

谈狐说鬼寻常事，只欠功夫吃讲茶。

林语堂觉得这两首很有"小品文"精神的打油诗，闲适从容中包含了自由的个性，尽管有些隐曲，但极具灵性。故而他又手书《和京兆布衣岂明老人五秩诗原韵》影印刊于《人间世》第1期。

> 京兆绍兴同是家，布衣袖阔代袈裟。
>
> 只恋什刹海中蟹，胡说八道湾里蛇。
>
> 织就语丝文似锦，吟成苦雨意如麻。
>
> 别来但喜君无恙，徒恨不能与话茶。

"小品文"的概念最早是周作人提出的，他在《美文》中说："有许多内容不能作为小说，又不适于作诗，不妨写成散文。在现代的国语文学里，还不曾见过有这类文章，治新文学的人为什么不去试一试呢？""给文学开辟出一块新的土地来，岂不好么？"他所说的"散文""这类文章""新的土地"事实上就是他要提倡的小品文。它主要是指叙事或抒情的艺术性的散文，还包括"诗与散文中间的桥梁"——散文诗。林语堂当然有拉周作人为"小品文半月刊"《人间世》做广告之嫌。

林语堂在《人间世》的《发刊词》中写道："十四年来中国现代文学唯一之成功，小品文之成功也。创作小说，即有佳作，亦由小品散文训练而来。盖小品文，可以发挥议论，可以畅泄衷情，可以摹绘人情，可以形容世故，可以札记琐屑，可以谈天说地，本无范围，特以自我为中心，以闲适为格调，与各体别，西方文学所谓个人笔调是也。故善冶情感与议论于一炉，而成现代散文之技巧。《人间世》之创刊，专为登载小品文而设，盖欲就其已有之成功，扶波助澜，使其愈增畅盛。"其内容则"包括一切，宇宙之大，苍蝇之微，皆可取材……"[5]

周作人在《北京的茶食》中写道："我们于日用必需的东西以外，必须还有一点无用的游戏与享乐，生活才觉得有意思。我们看夕阳，看秋河，看花，听雨，闻香，喝不求解渴的酒，吃不求饱的点心，都是生活上必要的——虽然是无用的装点，而且是愈精练愈好。"林语堂在研究了孔子、老子、庄子、陶渊明、苏东坡等人之后，形成了一套以"觉醒、幽默、闲适、享受"为要义的生活哲学。在《中庸的哲学：子思》一文中，林语堂说："我们大家都是天生一半道家主义者和一半儒家主义者。生活的最高类型终究是《中庸》的作者，孔子的孙儿，子思所倡导的中庸生活。……中国思想上最崇高的理想，就是一个不必逃避人类社会和人生，也能够保存原有快乐的本性的人。……半玩世者是最优越的玩世者。"[6]他认为这种在动作和不动作之间找到一种完全的均衡，才是中国人所发现的最健全的生活理想。这种追求，实际上是对农耕时代田园牧歌生活的一种向往，是对抱朴守真心灵生活的一种崇尚回归，其精神层面的特征为：首先是简约。追求的是一种精致的生活态度，而非奢华的生活方式，更多的是隐含着一种精神和文化。其次是闲适。闲适是一种优雅，是一种从容，是一种境界。享受的是充实的生活，是安然平静的时光，而不是愤懑暴怒的态度。最后是智慧。拥有这种智慧活法的人，高而能下，满而能虚，富而能俭，贵而能卑，智而能愚，勇而能怯，辩而能讷，博而能浅，明而能暗。能识天地之大，能晓人生之难，有自知之明，有预料之先，不为苦而悲，不受宠而欢，寂寞时不寂寞，孤独时不孤单，所以绝权欲，弃浮华，潇洒达观，于嚣烦尘世而自尊自重，自强自立，不卑不亢，不俗不诌。能大其心，容天下之物；虚其心，受天下之善；平其心，论天下之事；潜其心，观天下之理；定其心，应天下之变。

周作人是现代小品散文的发起人和开拓者，被称为"闲适小品第一人"。从"小品文半月刊"《人间世》，到"散文半月刊"《宇宙风》，林语堂的办刊宗旨与选文风格受周作人"美文"的影响非常明显。"畅谈人生""言必近情""不拘定裁"，显然要比"幽默""小品"更合于五四新文学传统，更抓住了这一传统的精神实质。具体地说，也更合于文学研究会的"为人生的艺术"，合于周作人所一贯强调的"常识"，合于"语丝"同人的"说自己的话"。尤其是"办成一合于现代文化贴切人生的刊物"的追求。所以，翻翻《宇宙风》第一年目录，就能看到每期都有周作人文章（有时一期连发二稿），这种倾力支持，是很感人的。

总之，在周作人、林语堂这二位的推崇之下，晚明小品文大红大紫，洛阳纸贵，恰如陈子展先生在《不要再上知堂老人的当》中所言："书架上不摆部公安竟陵派的东西，书架好像就没有面子；文章里不说到公安竟陵，不抄点明人尺牍，文章好像就不够精彩；嘴巴边不吐出袁中郎金圣叹的名字，不谈点小品散文之类，嘴巴好像就无法吐风流。"

"闲适格调"的同与异

"语丝"阵营解体后，林语堂、周作人这两个"讲闲话"的人，分别为"闲适派"南北领袖。他们往往与政治保持着一定的距离，常常本着内心的冲动和审美趣味把对人生、对社会的思考记录下来，在"表现自己"的审美原则下，或讲性灵幽默，或观人生百态，有时犀利而辛辣，有时诙谐而亲切。他们都以身边的琐事为主，注重生活的细枝末节，别人不屑顾及的类似"苍蝇之微"，不仅成为他们乐于表达的内容，而且，更为重要的是还能"知微见著"，能在常人不以为然的细枝末节处发现新意，并自由地表达出来，极见灵性。

他们共同提倡小品文，但又有所区别。林语堂对公安竟陵由衷地赞赏，周作人则略有保留。林语堂推崇清季的随园主人袁枚，周作人却说："我总不大喜欢袁公子的气味，觉得这有点薄与轻。"周作人与林语堂，一个是新古典主义，另一个是浪漫主义，同样是发思古之幽情，周作人是严肃的，有书斋中的夫子气；而林语堂是热烈的，更像一个在世俗中浸润的文人。周作人散发的是京城老派士大夫醇厚气息，而林语堂更接近上海滩城市中产阶级的新潮趣味。

周作人曾在《〈散文一集〉选编感想》中说："我不一定喜欢所谓小品文，小品文这名字我也很不赞成，我觉得文就是文，没有大品小品之分。"这话可是《人间世》推动小品散文大热时候的 1935 年说的。这其实也不难理解，周作人的思想和文章，并不适合畅销，他的小品"貌似闲适"，却蕴藏着深刻的不满，这与林语堂的"真闲适"在本质上并非一路；而且他的注意力远不止于小品，当初提倡"美文"，也主要是想打破白话散文体裁过于单一的现状，是从新文学发展的总体着眼的，他的格局要比林语堂大；现在，那么多人跟在他后面大谈晚明，《人间世》上到处是模仿他风格写的小品，但徒具形似，那真的内核是根本学不到的，他看了比谁都别扭。说到底，那时提倡晚明文学的人，除周作人等少数人确有其心得外，其余的应该是为了应付生计。

其实，林语堂、周作人在精神气质上存在差异。周作人出身于没落的士大夫家庭，从家世显赫到家境败落，他亲身体会到了身份落差所带来的失落悲凉与挫败感，也深刻体验到了人生艰难和世情冷暖。虽然在"五四"时期一度相信人文主义，但生命深处是虚无的。周作人觉得自己的力量在这样一个巨大黑色笼罩下的社会里显得如此软弱而渺小，一切抗争均属徒劳无益。经过进与退、斗与隐的挣扎，而"最佳选择莫若在乱世中避灾远祸，在精神层次上保持人格独立，个性自由，而在现实层次中明哲保身，随遇而安，依违于无可无不可之间"。因此周作人主张在短暂的人生中及时行乐，从日常生活中寻找慰藉，在最平凡中实现一种审美的哲学超越。也就是说，周作人的心底始终保持着对美好事物的渴望和追求，以及对美好事物和理想的求而不得的落寞与悲凉。因而，他闲适散文的"苦涩"，在表达时是冷静而节制的，表现得很淡。正如1936年他在《自己的文章》中吐露自己的心声："平淡，这是我所最缺少的，虽然也原是我的理想。中国是我的本国，是我歌于斯哭于斯的地方，可见眼见得那么不成样子，大事且莫谈，只一出去就看见女人的扎缚的小脚。又如此刻，在写字耳边就满足后面人家所收广播的怪声的报告与旧戏，真不禁令人怒从心上起也。在这种情形里平淡的文情哪里会出来，手底下永远是没有，只在心目中尚存在耳。"这也是林语堂对周氏的酷评，周作人的冲淡太冷了，所以日本人过来他也无所谓，这个林语堂是不能接受的。

与周作人不同的是，林语堂出生于基督教家庭，父亲是一个乡村牧师，为人热情爽朗，机智幽默，和睦相爱的家庭氛围形成了林语堂旷达奔放、幽默活泼的性格。基督教家庭背景以及从小在教会学校的耳濡目染，使林语堂的思想基调是基督精神，同时，他又认识到孔子的"仁"与基督的"爱"、老子虚静守雌的哲学和基督柔和谦卑的精神有许多契合之处。至于推崇明清的性灵派小品，源于独抒性灵、无拘无束、自由自在地表现个性。也正因为如此，林语堂的小品文显得充盈奔放而热情洋溢，性灵来时，文思泉涌，浩浩荡荡，有笔墨不逮、落英缤纷之感。他的幽默闲适里，有硬骨头和愤世嫉俗的精神，有底线，不是打哈哈的。

林语堂将自己的书房命名为"有不为斋"，取意为孔子的"狂者进取，狷者有所不为"。他不喜欢豪言壮语式的"要如何如何"，更愿意以"不如何如何"守住为人的底线。《论语》杂志每期的封面内页，都印有林语堂特有幽默风格的宣言："不反革命""不评论我们看不起的人，但我们所爱护的人要尽量批评""不破口骂人""不拿别人的钱、不说他人的话""不附庸风雅，更不附庸权贵""不互相标榜、不做痰迷诗、不登香艳词""不主张公道，只谈老实的私见""不戒癖好，并不劝人戒烟""不说自己的文章不好"。在一般人眼里，林语堂所身体力行的，不过是美化人生而已，让平庸的日常生活变得优雅、变得超凡脱俗。狂者鲁迅曾经讽刺林语堂的"有不为斋"："'有所不为'的，是卑鄙龌龊的事乎，抑非卑鄙龌龊的事乎？"狷者林语堂纵然有万般软弱、胆怯，没有像战士那样继续与黑势力搏杀，但他守得住底线，不做那些连自己也看不起的丑陋之事。对于文人的德性，林语堂有自己的理解：做文人，而不准备成为文妓，就只有一途：那就是带点丈夫气，说自己胸中的话，不要取媚于世，这样身份自会高。要有点胆量，独抒己见，不随波逐流，就是文人的身份。所言是真知灼见的话，所见是高人一等之理，所写是优美动人之文，独往独来，存真保诚，有骨气，有识见，有操守，这样的文人是做得的。不像周作人那样晚节不保，林语堂终其一生，大节无亏，洁身自好，在那个不自由的时代，也是一种难得的品质。在一个黑暗的世道之中，优雅的人生、对心灵自由的追求，何尝不是一种消极的抵抗？

就文风而言，周作人是平和冲淡，这种平和冲淡往往表现出一种闲适的情趣，但又能在这闲适中使人感到它所写的的确是生活的真实，于舒缓从容中充溢着苦涩的人生心态，使人感受到真实生活的美与丑。而这种平淡闲适主要表现在他的小品文的题材平凡日常，结构的平淡无奇，辞章的朴实无华，文字节奏的舒徐闲适等方面。林语堂则是宁静而不内敛，其散文气势饱满，轻快自然，于娓娓闲谈中透露出欢愉的生活气息。所以他的小品文是欢悦的，不像周作人般"苦""冷"，是用着抒情的笔调写这个世界上的人和事，表达自己的一腔柔情。即便同样是写人生，周作人表现出来的是一种对人生的彻悟，在彻悟中不禁又流露出人生空虚、悲凉之感。而林语堂就不同，他用诗化的笔调写诗意人生，虽然对世界人生也有本质的悲剧体验，但他却不沉溺不悲观，而是热爱人生，无论外在世界如何变化，他都能够用和乐的心态将其审美化、诗化。相比周作人而言，林语堂散文的闲适蕴含了对于人生的热爱以及乐观向上的生活态度。

如果说周作人的闲适是抑制了内心的戾气、以读书和知性后世修出来的话，那么，林语堂的性灵则是浑然天成，是他性格中本来的一部分。从小在山野乡村活蹦乱跳的林语堂，是一个道家式的无可救药的乐观主义者，这是他的天性使然，无须刻苦修炼。他在《人生的艺术》中说过一段话：

> 中国文化的最高理想人物，是一个对人生有一种建于明慧悟性上的达观者。这种达观产生宽宏的怀抱，能使人带着温和的讥评心理度过一生，丢开功名利禄，乐天知命地过生活。这种达观也产生了自由意识，放荡不羁的爱好，傲骨和漠然的态度。一个人有了这种自由的意识及淡漠的态度，才能深切热烈地享受快乐的人生。

现代中国知识分子的观念与思想虽然焕然一新，然而精神人格依然与传统士人一脉相承，周作人是愤世嫉俗的名士，而林语堂虽然年轻的时候与周氏兄弟走得很近，有狂狷一面，但到中年之后，渐入知天乐命的隐者一路。他最欣赏的，都是潇洒飘逸的道家式人物：从先秦的庄子、六朝的陶渊明，到宋代的苏东坡、晚明的袁宏道、清代的袁枚。他们所处的时代不是天下大乱，就是专制极其严酷，世道无常，命运多舛，读书人不得不遁入自然寻求内心的自由，苟全性命于乱世。在不完美的世道里面活下去，而且要活得快乐，活出性灵；在不自由的血雨腥风中，守住自我的一片天地，这就是林语堂所继承的中国道家式隐士的精神传统。总而言之，周作人、林语堂他们，在思想上寻找中国传统读书人的安身立命之道，创作了不少在闲适意趣中呈现出各自的品性和特色的散文作品，桴鼓相应，搅动了整个文坛。

注释

[1] 《本会常会并欢迎新会员纪事》，《歌谣》1924 年 3 月 2 日第 45 号，第 6—8 页。

[2] 林语堂：《插论语丝的文体——稳健、骂人及费厄泼赖》，《语丝》1925 年 12 月 14 日第 57 期，第 3—6 页。

[3] 废名：《关于派别》，《人间世》1935 年 4 月 20 日第 26 期，第 15—23 页。

[4] 林语堂：《新旧文学》，《论语》1932 年 12 月 16 日第 7 期，第 212 页。

[5] 《发刊词》，《人间世》1934 年 4 月 5 日第 1 期，第 2 页。

[6] 林语堂：《生活的艺术》，《林语堂名著全集》第 21 卷，东北师范大学出版社 1994 年版，第 116 页。

两道有意味的人生风景
林语堂与郭沫若

郭沫若（1892—1978），原名郭开贞，字鼎堂，诗人、剧作家、历史学家、古文字学家，笔名有高汝鸿、麦克昂、杜荃等。四川乐山人，自小接受传统私塾教育，留学日本，文化选择是兼济天下的本土儒家文化、欧陆自由主义思想（短暂的）和马克思主义。1918年开始新诗创作。1921年参与创建文学团体创造社。同年出版的诗集《女神》形式自由活泼，风格雄奇壮美，具有浓厚的浪漫色彩，表现了五四时代的革命精神，对中国新诗创作产生了很大的影响。以小品文著称的林语堂，1895年出生于沿海的福建，自小进教会学校，留学欧美，文化选择是平等博爱的基督教文化、欧美自由主义思想和庄子道家思想。他们应该是在语言文字学专业方面有所交集，但自青少年时期开始不同的文化取向，造成了一段时间在意识形态领域的隔空交战，以致成为20世纪令人回眸凝思的人生风景。

"缘"与"怨"

1934 年，尚在日本的谢冰莹在一封信中偶尔提到，"鼎堂在日本经济不大宽裕，《人间世》《论语》能不能请他撰文"。《人间世》正要改变风格和扩大影响，陶亢德便复信请她"代为恳切求稿"[1]。后来郭沫若来信，说有一部《离骚》的白话译稿，不知要否。陶亢德与林语堂一商量，觉得恐怕太长，而且既然是诗，出版者方面也许不大称心，于是回信婉请撰惠别的文章，郭沫若也就没有再回信了。这是他们接触之始。

1935 年，郭沫若寄稿《海外十年》于《宇宙风》上连载（第一、三、四、五、六期）。由于《宇宙风》一度连载知堂、鼎堂和语堂的文章，当时在北平遂有人戏称为"三堂半月刊"。

1936 年 2 月 4 日，上海《时事新报》副刊《吉林》转载了郭沫若 1 月 18 日在日本写的杂文《论幽默——序天虚〈铁轮〉》。文后还加了一个附记，大意是说他为《宇宙风》写文章，是不知国内文坛状况，受人之愚，今已明白，故《海外十年》已如神龙见首不见尾云云。《论幽默——序天虚〈铁轮〉》一文痛责不谈国事的幽默小品文之类是上海四马路上的卖笑妇。这当然是针对《论语》《人间世》，也连及《宇宙风》上某些人的文章，矛头显然是对着林语堂的。

在 1935 年至 1936 年期间，郭沫若因为在《宇宙风》上发表文章，和林语堂是有短暂合作的，虽然中间有争论，但是通过他们的来往书信（见附录）知道郭沫若一开始并不知晓左联与林语堂的论争，在其知晓后便站在左派立场来批评林语堂的幽默主张。而后又好言相劝，初衷是想通过这样的合作来说服林语堂，让林语堂和左联抛开成见，一同为国家民族出力。

林语堂在其自控的刊物上连续撰文提倡幽默、性灵，确实招致左翼作家的一片嘘声。但是，"第三国际"授意萧三要设法把林语堂这样有知名度的作家团结到"中国共产党领导下的抗日民族统一战线"的旗帜下。1935 年 8 月 11 日，萧三《给左联的信》，批评了左联工作中的错误，肯定了林语堂的可争取性。左联旗下的"文学社""太白社"对林语堂的批判也基本停止。而郭沫若身在日本，消息滞后，再次挑起对林语堂的批判，觉得有点不合时宜。

林语堂早就声明绝无以幽默统一文坛的野心。1936 年 8 月 10 日深夜，林语堂踏上了远离故土的甲板，在海上他写了《临别赠言》，先谈文学观，再谈思想观，再三强调，提倡幽默本不必大惊小怪。然而，偏有人惊之怪之，但反而证明确有一部分人不懂得什么是幽默，这就更表明有提倡的必要。

1940 年 5 月 22 日林语堂飞回抗战中的故国，在日机狂轰滥炸的高潮中来到重庆，一向以"不左不右"自居的他，此时便有了明显的"亲蒋"倾向。重庆的战时生活的艰苦，出乎林语堂意料之外，故而准备离开重庆，返回美国，临行前还接受了蒋介石侍从室"顾问"的头衔。8 月，离开重庆之前，林语堂为了表示对抗战的支持，慨然将重庆北碚蔡锷路的那套自己的私宅，连同家具一并捐赠给中华全国文艺界抗敌协会使用。尽管如此，当时对他离开艰苦的环境到美国去过安逸的生活，舆论界还是颇有微词。这次没有郭沫若对林语堂的正面攻击。

在西方"政论热"的情势下，1943 年 7 月林语堂出版了他批评美英大国远东政策，探索东西文化融合之途的《啼笑皆非》。9

月，林语堂带着译成中文的《啼笑皆非》，随宋子文乘飞机再度回国。10 月 24 日，他在重庆中央大学演讲了《论东西文化与心理建设》。26 日，这篇演讲词刊载于《大公报》第 3 版，反应两极。一方对这篇中肯的谠论赞不绝口，认为是一篇切中时弊的杰作。坚信批判的武器不能代替武器的批判。另一方，对林语堂的言行极为反感。郭沫若在重庆《新华日报》上首先发难，他把林语堂的《啼笑皆非》改为《啼笑皆是》，虽只一字之差，颠覆的意图十分明显：既指责林语堂叫青年读古书，自己却连《易经》也看不懂，而英语也不好，又极尽挖苦讽刺这位"突然以说教者的姿态出现于陪都"的"幽默大师"，还攻击他"老调子还没唱完"。

面对郭沫若的猛烈攻击，有记者问及林语堂的态度，林语堂只说："郭沫若的文章，根本是歪曲的，谩骂的。他们那般人，天天劝青年不要读古书，说古书有毒，《三国》《水浒》里忠孝节义的话有毒，其实他们还不是天天看线装书嘛！我说要读古书，就是希望我们知道自己固有的文化。我的英语好不好，只有让英国人、美国人，总之是懂得英语的人去批评，郭沫若是没有资格批评我的英语的。至于读《易经》，郭沫若也是读的，我林语堂也是读的。我林语堂读了不敢说懂，郭沫若读了却偏说懂，我与他的分别是这一点。"

林语堂也想与左翼文艺工作者交朋友，然而得到的是郭沫若等人对自己的污辱和谩骂，林语堂也不与之争斗，除了在桂林向记者谈话时怼过郭沫若之外，对其他的批评文章没有一一答辩，只是在离国赴美之前，写了所谓《赠别左派仁兄》3 首打油诗作答，把他与左翼对自己的批评看成是"文人相轻"和个人意气。其中"故

国河山尚未还 / 无暇清理旧新冤 / 胸有成竹总宜让 / 手无寸铁可放宽 / 骂街何补家国事 / 饮醋合该肚皮酸。且看来日平寇后 / 何人出卖旧家园"[2] 的诗句，还是能看出雍容大度、谦逊有节和幽默风趣。

郭沫若海外十年专心研究"古董"，最先是以中国古代典籍文献《诗经》《书经》《易经》作为材料，研究中国古代社会的生产力、生产关系、意识形态、上层建筑和社会形态。为了更有说服力，他又一头扎进甲骨文和青铜器铭文的研究之中，想以甲骨卜辞和青铜器铭文作为历史资料，首先解决古文字学、考古学上的一系列学术难题，先后撰写了10多部甲骨文研究和青铜器及其铭文研究的著作——它们实际上仅仅是郭沫若为研究中国古代社会附带收获的学术成果。周恩来对此评价是，郭沫若"不但在革命高潮时挺身而出，站在革命行列的前头，他还懂得在革命退潮时怎样保存活力，埋头研究，补充自己，也就是为革命作了新贡献，准备了新的力量。他的海外十年，允分证明了这一真理。十年内，他的译著之富，人所难及。他精研古代社会、甲骨文字、殷周青铜器铭文、两周金文以及古代铭刻等，用科学的方法发现了古代的许多真实。这是一种新的努力，也是革命的努力"。[3] 1937年郭沫若从日本涉险回到抗战的祖国，一边创作《屈原》等历史剧，借古讽今，宣传抗战，反对投降；一边以唯物史观为指导，撰写《十批判书》《青铜时代》等学术论著，完善、充实古代社会研究，并拓展研究领域。林语堂的文化选择正好相反。20世纪30年代初，蒋介石国民党政府对中央红军实行军事"围剿"的同时，在国统区发动文化"围剿"：取缔激进书籍、报纸，抓捕乃至枪杀激进作家！在白色恐怖下，林语堂调整写作策略，正如他在《八十自叙》中所说："那严格的取缔，逼令我另辟蹊径以发表思想。我势不能不发展文笔技巧和权衡事情的轻重，此即读者们所称为'讽刺文学'。我写此项文章的艺术乃在于发挥关于时局的理论，刚刚足够暗示我的思想和别人的意见，但同时却饶有含蓄，使不至于身受牢狱之灾。这样写文章无疑是马戏场中所见到在绳索上跳舞，需眼明手快，身心平衡合度。"[4] 退居美国的林语堂，此时回来大讲中国文化的凝聚力和对抗战的积极作用，就不免要遭到以郭沫若为代表的左翼作家的诟病。

非常明显，郭沫若入群的首要任务是为了谋生，应该说是别人拉他进林语堂的朋友圈的，严格意义上讲，确实有文化人之间的交往，但只限于你投稿赚稿费，我用稿付稿酬，谈不上朋友的交情。郭沫若对林语堂有过羞辱和伤害，林语堂也说郭沫若是"集古今肉麻之大成"，并以此告诫自己的学生马星野："气节的事，不能不讲，士可杀而不可辱，儒家治己甚严，而对文人失节的事，看得同寡妇失节一样严重。"

"二堂"差异说

造成林语堂与郭沫若行为和认知差异的原因是多方面的，但文化塑造最为关键。

首先是不同的家庭文化背景，对两位青少年时期不同的文化塑造。

郭沫若出身于四川内地商人家庭。在传统中国"士农工商"的社会观念中，商人的社会地位极低。商人赚钱的目的之一就是送子弟上学，走"耕读传家"之路。郭家在乐山沙湾镇"鸣兴达"商号后院，即设有家塾"绥山馆"，延请廪生沈焕章先生教授子弟，希望他们"学而优则仕"，改换门庭，光宗耀祖。郭沫若五岁即"发蒙"进家塾，读四书五经。其后在乐山新学堂，他最喜欢听帅平均和黄经华两位先生讲解儒学经典。在"五四""打倒孔家店"的反传统声浪中，他在《中国文化之传统精神》一文中，独自站出来为孔子辩护。他海外十年研究中国古代社会，最初就是用自小熟读的儒家经典《易经》《诗经》和《书经》作为研究的材料。抗战时期他写作《十批判书》时，更不改其"尊孔崇儒"立场。儒学"成人成己""修齐治平"的经世致用学说对郭沫若的一生影响极深。早在成都读中学时，他积极参加要求朝廷早开国会以行宪政的请愿活动，之后更是有着投身社会变革的大志向、大行动。

林语堂出身于福建漳州的一个牧师家庭，自幼笃信基督教。他在散文《童年》中说：

> 下列几件事对我的童年影响最大：一、山景。二、家父，不可思议的理想主义者。三、亲情似海的基督教家庭。[5]

他解释说，高耸入云的大山培养了他的"高地人生观"。一峰连着一峰的高山，神秘、幽远，令人敬畏，使他谦卑而自尊，养成他一生追求自由、不要别人打扰的性格。父亲是长老会的牧师，相信除非人人追随耶稣所指示的道路，世界和平根本无法解决。林家每一餐饭都要感谢上帝。在这种浓厚的基督教文化氛围熏陶下，少年林语堂在大山的怀抱中，被塑造成"可以和上帝神交"的基督教信仰者。十八岁时，父亲送他到上海圣约翰大学读书。教会学校的学习使他更加坚信上帝。基督教认为人人都有原罪，只有通过虔诚的忏悔，承领上帝的恩惠与宽恕，才能得到拯救。基督教徒认为，在上帝面前，人人都是有罪的羔羊；富人想进天堂，比骆驼穿过针眼还要难。这样，在基督教徒心中，人间的贫富贵贱等级是可以超越的。他们珍惜精神上的谦卑、博爱、平等、自由和行为上的勤勉、俭朴，认为只有在世俗人间积善赎罪，最终才会在彼岸世界得救，回到上帝的身边。所以林语堂追求"和谐"，崇尚"近情"，讲究"对话"，惯于在"边缘行走"。

其次，接受海外教育的背景不同。郭沫若留学日本，林语堂留学欧美，他们虽然在留学中都接受了西方自由主义思想，但是他们各自接受的自由主义在"知识谱系"上是不同的。泛泛地说，自由主义是一种把个人自由放在最优先地位的思想学说，主张个人本位，尊重自由与个性解放。而具体分析，自由主义有两种知识谱系，一种是欧陆版本的自由主义，主张高扬人的主体性，勇敢地追求自由和个性发展，这是一种"积极的自由"，即"去做……"的自由；另一种是英美版本的自由主义，重在防范外在权力的压迫和反对外来的干涉与强制，这是一种"消极的自由"，即"免去……"的自由。从表面上看，欧陆版本的自由主义追求的"积极自由"似乎更为理想一些。然而，现代历史证明，在欧陆版本自由主义的"积极自由"中，隐藏着"陷阱"。欧洲大陆的德国人长于理性思辨，法国人生性浪漫乐观，欧陆版本的自由主义乐观地相信凭着人的理性可以在地上建立人间天国，进而设计出、甚至强迫大家走一条通往自由之路！结果却往往适得其反，反而远离了自由。历史证明，低调的英美版本的"消极自由"，时刻防范自由丢失，反而能够最低限度地保护个人的自由。

毋庸置疑，自由主义在具有专制传统的中国是一种异质文化。接受了自由主义思想的郭沫若和林语堂，本来在文艺观上都认同自我表现论。郭沫若是本着"内心的要求"从事写作的创造社的领军人物；林语堂先是"任意而谈，无所顾忌"的语丝社同人，其后是主张"以自我为中心，以闲适为格调""独抒性灵"的"论语派"核心人物。郭沫若主要以诗歌、林语堂主要以散文小品，表现他们对于自由的憧憬和对于压迫的抗议。但是，二人在憧憬自由的前提下，对于要不要积极、主动地争取自由，却表现出不同态度，显示出他们所接受的自由主义分属于不同的知识谱系。这也就导致二人其后分道扬镳，渐行渐远。

一般来说，留学英、美的中国留学生多接受英美版本的自由主义，留学欧洲大陆和日本的中国留学生多接受欧陆版本的自由主义。1924年，郭沫若在翻译河上肇的《社会组织与社会革命》一书时说：翻译这本书"对于我有很大的帮助"，"我自此以后便成为了一个马克思主义者。"[6] "我从前是尊重个性、景仰自由的人，但在最近一两年间与水平线下的悲惨社会略略有所接触，觉得在大多数人完全不自主地失掉了自由，失掉了个性的时代，有少数的人要来主张个性，主张自由，未免出于僭妄。""在大众未得发展个性，未得享受自由之时，少数先觉者倒应该牺牲自己的个性，牺牲自己的自由，以为大众人请命，以争回大众人的个性与自由。"[7] 这两段话主要有两层意思：一层意思是反思、批判自由主义在中国"大多数人完全不自主地失掉了自由，失掉了个性"的时代，追求自由与个性是"僭妄"，缺乏可操作性；另一层意思是他呼唤投身社会实践，"牺牲自己的个性，牺牲自己的自由，以为大众人请命，以争回大众人的个性与自由"。果然，不久他就走出书斋，投身革命实践：1926 年参加大革命运动，1927 年参加"八一"南昌起义，1928 年流亡日本。1937 年抗日战争爆发后，他写好遗书，抛妻别子从日本回国抗战。

　　林语堂在中国革命的血与火的考验中，便没有这么闪光。他1923 年回国在北京大学任教，难以忍受当时中国黑暗现实，虽然在《语丝》上发表过《祝土匪》《说文妖》等文章，将矛头指向北洋政府及其帮凶。但是，1926 年他被列入北洋政府通缉的黑名单后，当即离京南下去厦门执教，在《剪拂集·序》中坦言，"头颅一人只有一个……死无葬身之地的祸是大可以不必招的"。1932 年12 月，宋庆龄、蔡元培、杨铨等发表《中国民权保障同盟发起宣言》，林语堂是发起人之一。1933 年，民权保障同盟总干事杨铨遭到杀害。宋庆龄回忆，林语堂当即"要求同盟停止工作，说否则同盟的会员会遭到暗杀"。[8] 在 1933 年 7 月 16 日《论语》上发表《谈女人》一文，林语堂说："近来更觉得已钻入牛角尖之政治，不如谈社会和人生。学汉朝太学生的清议，不如学魏晋人的清谈，只是不要有人又来将亡国责任挂在清谈者之身上。由是决心从此脱离清议派，走入清谈派"。在《论语》第 6 期《编辑后记——论语的格调》中，他提醒投稿者："对于政治，可以少谈一点，因为我们不想杀身成仁"。总之，林语堂对于自由是憧憬的，但是他害怕血腥。他自然要写文章，但是，必须寻找一条安全的路：只"清谈"文化，而不或者少"清议"政治。

相逆性中的互补性

郭沫若、林语堂的文化选择，相逆性中又蕴含着互补性。

自晚清以来，中国遭逢3000年未有之大变局，开始由传统社会向现代社会转型。这个历史变革，包括现代民族国家建构和思想观念现代化两个方面，当时的文化人肩负着"救亡"与"启蒙"的双重历史重任。

作为以"救亡"为己任的革命战士，郭沫若选择孔子儒学，选择马克思主义，都有其历史合理性。郭沫若写作"荒诞小说"《马克思进文庙》，本意是以文艺形式来讨论、宣传孔子儒学和马克思主义的共同之处，如肯定人生，积极入世；追求理想社会（共产主义、大同世界）；主张发展生产等，用以回击"中国国情特殊"和"马克思主义不适合中国国情"等论调。虽然，小说中不乏牵强附会之处，但在客观上，孔子儒学和马克思主义确实都有群体本位取向、社会实践品格和理想主义精神等共同之处。郭沫若在《十批判书》中，重新阐释孔子儒学，说"孔子是袒护乱党"的人，"他的'仁道'实在是为大众的行为。"[9] 在抗战历史剧中，他歌颂儒家"杀身成仁""舍生取义"的英雄主义献身精神。在革命战士郭沫若手中，孔子儒学和马克思主义都是动员民众革命"救亡"的思想武器。故而才有郭沫若是"革命的诗人，同时，又是革命的战士"的评价。[10]

经历过一段历史沧桑巨变之后，人们发现，林语堂当年的文化选择也是有其合理性的。古代中国曾经走在人类文明前列，然而近代中国却步履蹒跚，远远落在欧美各国后面。原因之一，就是我国传统文化中有某些"基因"缺失，如林语堂所选择的基督教文化和自由主义思想。而林语堂等自由主义知识分子所倡导的散文小品，"体现了'五四'后一部分文化精英于集体主义甚嚣尘上的时代坚守个性启蒙的话语策略"，"表现出"一种"特立独行的姿态"[11]，在与左翼文学的对立、争论、竞争中，形成一种互补效应：在一定程度上纠正了功利主义文学的偏失，保证了文学生态的多样性，共同促进了中国现代文学的多元自由发展。

西方基督教文化和自由主义思想，对世俗权力都有一种根深蒂固的防范、警惕心理，对自由和个人权利具有高度自觉意识，相信每个人都拥有天赋人权。在西方人看来，政府是专为保护人民权利而设立的；从而在西方逐步建立起经由选举授权、接受监督、权力相互制衡的现代宪政民主制度，保证了欧美发达国家数百年来政权和平交接、经济持续发展的历史奇观。

任何事物超乎限度，趋于极端，都会走向反面。在这种意义上，基督教文化和自由主义思想都不失为极端群体本位主义思维方式、极端官本位思维方式的清凉解毒剂。从稍长些的历史时段看，林语堂所选择的基督教文化和自由主义思想，与郭沫若选择的儒家文化和马克思主义其实是可以互补的——本来，共产主义是自由人的联合体，"在那里，每个人的自由发展是一切人的自由发展的条件"——马克思主义并不排斥、否定个人的自由与权利的，只是我们在长期的革命战争环境中强化了马克思主义的某些方面，淡化了另一些方面罢了。

至于林语堂倾心的庄子道家思想，在人类经济、文化逐步走向全球化的今天尤其具有深意。林语堂移居美国后，用英文出版了一系列介绍中国的书籍。其中最有名的有《吾国与吾民》和《生活的艺术》，这两本书在西方极受欢迎，畅销不衰。原因在于主客二分的西方人，专意发挥人的主体性，去征服自然。自工业革命以来，随着机器的普遍使用，物质财富成倍增长。但是，物质充裕并未为西方人带来幸福安宁，反而激起他们更大的物质欲望，而沦为自己创造丰富物质财富的奴隶，陷于身心焦虑之中。林语堂在这两本书中向西方人介绍中国古代文明，介绍中国人如何善于享受"生活的艺术"，如何诗意地生活，使异化的西方人大开眼界："无论如何只有人类的幸福才是一切知识的最终目标。于是我们得以在命运的浮沉中调整自己，欣欣然生活在这个行星之上。""在很大程度上，人生仅仅是一场闹剧，有时最好站在一旁，这比一味介入要强得多。同一个刚刚走出梦境的睡梦者一样，我们看待人生用的是一种清醒的眼光，而不是带着昨日梦境中的浪漫色彩。我们会毫不犹豫地放弃那些捉摸不定、富于魅力却又难以达到的目标，同时紧紧抓住仅有的几件我们清楚会给自己带来幸福的东西。我们常常喜欢回归自然，以之为一切美和幸福的永恒源泉。""我们看待人生，不是在谋划怎样发展，而是去考虑如何真正地活着；不是怎样勤奋劳作，而是如何珍惜现在的时光尽情享受；不是如何充分发挥自己的精力，而是养精蓄锐以备冬天的不测。"[12] 在这些文字中，确实包含着庄子道家追求艺术化人生的大智慧，是物欲横流、心态焦灼的现代、后现代社会的清凉解毒剂。

尊崇孔子的马克思主义者郭沫若，大多时候活跃于时代舞台的聚光灯下。心仪庄子的自由主义者林语堂，主要是站在时代舞台的边缘，有着"帮闲""西洋仔""资产阶级反动文人"等不雅的称号，在相当长一段时间内，要么作为《论语》派代表人物被批判，要么被人们"遗忘"。但他潇洒地观赏人生，评点人生，享受人生。也是在新时期以后，出现为他"恢复名誉"的文章渐多，充分肯定他在中国现代文学史、中西文化交流史上的价值。

不同的文化选择，使郭沫若、林语堂有着不同的人生际遇，并为全球化语境下知识分子的人生道路选择提供不同的人生"范型"，也成为 20 世纪令人回眸凝思的两道有意味的人生风景。

附录:《郭沫若与〈宇宙风〉几封通信及评述》

前面谈到在《人间世》时期，谢冰莹便向陶亢德引荐郭沫若，只是因稿件不好出版未能合作成功。[13]这时期，郭沫若在日本的处境并不乐观，经济上较为拮据。1934 年 10 月，《摄影画报》文艺界一栏刊有"郭沫若图谋返国"的消息，其中写道:"其平居生活，对于写作，极为刻苦，惟因上海各书店因郭氏著作已失去读者信仰，销路减少，因而郭氏所收版税亦无着落，经济至于局促……"[14]《宇宙风》创刊后，陶亢德主动向郭沫若约稿，有解决其燃眉之急的好意。

第一封信:"惠书接到。承询《海外十年》之作，本是前几年想写的东西，但还没有动笔，如在现在写起来，要成为'海外廿年'了。所想写的是前在日本所过的生活，假如尽性写时总当在廿万字以上，这样长的东西怕半月刊不适宜吧。《浪花十日》之类的文章可以做，但如不从事旅行便难得那样的文章。因此我希望你们按月公寄两三百元的中币来，我也可以拨去手中的它事来用心写些小品，按月可以有两三万字寄给你们发表，你们觉得怎样呢？假使这样嫌松泛了时，按字数计算，千字十元发表费亦可，但也要请先寄费来后清算。请你们酌量一下罢。专复即颂。"[15]

很明显这是一封回信，应该是《宇宙风》杂志向郭沫若约稿，询问《海外十年》写得如何。信中内容也验证了报上所说的郭沫若在日经济拮据这一事实，他让编辑先按月寄钱过去，写作完成后再结算。《浪花十日》是郭沫若 1935 年 7 月发表在《文学》（上海，1933）第 5 卷第 1 期的一篇游记类文章。应该是陶亢德看到这样类型的文章符合《宇宙风》的要求，故写信向郭沫若约稿。由此，《宇宙风》与郭沫若的合作开始。

第二封信："陶亢先生的信和款子均已奉到，我决计写《海外十年》，分段地写，写完留学时代的生活为止。第一段是'初出夔门'，今日动手写，大约三五日可以写出。怕你们悬念，特此写一封信片来报告。"[16]

从第一封信郭沫若要求先寄稿费，陶亢德答应了其要求并寄去稿费。由此，郭沫若开始在《宇宙风》发表他的《海外十年》。第一节"初出夔门"发表于 1935 年 9 月 16 日《宇宙风》半月刊创刊号，署名鼎堂。继之，复有"幻灭的北征""北京城头的月""世间最难得者""乐园外的苹果"等节分别在 1935 年 10 月至 12 月《宇宙风》半月刊之第三、四、五、六期上发表。1935 年 12 月 1 日，《乐园外的苹果》发表后，连载便中断了。

令人没想到的是再看到郭沫若的文章竟是批判林语堂的，1936 年 1 月 18 日，郭沫若为天虚小说作序言《论幽默——序天虚〈铁轮〉》，发表在同年2月4日上海《时事新报》上。序文开篇便说："天虚这部《铁轮》，对于目前在上海市场上泛滥着和野鸡的卖笑相仿佛的所谓'幽默小品'，是一个烧夷弹式的抗议。"直接把矛头指向了林语堂多提倡的"幽默小品"。认为幽默小品文使得青年人的气概、雄心、正义、努力萎缩了。并说幽默是一种精神病的表现，是逃避现实，畏难怕死的一种低级精神之假面。[17]文末编者又附言补充说，郭沫若为《宇宙风》写文，是不知国内情况，受人之愚，今已明白，《海外十年》不会有下文了这样的话。也就很明显看出郭沫若在《宇宙风》刊文中断的原因了。大概郭沫若听说了国内左翼人士对于林语堂的批判，便终止合作，也撰文加入。这事在陶亢德所作的《鼎堂与知堂》中也有记录："下事往往难于逆料，我们虽以一番诚心十分力量请鼎堂撰文，谁知《海外十年》登了没有多少字之后，他竟在一篇什么小说书（只记得书名中有个铁字）的序文中把我们臭骂了一顿，说幽默和小品之类是四马路上的卖笑妇。"[18]据陶亢德回忆，他和林语堂立即写了反驳的文章，陶亢德写了《鼎堂与〈宇宙风〉》，林语堂则写了《我要看月亮》。同时陶亢德也向郭沫若寄信责问。"不久鼎堂的回信来了，言辞并没有那篇序文的杀气腾腾，而只责语堂文中常多'左派左派'字样，后来似乎是语堂回他一信，告以所以'左派左派'者，是'左派'先太欺人了，别人可噤若寒蝉，我林语堂做不到云云。接着是鼎堂又来一长信，痛言国事之亟，大家不应再作意气之争。"[19]陶亢德回忆了矛盾的经过。在接下来郭沫若的信中也可论证：

"二月十二日信接到。《日本之春》不能写，但《海外十年》是可以续写的，大约在贵志十四期上便可重与读者见面。但我有一点小小的意见，希望你和××先生能够采纳。目前处在国难严重的时代，我们执文笔的人都应该捐弃前嫌，和衷共济，不要划分畛域。彼此有错误，可据理作严正的批判，不要凭感情作笼统的谩骂（以前的左翼犯有此病，近因内部纠正，已改换旧辙矣）。这是我的一点小小的意见，你们如肯同意，我决心和你们合作到底，无论受怎样的非难，我都不再中辍。请你们回我一信，我好把前所受的五十元稿费立即奉还。如以为是可以采纳，那是最好也没有的。《海外十年》的第六节是'在朝鲜的尖端'，可登预告也。"[20]这封信大致写在1936年2月下旬。内容和陶亢德所说基本一致，郭沫若的语气甚是诚恳，可谓"晓之以情，动之以理"。从信的内容和口吻来看，矛盾应该是和解了。二者也得以继续合作。

第三封信："今天接到你的信是这样写的。我打破了一个闷葫芦，我还以为你们有意和我决绝，故不回我的信，原来你是写了回信而在望我的回信的吗？你的回信我却至今没有收到，大约是在前月尾上，这儿发生事变的时候有了浮沉吧。你的意见是怎样的，我自无从知道了。目前你们的经济如难周转，前次汇来的稿费自当如命奉还。别纸请持往内山书店索取吧。将来你们如需要我的助力时我是随时可以帮忙的。再者，我的原稿（使用了的）如蒙保存，请便寄还，因我手中未留副稿。专复即颂。"[21]

郭沫若在发出上一封信的时候，一直在等《宇宙风》这边的答复，却迟迟未等到。直到近一个月后再接到《宇宙风》的信，才知道《宇宙风》回复了他的信，只是没有寄到他手中。事情清楚后，双方又恢复了正常书信往来，这第三封信应是写给陶亢德的，写于1936年3月间。

第四封信："信接到。目前国难迫紧，文学家间的个人的及党派的沟渠，应该及早化除。我在贵志投稿，你们当在洞悉中，我是冒着不韪而干的。我的目的也就在想化除双方的成见，免得外人和后人笑话。近时的空气似乎好了很多。个中还有相当的酝酿，但请你们在这时也务要从大局着想。能够坦白地化除畛域，是于时局最有裨补的。比如发表我给××信，××加些按语来表白自己的抱负和苦衷等（有忠告也是好的），是极好的办法。我对于你们是开诚布公的，请你也不要把我当成外人看待，我们大家如兄如弟地携起手来，同为文字报国的事，我看是最为趁心之举。只要你们能够谅解我这番意思，我始终是要帮着你们的，以后还想大大地尽力。这层意思请你同××过细商量一下吧。关于日本的文字前几天用给你的信札的形式写了两张，但总因忙也没写下去，我现在寄给你，你看可以补空白时，便割去补补吧。关于日本，现在很难说话，我预备坐它几年牢。"

此信应写在 4 月间，信是写给陶亢德的，态度很真诚，话说得也中肯。信中"××"处应为"语堂"，"我给××信"，应该就是 2 月下旬他写给林语堂的那封信。接下去，郭沫若与《宇宙风》又继续合作。

第五封信："发表费百元早接到，《海外十年》几次提笔想续写，但打断了的兴会一时总不容易续起来。我现在率性把一部旧稿寄给你们，请你们发表。我费了几天工夫清理了一下，删除了好些蛇足，在目前发表似乎是没有妨碍的。你们请看一遍再斟酌吧，如以为有些可删，请于不损害文体的范围内酌量删除，或用××偃伏。如以为不好发表，阅后请寄还我。如可发表，发表费能一次寄

113

给我最好，因为我在右胸侧生了一个碗大的痈，已决心进医院去割治。如一次寄不足，能先寄两百元来也好。"

从后续情况可知，《宇宙风》同意了郭沫若易稿的意见。"一部旧稿"，是指《武昌城下》，写成于1933年7月12日，有六七万字篇幅。日本改造社曾约请郭沫若将其缩写为一万六七千字文章，以日文发表于《改造》杂志1935年5月号。但郭沫若对于缩写后的《武昌城下》颇不满意，正好借与《宇宙风》合作这个机会，他索性把这母体的《武昌城下》取了出来，重新整理改题为《北伐途次》，交与《宇宙风》。《北伐途次》从1936年7月1日发刊的《宇宙风》第20期开始连载，直至1937年2月刊载完毕。这封信的受信人，当为陶亢德。写信的时间，从信中说右胸侧生一大痈事，以及《北伐途次》发表的时间，可知是在5月底。在连载《北伐途次》最后结尾部分的那期《宇宙风》出版后第3天（1937年2月4日），郭沫若给陶亢德写有一信，说道："惠书及款六十元，均奉到，谢谢！《北伐途次》销多销少，并不在意，唯望印刷略带风致，能用二分加空否，纸张好得一点尤好。目前颇窘，初版印税，能即赐一百五十元否，又上所印出的略有误字，且欲稍加添削。手中杂志随到随即被友人携去，望将杂志重寄一份来，或剪出，或直接将原稿寄下，均好。杂志费请在账中扣除可也。发表费事，六元者如减为四元，则十元者似宜减为八元，不识尊意如何？"[22]这时候已经是在商谈《北伐途次》出书的事情了。从信的内容和行文可以看出，这一次连载《北伐途次》比较顺利。由这些书信往来可知，在1935年至1936年期间，郭沫若因为在《宇宙风》上发表文章，和林语堂是有短暂合作的，虽然中间有争论，但是通过这些书信我们也可知道郭沫若一开始并不知晓左联与林语堂的论争，在其知晓后便站在左派立场来批评林语堂的幽默主张。而后又好言相劝，初衷是想通过这样的合作来说服林语堂，让林语堂和左联抛开成见，一同为国家民族出力。这次的论争被视为 30 年代幽默小品文论争的尾声。

注释

[1] 陶亢德：《知堂与鼎堂》，《古今》1943 年第 20、21 期合刊，第 14—15 页。

[2] 林语堂：《留别"左派"仁兄三首》，《林语堂名著全集》第 18 卷，东北师范大学出版社 1994 年版，第 350—351 页。

[3] 周恩来：《我要说的话》，曾健戎：《郭沫若在重庆》，青海人民出版社 1982 年版，第 6 页。

[4] 林语堂：《八十自叙》，《林语堂名著全集》第 10 卷，东北师范大学出版社 1994 年版，第 30 页。

[5] 林语堂：《童年》，《名家经典怀旧散文选》，四川文艺出版社 1994 年版，第 186—193 页。

[6] 郭沫若：《郭沫若选集·自序》，《郭沫若集外序跋集》，四川人民出版社 1982 年版，第 138 页。

[7] 郭沫若：《郭沫若全集（文学编）》第 15 卷，人民文学出版社 1990 年版，第 146 页。

[8] 施建伟：《中国现代文学流派论》，陕西人民出版社 1986 年版，第 60 页。

[9] 郭沫若：《郭沫若全集（历史编）》第 2 卷，人民文学出版社 1982 年版，第 78、89 页。

[10] 周恩来：《我要说的话》，曾健戎：《郭沫若在重庆》，青海人民出版社 1982 年版，第 6 页。

[11] 施萍：《幽默何以成小品》，《文学评论》2006 年第 1 期。

[12] 林语堂：《中国人》，学林出版社 2007 年版，第 256、257 页。

[13] 陶亢德：《知堂与鼎堂》，《古今》1943 年第 20、21 期合刊，第 14—15 页。

[14]《郭沫若图谋返国》,《摄影画报》1934年10月第31期,第6页。

[15]《作家书简》,《宇宙风》(乙刊)1939年第2期,第90—91页。

[16]《作家书简》,《宇宙风》(乙刊)1939年第2期,第90—91页。

[17]《郭沫若杂文集》,上海永生书店1936年版,第43页。

[18] 陶亢德:《知堂与鼎堂》,《古今》1943年第20、21期合刊,第14—15页。

[19] 陶亢德:《知堂与鼎堂》,《古今》1943年第20、21期合刊,第14—15页。

[20] 陶亢德:《知堂与鼎堂》,《古今》1943年第20、21期合刊,第14—15页。

[21] 陶亢德:《知堂与鼎堂》,《古今》1943年第20、21期合刊,第14—15页。

[22] 陶亢德:《知堂与鼎堂》,《古今》1943年第20、21期合刊,第14—15页。

趣味相投乐融融

林语堂与赵元任

　　赵元任，1892 年 11 月出生于天津一个三世同堂之家。祖父和父亲皆为清朝举人，母亲是诗词兼修、会昆曲、书法的才女。据说他是宋朝开国皇帝赵匡胤的 31 代孙，六世祖赵翼是清代史学家，即当初在《论诗》中写下"江山代有人才出，各领风骚数百年"，与袁枚齐名的性灵派诗人。出生在那种就算丫头也会作诗的书香门第，赵元任从小更是"骨骼精奇，异于常人"。走上社会后，他既与梁启超、王国维、陈寅恪并称清华"四大导师"，又有"中国语言学之父"的美誉。他是近现代身体力行、系统研究中国传统吟诵第一人，如今仍然存有吟诵的《诗经·关雎》等珍贵原声，对中国传统吟诵文化的保存作出了杰出的贡献。同时，他又是"美国中文教学的开拓者与奠基人"，第一次给西方学生开设中国语言课是在 1922 年哈佛大学任教的时候。1938 年赴美后，赵元任开始长期从事汉语的教学与研究工作，并在汉语教学实践中形成了包括教学理念、方法、教材等在内的一整套完整的教学体系，培养了一批优秀汉语人才，对海内外的汉语教学产生了深远的影响。1947年，哈佛大学出版社发行了他为哈佛燕京学社编写的《国语字典》，同年《粤语入门》也由哈佛大学出版社出版，翌年《国语入门》一书完成并问世。1956年哈佛大学又出版了《国语入门》配套汉字课本及录音带，开启了对外现代汉语教学由书面语走向口语的新方向，使许多研究中国问题的外国学者由"无声"转向"有声"，使中文由"死文字"变成了"活语言"。当时在美国有好几处大学（包括哈佛、普林斯顿、加州大学、华盛顿大学等）都用这本书做教本，用过的学生，少说也有四五千，认真学习的，无不得益。

作为语言学家，为了解释"语言符号的任意性"，赵元任曾把一个德国故事中国化，讲述一个中国老太太初次接触外语，觉得外国人说话实在莫名其妙。比如，中国人把水叫作水，但英国人偏偏要管它叫"窝头"（water），法国人偏偏要管它叫"滴漏"（de l'eau），老太太由此感叹说，只有咱们中国人好好儿地把水叫"水"！但也许英国老太太会争辩说，这东西明明是water；法国老太太又说，它明明是de l'eau；而德国老太太会认为她们都不对，因为在她看来，这东西明明是wasser。这是因为这些老太太们都没有跳出语言的牢房，她们不明白语言符号完全是约定俗成，其意义完全取决于各自所属的符号体系。

赵元任不仅精通多国语言，还会说33种汉语方言，一生最大的快乐就是到世界任何地方，当地人都认他做"老乡"。"二战"后，他到巴黎车站，对行李员讲巴黎土语，对方听了，以为他是土生土长的巴黎人，于是感叹："你回来了啊，现在可不如从前，巴黎穷了。"后来他又去德国柏林，用带柏林口音的德语和当地人聊天。邻居一位老人对他说:"上帝保佑,你躲过了这场灾难,平平安安地回来了。"赵元任的绝活是表演口技"全国旅行":从北京沿京汉路南下,经河北到山西、陕西,出潼关,由河南入两湖、四川、云贵,再从两广绕江西、福建到江苏、浙江、安徽,由山东过渤海湾入东三省,最后入山海关返京。这趟"旅行",他一口气说了近一个小时,"走"遍大半个中国,每"到"一地,便用当地方言土语,介绍名胜古迹和土货特产。

这位"文艺复兴式的智者",音乐禀赋极高,填词谱曲无一不精,曾编辑出版《儿童节歌曲集》《晓庄歌曲集》《新诗歌集》《民众教育歌集》《行知歌曲集》等。在 1937 年淞沪抗日之际,他还用美国的《星条旗永不落》的曲调为坚守上海四行仓库的八百壮士写了填词歌曲《苏州河北岸上的大国旗》。

同为语言学家的林语堂,小他三岁,出生于一个贫穷的牧师家庭,也服务过清华的林语堂,却没有"导师"的殊荣,但这些差别并不影响林语堂与赵元任之间一生的交往与友情。

赵元任、林语堂的交往始于 1923 年。这一年教育部成立了"国语罗马字拼音研究委员会",聘请了 11 个人为委员,其中有赵元任和林语堂。8 月,商务印书馆推出了周辨明撰《中华国语音声字制》的单行本。这种罗马字拼音制最早是由赵元任提出的。周辨明对其进行了一番修改,然后又与林语堂共同研究斟酌,重加改订,最后才编订成书。

1924 年 8 月 20 日,林语堂发表《赵式罗马字改良刍议》,这是对赵元任提出的"国语罗马字的草稿"的评论与建议。文章包括"改良国语罗马字的一个草稿""标注声调改良的理由""标注声母韵母改良的理由""改良制拉字的举例"四个部分，并附有"后记"。[1] 林语堂支持赵元任的汉字拼音罗马化方案，并强调新的音符应该尽量遵循现有的国际惯例。

1925年，赵元任与几位最积极的成员（刘半农、林语堂、钱玄同、黎锦熙等）组成"数人会"。"数人会"在赵元任家成立，林语堂是七人之一，经常参加在赵元任家举行的会议。这个时候，赵元任与林语堂等人通信也采用国语罗马字，有的时候还用英语的译音词，如"狄儿外剃，豪海夫油鬃？（Dear Y. T. How have you been? 亲爱的语堂，你近来好吗？）"

1930年7月由北平文化学社出版发行的《国语罗马字与威妥玛式拼法对照表》，虽然是赵元任所编，但林语堂也有不少的贡献。作为视听教学法的先驱，赵元任编写的教材和录制的唱片成为国语教学的范式，其方法延续至今；他的拼音化的国语罗马字系统于1928年被国民政府正式采用。这一系列工作，奠定了中国现代语言学的基础，也为后来共和国初期制定汉语拼音方案奠定了基础。

同样，赵元任对林语堂的事业也大力支持。1928年林语堂编著的《开明英文读本》三册，由上海开明书店出版，成为全国畅销的中学英文教科书，其中，赵元任撰写的《读林语堂著——开明英文读本》，大力推介："这部书最特别处也是最长处，就是拿英文当一种活语言，无论在读音，在用字，在文法，从头起就以活语言为立场，凡是每课上的新材料都是整个的实在可能的英语，到渐渐地有了若干的背景了，然后随时加上读音练习，常用短成语跟文法的解释。"[2] 这不是广告词，而是一个学者对另一个学者的认同。

林语堂的二女儿林太乙曾回忆说："赵元任是父亲的好朋友，

是语言学天才，能在一星期内学会一种方言，能说 33 种方言。他与父亲两人兴趣相投，都是语言学家。"何止是语言？他们相投的地方甚多！

赵元任学习的时候三心二意，一下学数学，一下研究哲学，时不时还想玩玩音乐，中西文理，孔子牛顿，不但文理兼修，而且所学之精，钻研之深，恐怕后来再也没有人能够超越。林语堂何尝不是兴趣广泛，涉及哲学、文学、语言学、社会学、翻译学及其创造发明，且人生精彩！

就是这样一个什么都会，什么都敢"玩"的男人，一生唯独不玩的是爱情。赵元任与妻子 60 多年恩爱如初。赵元任和杨步伟的婚礼，简单得不能再简单了：一起到公园照相，再做成通知书，寄给所有的亲友，一共 400 多份。上面大大方方地写着：

> 我俩已在 1921 年 6 月 1 日，
> 下午 3 点钟东经 120 度，
> 平均太阳标准时结婚。
> 关于贺礼我们一概不收，
> 如果实在要送的话，
> 就请送您的亲笔书信、诗文或乐谱，
> 或者捐款给中国科学社亦可。

这对新人推开所有繁文缛节，向当时的封建世俗挑战，想出了如此别出心裁的结婚方式。

廖翠凤是被花轿抬进门的，洞房花烛后，林语堂把结婚证一把火烧了，理由是留着结婚证是为离婚用的。男人结了婚，就要有担当、有责任，结了婚，就不会离婚，留此证何用？林语堂与妻子相濡以沫，携手共度金婚。

或许正是因为两人心中有爱，物质的东西都显得不那么重要了，这是多少恋人们渴望却可遇不可求的情感境界。

赵元任的四个女儿全部毕业名校，林语堂的三朵金花朵朵出众。

林语堂有收集留声机片的嗜好，曾收藏有卡罗索、莉莉邦丝、贝多芬、莫扎特、肖邦等古典乐曲唱片，20世纪30年代上海流行的《渔光曲》《可怜的秋香》《妹妹我爱你》，他也收藏。他常常喜欢晚饭后，把房间里的灯关掉，静静地听自己所喜欢的古今中外的名曲。他也非常爱听由刘半农作词，赵元任作曲的《教我如何不想她》。《教我如何不想她》（1926年）是赵元任独唱歌曲题材中突出反映了"五四"精神影响较大的作品之一，歌曲由美好的自然景色的描绘引入如何不想她的主题。音乐采用多种调性布局，逐渐把情绪推向高潮。这是一首有高度艺术性的著名音乐会独唱曲。

林语堂曾痴迷于"中文打字机"的发明。当时还没有科学严谨的汉字检索系统，又因为汉字属于符号文字而非字母文字，所以人们对制成中文打字机的可能性一直持怀疑态度。但林语堂不畏艰难，在近三十年的时间里坚持不懈地研究探索，花费了10余万美元，终于在1947年成功发明了"中文打字机"，并在美国获得该项发明的专利权。在汉字世界中，这台打字机的发明可谓是一项革命性的创举。赵元任得知这个消息后非常高兴，在写给林语堂的信中说："语堂兄，日前在府上得用你的打字机打字，我非常兴奋。只要打两键便看见同类上下形的八个字在窗格出现，再选所要打的字，这是个了不起的发明。还有个好处是这键盘不用学便可打。我认为这就是我们所需要的打字机了。"[3]

"二战"期间，赵元任夫人杨步伟看到美国人把很多很好的食材都扔掉了，觉得太浪费，很可惜。于是，在一些朋友的鼓励下，她写了一本怎样利用各种食材和配料做中国菜的书，书名叫 How to Cook and Eat in Chinese。为了写这本书，杨步伟买了一套量具，把书里所有的菜至少做了一遍，把各种食材和配料的用量记录下来，书里还对各道菜的吃法和文化背景进行了介绍。赵元任觉得做菜是件极难的事，文稿要经过他的修改和过目后才能发表。他学究式的赵氏风格，"炒鸡蛋"的一把锅铲被他写成了"一个带把子的金属薄平板"。林语堂看后，配以一幅漫画来"打趣"赵氏的烦琐，令人忍俊不禁。

林语堂对饮食何尝又不是如此！他对妻子廖翠凤做的清蒸鳗鱼、清蒸螃蟹、炒嫩笋、炖鲜鸡、薄饼和炒米粉等美味佳肴的色、香、味、形无不要求尽善尽美。在他的指导下，廖翠凤与三女林相如合编了一本《中国烹饪秘诀》，后来此书荣获 1960 年法兰克福德国烹饪学会大奖。1969 年，廖翠凤与林相如在美国又出版了一本《中国食谱》，很多就是林语堂的日常食谱，影响也非常大。

无论是在国内还是在国外，林语堂与赵元任的交往都很多。1929 年 2 月，赵元任在上海住了近 20 天，其间去看望老朋友，当然包括林语堂，次年在上海又去看望林语堂；1939 年在美国，赵元任全家去看望在纽约的林语堂；1941 年，林语堂也多次到赵元任住所（剑桥行人街 27 号）拜访并用餐；1942 年，哈佛大学远东语言系克里夫教授（Francis Cleaves，美国著名的汉学家）找赵元任商量，请他为台湾地图的地名，按照厦门话加注罗马字拼音。赵元任接受了这个任务，还经常向林语堂请教，以保证注音正确。1948年、1949年，他也多次到纽约与林语堂会晤。1954年，两个人同时赴英国剑桥参加第二十三届国际东方学者会议。1968年，赵元任在台湾期间，又多次与林语堂会晤。

林语堂、赵元任都是纯粹的学者，不为外界的名利所诱惑，更不想被一官半职所束缚。他们秉持"参政而不从政"的原则，参政是作为一个知识分子的责任，尤其是在民族危难的关头；不从政，则是一个知识分子应有的独立和尊严。他们深深地知道，自己能够安身立命的唯有学问。他们穷极一生，也不过是想做些有趣的、自己喜欢的事，在为中国语言文化的发展作贡献的同时，收获人生的乐趣。

注释

[1] 林玉堂：《赵式罗马字改良刍议》，《国语月刊》1924年8月20日第2卷第1期，第1—22页。

[2] 赵元任：《读林语堂著开明英文读本》，《中学生》1930年7月第6号，第1—3页。

[3] 林太乙：《林语堂传》，《林语堂名著全集》第29卷，东北师范大学出版社1994年版，第209—210页。

相知相惜可谓缘
林语堂与郁达夫

　　郁达夫（1896—1945），小说家、散文家，浙江富阳人，1913年赴日本学经济。1921年参与组织创造社，1922年回国参加《创造季刊》《创造周报》《创造日》《创造月刊》的编辑工作。以《沉沦》《春风沉醉的晚上》《迟桂花》等作品饮誉文坛。郁达夫这位留日生与留学欧美的林语堂从"语丝"时期到"论语"时期，都是同道人。无论是明显带有讽刺的《春夜宴桃李园图》，还是无明显褒贬的《新八仙过海图》（时人所拟为：吕洞宾—林语堂，张果老—周作人，蓝采和—俞平伯，铁拐李—老舍，曹国舅—大华烈士，汉钟离—丰子恺，韩湘子—郁达夫，何仙姑—姚颖），林语堂、郁达夫都在其中。1936年，自《论语》第83期开始，林语堂脱离论语社，《论语》半月刊由郁达夫接手编辑工作。最为关键的是，"一捆矛盾"的林语堂，没什么心机，就像一个长不大的孩子，争议不断，而小一岁的郁达夫能读懂他，并多次为他伸出援手。

　　林语堂与郁达夫具体相识的时间无法考证，大体上是在北京的

"语丝"时期走到一起的，那时他们都团结在鲁迅的身边，即便是后来到了上海，鲁迅与许广平类似于婚宴的聚餐，林语堂、郁达夫都在场，有照片为证。林语堂的《开明英文读本》一出版，郁达夫就主动在《开明》杂志刊文推荐，细说这套书的价值。而鲁迅、林语堂之间发生的几次不愉快，也是郁达夫出面充当化解矛盾、缓和气氛的"和事佬"角色。

1929年8月28日，林语堂与鲁迅发生了正面冲突，《鲁迅日记》记载：

> 28日……晚霁。小峰来，并送来纸板，由达夫、予尘佐证，计算收回费用五百四十八元五角。同赴南云楼晚餐，席上又有杨骚、语堂及其夫人、衣萍、曙天。席将终，林语堂语含讥刺。直斥之，彼亦争持，鄙相悉现。[1]

同日林语堂在日记中写道："此人已成神经病"。对这次颇受人们关注的"南云楼事件"的起因在"林语堂与鲁迅"一节中作了详细说明，这里只补充修正，林语堂晚年回忆此事，说是"那时有一位青年作家，名张友松。张请吃饭，在北四川路那一家小酒楼上"。因时隔多年，林语堂的回忆有张冠李戴之误。请吃饭的是李小峰，因鲁迅请律师向北新书局提出清算版税的诉讼，北新书局托人调解，并保证把历年积欠的2万元分10个月还清，新近所欠的每月还400元。北新书局老板李小峰请吃饭，表示双方和解。作为局外人的林语堂，餐桌上提到了张友松不满于北新书店的老板李小峰，说他对作者欠账不还等。他自己要好好地做。不料鲁迅疑心林语堂

126

讽刺他。一个是多心，一个是无猜。两人对视像一对雄鸡一样，对了足足两分钟。郁达夫在《回忆鲁迅》一文中称这是"因误解而起正面的冲突"。郁达夫描述，当时鲁迅有了酒意，"脸色发青，从座位上站了起来"，林语堂也起身申辩，气氛十分紧张，郁达夫一面按鲁迅坐下，一面拉林语堂夫妇走下楼去。

又一次《自由谈》的编辑黎烈文做东，送郁达夫和王映霞去杭州。鲁迅和林语堂都在场。饭后，大家不约而同地抽起烟来。

林语堂灵机一动，"周先生，你每天都抽几根烟？"

鲁迅说："大概很多吧，没有统计过。"

林语堂接着问："你是不是在替《论语》找材料？"鲁迅的口气突然冷起来。因为林语堂在最近的一期《论语》上发表了《我的戒烟》一文。鲁迅公开批评林语堂尽拿些吸烟、戒烟之类的生活细节做文章，是退回去了。今时今日之中国是不适合这种西洋式幽默的。

"我准备广播一下。"林语堂没有留意鲁迅口气的变化。

"这其实很无聊。"鲁迅有些不快，很不客气地说，"每月要挤出两本幽默来，本身便是件不幽默的事，刊物又哪里办得好！"

林语堂被兜头泼了一盆冷水。旁人都停止了说话。闹哄哄的屋子里一下子静悄悄的，气氛紧张得可怕。

黎烈文看到这光景，赶紧打岔："达夫，此次你去杭州，不知何时才回来？来，敬你一杯！"众人连忙举起杯子，争相敬郁达夫酒。郁达夫也有意缓和气氛，一口一杯，喝得畅快。

林语堂恢复了常态，海阔天空地瞎扯起来。

在 20 世纪 30 年代关于小品文的论争中，郁达夫对林语堂是持肯定态度的。当林语堂被冠以"登龙者""道学派"等围攻之时，郁达夫不仅积极为其刊物投稿，还赠送近照并题字："语堂兄惠存！达夫特赠！一九三四年五月。"近照及题字手迹载《人间世》1934年11月20日第16期。对林语堂小品文的批评也是最实事求是。在《现代散文导论》中，郁达夫如此评价："林语堂生性憨直，浑朴天真，假令生在美国，不但在文字上可以成功，就是从事事业，也可以睥睨一世，气吞小罗斯福之流。周作人常喜欢外国人所说的隐士和叛逆者混处在一道的话来作解嘲；这话在周作人身上原用得着，在林语堂身上，尤其是用得着。他的幽默，是有牛油气的，并不是中国历来所固有的《笑林广记》。他的文章，虽说是模仿语录的体裁，但奔放处，也赶得上那位疯狂致死的超人尼采。《剪拂集》时代的真诚勇猛，是书生本色，至于近来的沉溺风雅，提倡性灵，亦是时势使然，或可视为消极的反抗，有意孤行。……他的文章，虽说是模仿语录的体裁，但奔放处，也赶得上那位疯狂的超人尼采。唯其憨直，唯其浑朴，所以容易上人家的当；我只希望他勇往直前，勉为中国 20 世纪的拉勃莱，不要受了人家的暗算，就矫枉过正，走上了斜途。"[2] 郁达夫指出了林语堂身上"叛徒"与"隐士"的矛盾及其原因，揭示了其小品文观与这种矛盾的关系，进而分别对"性灵""幽默""闲适"加以分析，肯定它们具有积极意义的部分，匡正它们的偏颇。之所以能这样，主要因为他对"五四"新文学与 20 世纪 30 年代无产阶级革命文学认识比较清楚，且处于集团之外，并具有非政治化思维的缘故。更主要是他了解林语堂，他是林语堂的朋友。

1940 年 5 月 22 日，林语堂曾带上全家回到了抗战中的祖国。

因为生活的不安定，与其在国内天天跑警报，还不如在国外为中国抗战作宣传贡献更大，于是，他把重庆北碚那套四室一厅的私宅连同家具都捐献给中华全国文艺界抗敌协会，8月又全家赴美。消息传出，遭到许多人的讽刺和挖苦："林语堂镀金回来啦！""林语堂熬不住跑警报，又回美国去啦！"

在一片指责声中，郁达夫为林语堂辩驳，"林语堂氏究竟发了几十万洋财，我不知道。至于说他镀金云云，我真不晓得，这两个字究竟是什么意思。林氏是靠上外国去一趟，回中国来骗饭吃的吗？抑或是林氏在想谋得中国的什么差使？文人相轻，或者就是文人自负的一个反面真理，但相轻也要轻得有理才对。至少，也要拿一点真凭实据出来。如林氏在国外宣传的成功，我们则不能说已经收到了多少的实效；但至少他总算是为我国尽了一份抗战的力，这若说是镀金的话，那我也没有话说。总而言之，作家是要靠著作来证明身份的，同资本家要以财产来定地位一样。跖犬吠尧，穷人忌富，这些于尧的本身当然是不会有什么损失，但可惜的却是这些精力的白费"。他认为那些攻击是"跖犬吠尧，穷人忌富"。这不只是什么主持正义，也有朋友之道。

林语堂、郁达夫二人有过同游江南的经历，文字上更是交流频繁，彼此惺惺相惜。譬如，《人间世》第28期刊登了郁达夫写给林语堂的一封信，题为《扬州旧梦寄语堂》。信末附有"语堂附记"："吾脚腿甚坏，却时时想训练一下。虎丘之梦既破，扬州之梦未醒，故一年来即有约友同游扬州之想。日前约大杰、达夫同去，忽来此一长函，知是去不成了。不知是未凑足稿费，还是映霞不许。然我仍是要去，不管此去得何罪名，在我总是书上太常看见的地名，必想到一到。怎样是邗江，怎样是瓜洲，怎样是廿四桥，怎样是五亭桥，以后读书时心中才有个大略山川形势。即使平山堂已是一楹一牖，也必见识见识。"[3]

风流倜傥的郁达夫，不做作，不虚伪，敢爱敢恨，负面新闻较多，林语堂知晓郁达夫是性情中人，即便是郁达夫在与王映霞结婚后，又回老家与前妻共度一个多月，林语堂也认为这是郁达夫的近人情、通人性可爱之处。对郁达夫的个性潇洒，文采风流欣赏不已，尤其是信任有加。

《京华烟云》是为"纪念全国在前线为国牺牲之勇男儿"而作，小说写完后，林语堂急于让抗战中的故国同胞能读到它的中译本，1939 年 9 月 4 日，他亲自写信请郁达夫把此书译成中文。

达夫兄：

得亢德手札，知吾兄允就所请，肯将弟所著小说译成中文，于弟可无憾矣。计此书自去年三月计划，历五月，至八月八日起稿，今年八月八日完稿。纪念全国在前线为国牺牲之勇男儿，非无所谓而作也。诚以论著入人之深，不如小说。今日西文宣传，外国记者撰述至多，以书而论，不下十余种，而其足使读者惊魂动魄，影响深入者绝鲜。盖欲使读者如历其境，如见其人，超事理，发情感，非借道小说不可。况公开宣传，即失宣传效用，明者所易察。

弟客居海外，岂真有闲情谈话才子佳人故事，以消磨岁月耶？但欲使读者因爱佳人之才，必窥其究竟，始于大战收场不忍卒读耳。故卷一叙庚子至辛亥，卷二叙辛亥至新潮，专述姚家二姊妹，曾家三妯娌，外亲内戚，家庭之琐碎及时代之变迁。卷三乃借牛曾二家结怨，写成走私汉奸及缉私锄奸之斗争，重心转入政治，而归结于大战。由是旧派节妇孙曼娘反成抗日精神之中心，牛家叛徒黛云出而为锄奸杀兄之领袖。至陈三、环儿、黛云之入游击队，阿通、肖夫之从戎，阿梅之受辱，素云之悔过不甘为汉奸，为日人所杀，曼娘之惨死乡下，木兰之逃难，遂入开战初半年范围。

廿七年元旦，木兰陪夫挈女，在四十万难民之旋律中，载满一小车孤儿向天台山进发。适遇开赴前方军队，万民欢呼之声，如裂帛，如洪涛，排山倒海而来，军士唱着"还我河山"之歌——河山响应，动天地而泣鬼神，易惨戚为悲壮。木兰亦心动神移。此时由朱门闺秀转入山居贤妇之木兰，又一转而置身大众入无我相境界矣。天台山和尚送木兰至外门，远眺木兰全家入难民队中，渐行渐远，至不可复辨，不知所终而止。故其父以坐禅得无我，木兰乃于人群接触中得之，此书中女主人翁姚木兰精神态度转变之经过也。弟既无暇自译，所以必求兄亲译者以此，非敢以无聊因缘污吾兄笔砚。大约以书中人物悲欢离合为经，以时代荡漾为纬。举凡风尚之变易，潮流之起伏，老袁之阴谋，张勋之复辟，安福之造孽，张宗昌之粗犷，五四、五卅之学生运动，三一八之惨案，语丝、现代之笔战，至国民党之崛起，青年之左倾，华北之走私，大战之来临，皆借书中人物事迹以安插之。其中若宋庆龄、傅增湘、林琴南、齐白石、辜鸿铭、王克敏及文学革命领袖出入穿插，或藏或显，待人推敲，至故事自身以姚木兰、姚莫愁二姊妹为主人翁。木兰嫁入曾家,曾家三媳妇,曼娘古,木兰新,素云迷醉租界繁华,造成今日中国社会之断片。

重要人物约八九十个,丫头亦十来个。大约以《红楼梦》人物拟之,木兰似湘云(而加入陈芸之雅素),莫愁似宝钗,红玉似黛玉,桂姐似凤姐而无凤姐之贪辣,迪人似薛蟠,珊瑚似李纨,宝芬似宝琴,雪蕊似鸳鸯,紫薇似紫鹃,暗香似香菱,喜儿似傻大娘,李姨妈似赵姨娘,阿非则远胜宝玉。孙曼娘为特出人物,不可比拟。至曾文伯(儒),姚思安(道),钱太太(耶),及新派人物孔立夫(科学家),陈三(革命),黛云(女革命),素云("白面女王"),莺莺(天津红妓女),巴固(留英新诗人)则远出红楼人物范围,无从譬方。以私意观之,木兰、莫愁、曼娘、立夫、姚思安(木兰父,百万富翁,药店茶号主人)、陈妈、华大嫂为第一流人物。孙亚、红玉、阿非、暗香、宝芬、桂姐、珊瑚、曾夫人、锦罗、雪蕊、紫薇、银屏次之。他若素云之势利,环玉之贪污,雅琴之懦弱,莺莺之无耻,马祖婆(牛太太)之专横,姚太太(木兰母)之顽固,不足论矣。以全书结构而言,木兰、莫愁、立夫、姚思安为主中之主。孙亚、襟亚、曼娘、暗香、红玉、阿非、迪人、银屏为主中之宾。牛黛云、牛素云、曾夫人、钱桂姐、童宝芬为宾中之主。珊瑚、莺莺、锦罗、雪蕊、紫薇、环儿、陈三、陈妈又为宾中之宾。地理背景以北京为主,苏杭为宾。以逃难起,以逃难终。全书以道家精神贯穿之,故以庄周哲学为笼络,引《齐物论》"梦饮酒者,旦而哭泣,梦哭泣者,旦而田猎……是其言也,其名为吊诡。万世之后而一遇大圣知其解者，是旦暮遇之也"为格言。Those who dream of the banquet wake to lamentation and sorrow. Those who dream of lamentation and sorrow wake to join the hunt... This is a paradox. Tomorrow a sage may arise to explain it, but that tomorrow will not be until ten thousand generations have gone by. Yet you may meet him any day just around the corner. 书长三十六万言，凡四十五回，分上中下三卷。书名 Moment in Peking，似可译为《瞬息京华》，惟吾兄裁之。

九月四日弟语堂于纽约

郁达夫不仅精通英语，又精通中国现代小说创作，林语堂对他的能力和品格绝对信任。所以，林语堂把英文版小说里所引用的出典、人名、地名以及成语等签注了 3000 多条详细的注释，前后注成两册寄到新加坡。为了使郁达夫能静下心来工作，不为生活所扰，林语堂还给他附了一张 5000 美元的支票。

郁达夫的中译本在新加坡《华侨周报》上连载过，但没译完。

1940 年 5 月 21 日，林语堂给郁达夫写信，提起译稿，并约郁达夫到重庆见面。林语堂经过香港时，与郁通了电话。郁达夫回答说不可能回重庆，而译稿则可以从 7 月开始在《宇宙风》上连载刊出。但这一许诺没有兑现。郁达夫未能践约，却花掉了那 5000 美元，觉得自己很对不起朋友。在当时，大家只知道林语堂请郁翻译《京华烟云》，而林语堂却从未向外人提起过曾预支郁达夫 5000 美元的事。此事在文坛上被传为美谈。徐訏在重提旧事时说："语堂对谁都谈到过该书交郁达夫翻译的事，但从未提到他先有一笔钱支付给郁达夫。这足见语堂为人的敦厚。"[4]

在新加坡译《瞬息京华》时，郁达夫与王映霞所生的长子郁飞在身边，那时郁飞还是一个十几岁的孩子，有的时候提醒父亲快来译《瞬息京华》。工作太忙，又与王映霞婚变前后，心情极端恶劣，郁达夫经常为此焦虑，左右为难。译费早就花光了，而稿子才译了很少的一部分。不想抗战胜利那年，郁达夫惨死于日本侵略者手里，《瞬息京华》终是没有完成。后来郁飞长大成人，英文学得非常好，代替父亲把这本书译成，终于 1991 年出版，亦是公认的最佳译本。

注释

[1] 鲁迅：《日记十八》，《鲁迅全集》第 16 卷，人民文学出版社 2005 年版，第 149 页。

[2] 郁达夫：《中国新文学大系·散文二集》导言，《〈中国新文学大系〉导言集》，贵州教育出版社 2014 年版，第 194 页。

[3] 郁达夫：《扬州旧梦寄语堂》，《人间世》1935 年 5 月 20 日第 28 期，第 3—6 页。

[4] 徐訏：《追思林语堂先生》，子通主编：《林语堂评说七十年》，中国华侨出版社 2003 年版，第 143 页。

"幽默大师"与"漫画之父"的"良友"契合
林语堂与丰子恺

丰子恺（1898—1975），美术家、散文家。早年追随李叔同，受到佛教哲学影响。《缘缘堂随笔》等散文，歌颂童心的天真和人格的完整，怅叹宇宙的无穷和时光的流逝，反对社会风气的虚伪骄矜，在朴实平淡中写出耐人寻味的情景和事件，状物写神，颇具匠心。民国时期的一个"幽默大师"，一个"漫画之父"，林语堂、丰子恺，在生活上有很多共同的爱好。

丰子恺称他一生之中有四位"良友"：烟、酒、茶、唱机，并以此为题写文章。林语堂对丰子恺的四位良友也颇为钟情。丰子恺嗜烟如命，即使他在早年得了肺结核，医生嘱咐须戒烟，不得已只好努力减到一天六七根；林语堂是有名的"老烟枪"，哪怕有"道德的瑕疵"也不愿放弃。酒，对丰子恺和林语堂而言，是一种"醉翁之意不在酒"的兴味，是一种"酒逢知己千杯少"的感觉。所以，林语堂虽然酒量不好，但是他喜欢看好友们喝酒猜拳。酒可醉人，茶可醒人，丰子恺写作或翻译之时，必有茶之陪伴，就算烟灰掉落茶内也照喝，故茶是丰子恺书房中不可或缺的良朋益友。林语堂不仅好茶，还多有茶论：茶是凡间纯洁的象征，在采制烹煮的手续中，都须十分清洁。采摘烘焙，烹煮取饮之时，手上或杯壶中略有油腻不洁，便会使它丧失美味。所以也只有在眼前和心中毫无富丽繁华的景象和念头时，方能真正地享受它。丰子恺喜欢唱机，乃是因为早年从李叔同修习音乐，进而喜欢聆赏音乐。林语堂的作品中虽然没有提到对唱机的意见，但收录唱片、欣赏音乐是多次写到。他在台湾时的秘书张陈守荆女士亲口告诉我们，他喜欢音乐与弹琴，并且可以演奏教会音乐以及贝多芬的《月光曲》等曲目。林语堂、丰子恺，在民国那个名家辈出的时代，属于特别的存在，他们未曾天天把时事挂在嘴边。丰子恺笃信佛教，钟情绘画，在他眼中，处处有趣，时时美丽，揭蛋、吵架、逃学、早晨赖床上不起来，皆是童年乐事；林语堂自由主义者，人间无处不幽默，宇宙、苍蝇皆小品。他们的心是透明的诗做的，所以，能留下不少脍炙人口的作品。

"良友"可谓契合无间，文人风流的气息也由此而出，这既为动荡的大时代增添了几许快意的潇洒，也为"幽默大师"林语堂与中国"漫画之父"丰子恺注定了合作的基础。1926 年 8 月章锡琛在上海创立开明书局，主持编辑工作是夏丏尊、叶圣陶。丰子恺为开明书店设计了店徽，图案下方是一本打开的书，书是站立着，封面和封底上分别写着"开""明"二字，上方是一轮喷薄欲出、光芒四射的太阳，它象征着开明书局探索真理、追求新思想的科学求实精神。

林语堂、丰子恺的交集，主要是在 20 世纪 30 年代的上海。开明书局以青少年读者为主要对象，出版了一系列的中小学教科书，丰子恺为许多教本作插画。1928 年，林语堂应邀为开明书局编写出了文从字顺、水准较高的《开明英文读本》。按照双方的协议，林语堂以 10% 的版税获取酬劳。为促销，开明书局还特别请丰子恺配画插图以增加读本的活力。林语堂也从自己版税中拿出 2%，给丰子恺作为插画报酬。另外，出版社还加重该书装帧设计，正是这些精心策划与努力，《开明英文读本》一经出版，全国各地的中学便纷纷争购，销路大畅，几乎把《模范英文读本》的市场抢占一空，林语堂也有了"版税大王"之称。丰子恺也有丰厚的回报，而当时能够只靠写作收入舒服过日子的文人，实在是找不到几个。1928 年所编《开明第一英文读本》（*The Kaiming First English Book*）由上海开明书店出版，封面署名"林语堂著"，版权页署名"编纂者　林语堂　绘图者　丰子恺"。之后出版的"第二读本""第三读本"皆如此，丰子恺是有版权的。

　　同时，林语堂又是夏丏尊、丰子恺主编的《中学生》月刊的主要撰稿者之一。1930 年 1 月 1 日《中学生》在上海创刊，在创刊号上林语堂就发表了《英文语音辨微（一）》，以示支持。之后，在《中学生》上陆续发表的文章有：

　　1930 年 2 月 1 日第 2 期，《机器与精神》《英文语音辨微（一续）》《关于开明英文读本的话——给新月记者的信》。

　　1930 年 3 月 1 日第 3 期，《论现代批评的职务》《英文语音辨微（二续）》。

　　1930 年 4 月 1 日第 4 期，《英文语音辨微（三续）》。

　　1930 年 7 月 1 日第 6 期，《读书阶段的吃饭问题——中学生的出路问题》《我所得益的一部英文字典》。

1930 年 9 月 1 日第 8 期，《推翻旧文法与建造新文法》。

1931 年 1 月 1 日第 11 期，《学风与教育》《汉字中之拼音字》。

1931 年 2 月 1 日第 12 期，《读书的艺术》。

1931 年 5 月 1 日第 15 期，《英文学习法（待续）》。

1931 年 9 月 1 日第 17 期，《英文学习法（续完）》。

1933 年 11 月 1 日第 39 期，《从梁任公的腰说起》。

1937 年 1 月 1 日第 71 期《英语表现法（一）》。

1937 年 2 月 1 日第 72 期《英语表现法（二）》。

1937 年 3 月 1 日第 73 期《英语表现法（三）》。

1937 年 4 月 1 日第 74 期《英语表现法（四）》。

1937 年 5 月 1 日第 75 期《英语表现法（五）》。

1937 年 6 月 1 日第 76 期《英语表现法（六）》（《英语表现法》一文系与张沛霖合作）。

其时，林语堂与丰子恺也同为讲义社成员。《申报》曾刊登《开明中学讲义开始发计广告》，称开明书店创办了具有函授学校性质的开明中学讲义社。经过一年的筹备，该社定于 1932 年 5 月开始发行讲义，招生办学。王钟麒、沈乃启、宋云彬、邵力子、林语堂、林幽、夏丏尊、韦息予、倪文宙、张梓生、章克标、陶希圣、傅彬然、程祥荣、叶圣陶、刘薰宇、刘叔琴、邓启东、薛德燡、薛德炯、缪维水、谢似颜与丰子恺担任开明中学讲义社的讲师，需要批改学员作业。[1] 章克标等编译的《开明文学辞典》（*Kaiming Literary Dictionary*）由上海开明书店出版。该辞典的编辑主干（即主编）为章克标，编辑包括沈叔之、宋云彬、林语堂、徐调孚、夏丏尊、章克标、章锡深、张梓生、黄幼雄、叶作舟、叶圣陶、顾均正与丰子恺。

1932 年 9 月林语堂创办《论语》半月刊，提倡幽默文学，认为幽默只是一种从容不迫的达观态度。1934 年，林语堂再创办《人间世》半月刊，提倡以"自我"为中心、以"闲适"为笔调的"性灵文学"，推行小品文。林语堂的这种努力就是要提醒当时被外侮侵略日亟的中国百姓，要以闲适的态度面对生活，进而找出安身立命于乱世的方法。

除了以小品文论理抒情之外，更具有兼顾幽默、性灵以及小品三者特质的就是漫画了，而且漫画也更容易为社会大众所接受与理解。有学者指出："'小品文与漫画'在当时（或许也包括现今）其实是'一家人'，脉络相通，情感相投，小品文是文字的漫画，漫画是图形的小品文。因为是'一家人'，所以它们的理论基础也是大致不差的。"[2] 遭漫画家汪子美以漫画《春夜宴桃李园图》讽刺的有林语堂、丰子恺，被誉为"论语八仙"的也有林语堂、丰子恺。《逸经》杂志第 28 期上"瑶斋漫笔"中有《新旧八仙考》：林语堂氏提倡幽默，创办《论语》，风靡一时，世人以在《论语》上常发表文字之台柱人物，拟为八仙，林氏亦供认不讳，如《宇宙风》第一期，林跋姚颖文云"本日发稿，如众仙齐集将渡海，独何仙姑未到，不禁怅然。适邮来，稿翩然至。"吾人虽有"新八仙"或"活八仙"之说，而就悉诸如仙尊姓大名。至去年夏，林氏将赴美，其漫画杂志始有《八仙过海图》及摩登新八仙也。所拟为吕洞宾—林语堂，张果老—周作人，蓝采和—俞平伯，铁拐李—老舍，曹国舅—大华烈士，汉钟离—丰子恺，韩湘子—郁达夫，何仙姑—

姚颖。此新八仙题名录，亦近年来文坛佳话也。[3] 或许，就是这种时空背景与因缘际会，"幽默大师"林语堂与中国"漫画之父"丰子恺的深厚渊源早已注定。

丰子恺长期在《论语》《人间世》《宇宙风》等林语堂所办杂志上发表作品。1934 年 1 月，《论语》半月刊第 33 期首次发表丰子恺的漫画《树犹如此》，后附署名"语堂题"的诗句："脆脆风前柳，思思泪如雨，气质我新忧，低头默无语。"诗画绝配。1936 年林语堂去美后，丰子恺仍然与《论语》保持联系，直到《论语》终刊。大约从 1947 年 3 月 16 日《论语》第 125 期开始到 1949 年 5 月 16 日第 177 期止，几乎每一期都采用丰子恺的漫画作封面。[4]

《人间世》承《论语》风格，继续倡导"闲适""幽默"的小品文文风，从 1934 年《人间世》创刊到 1935 年春，丰子恺亦在该刊物上发表大量漫画与散文。《谈自己的画》，署名"缘缘堂主"，是丰子恺应林语堂之邀而作。综观此文，可以说是一篇对于丰子恺前期创作心境非常重要的记录。本来林语堂想请丰子恺写一篇谈漫画的文章，在拖稿之后，经过林语堂的催稿，丰子恺决定写一篇谈自己的画的文章，因为丰子恺自谦"究竟我的画为什么称为'漫画'？可否称为'漫画'？自己一向不曾确知"，在文末，丰子恺写了这么一段话来回应林语堂的邀稿以及陈述自己画画的动机心境：为了代替谈自己的画，我已把自己十年来的生活和心情的一面在这里谈过了。这文章的题目不妨写作"谈自己的画"。因为：一则我的画与我的生活相关联，要谈话必须谈生活，谈生活就是谈画。二则我的画既不模拟什么八大山人、七大山人的笔法，不根据什么立体派、平面派的理论，只是像记账般地用写字的笔记录平日的感慨而已。

故关于画的本身，没有什么话可谈；要谈也只能谈作画的因缘罢了。但不知能不使语堂先生失望否？[5]

1935 年 9 月《宇宙风》杂志创刊，林语堂为丰子恺开辟漫画专栏，并且命名为"人生漫画"。不久又开辟"缘缘堂随笔"专栏，供丰子恺发表散文。其中"人生漫画"部分，丰子恺于 1944 年 9 月将其在《宇宙风》上刊行的漫画集结出版，亦以"人生漫画"为画集名称。丰子恺在自序提到"人生漫画"名称由来：说起这些画，我不得不想起林语堂和陶亢德两人来。"人生漫画"这名目，还是林语堂命名的。约十余年前，两人办《宇宙风》，向我索画稿。林语堂说："你的漫画可总名为人生漫画"，我想这名词固然好，范围很广，作画很自由，就同意了。[6] 由此不难想见林语堂对丰子恺的重视。

1936 年是中日关系非常紧张的时刻，当时上海文艺界的知识分子共 21 人在 10 月 1 日的《文学》杂志第 7 卷第 4 号共同发表了《文艺界同人为团结御侮与言论自由宣言》，在《宣言》中指出："在文学上，我们不强求其相同，但在抗日救国上，我们应团结一致以求行动之更有力""我们要求政府当局即刻开放人民的言论自由，凡足以阻碍人民言论自由之法规，如报纸检查、刊物禁扣等应立即概予废止"。参与本《宣言》发表的 21 人分别是：林语堂、巴金、王统照、包天笑、沈起予、洪深、周瘦鹃、茅盾、陈望道、郭沫若、夏丏尊、张天翼、傅东华、叶圣陶、郑振铎、郑伯奇、赵家璧、黎烈文、鲁迅、谢冰心和丰子恺。由这篇《宣言》我们可以清楚看出，"幽默大师"和"漫画之父"与上海文艺界的知识分子一样，对国家前途的关心，他们以团结为号召，呼吁一致反抗日本的侵略。

1937 年 8 月 13 日，日军进攻上海后，丰子恺就决定根据蒋坚忍所作《日本帝国主义侵略中国史》画成《漫画日本侵华史》，并采用《护生画集》的形式，字、画对照把每个事件绘成图画，再加以简单说明，然后出版发行，以低价卖出。目的是希望小学生都买得起，希望文盲也看得懂。只可惜这本《漫画日本侵华史》的画稿在丰子恺逃难时因为怕被日军搜到而连累同船乘客，故被丰子恺忍痛弃于河中。[7] 虽然如此，丰子恺还是留下许多关于日军侵华的画作，借由发表与出版使当时中国民众更容易明白日军的暴行。

林语堂与丰子恺都是一介文人，但是在国家有难的时候，两位都选择以"笔"挺身而出，林语堂是以锋利的笔法使世界认清中国的传统与现势以及中国与世界不可分割的关系；丰子恺则是以沉重的线条描绘出日军侵华的残暴，两者虽然运用的手段不同，但是我们可以清楚地看到他们爱中国的心以及同属知识分子的大时代责任感。曾经的相知相惜，又因时代的动荡而各自选择实现梦想的道路，并各自尊重对方的决定。身在海外的林语堂在晚年只字不提丰子恺，虽说君子绝交不出恶言，但是这中间更透露出两人相知相惜的情谊。林语堂晚年在台湾出的最后两部书分别是《无所不谈合集》和《语堂文集》，这两部书是交给开明书局发行，除了林语堂曾经拥有开明书局股份的关系之外，是否有念及与丰子恺的情谊？这就颇耐人寻味了。

注释

[1]《开明中学讲义开始发计广告》，《申报》1932 年 4 月 14 日，第 4 版。
[2] 谢其章：《漫画漫话：1910—1950 年世间相》，新星出版社 2006 年版，第 63 页。

[3] 陈星:《新月如水——丰子恺师友交往实录》,中华书局 2006 年版,第 147 页。

[4] 盛兴军主编:《丰子恺年谱》,青岛出版社 2005 年版,第 236 页。

[5] 丰子恺:《谈自己的画》,林语堂主编:《人间世选集》,第 144—153 页。

[6] 丰子恺:《人生漫画自序》,丰陈宝、丰一吟、丰元草编:《丰子恺文集·艺术卷四》,浙江文艺出版社 1990 年版,第 324 页。

[7] 丰子恺著,吴福辉、钱理群主编:《丰子恺自传》,江苏文艺出版社 1996 年版,第 205 页。

幽默风格与北京情怀

林语堂与老舍

老舍（1899—1966），原名舒庆春，字舍予，北京人。早年相继发表反映市民生活的长篇小说《老张的哲学》《赵子曰》《二马》等初步形成幽默、诙谐的风格。代表作《骆驼祥子》《四世同堂》，人物性格鲜明，细节刻画真实，生活气息和地方色彩浓郁，语言生动流畅，在现代文学史上有很大的影响。生于1895年的林语堂属"羊"，晚他4年出生的老舍属"牛"，他们同属"食草"而非"食肉"一族。20世纪30年代林语堂就有了"幽默大师"的称号，老舍也被称为中国的"幽默之王"。老舍以对北京的描写著称于世，林语堂对北京有着特别的情怀。

林语堂与老舍的接触是从文字交往开始。1932年，林语堂在上海创办《论语》杂志。此时，身在齐鲁的老舍就在这份带有幽默特性的刊物上发表了如《买彩票》《我的理想家庭》《救国难歌》《大发议论》等诸多文章。当时，有人戏称《论语》有"三堂""三老"和"八仙"，老舍就占其二。"三老"即经常为《论语》撰稿的老向（王向辰）、老谈（何容）和老舍；"八仙"即吕洞宾—林语堂，张果老—周作人，蓝采和—俞平伯，铁拐李—老舍，曹国舅—大华烈士，汉钟离—丰子恺，韩湘子—郁达夫，何仙姑—姚颖；"三堂"除林语堂外，还有知堂周作人，鼎堂郭沫若。1935年，林语堂创办《宇宙风》，其中列出的72个主要撰稿人中就有老舍。林语堂充分肯定老舍的语言风格，他谈及提倡语录体，"余非欲打倒白话，特恶今人白话之文，而喜文言之白，故作此文以正之……大凡《野叟》《红楼》白话之佳，乃因确能传出俗话口吻。恶新文人白话之劣，正在不敢传入俗语口吻，能如是者，吾仅见之，老舍是已"。[1] 在"大众语"的讨论中，林语堂认为"今人白话，不但不如清人之小说，明人之尺牍，且并不如元人之戏曲"。但是，他又肯定了"白话作家能写成老舍、老向何容白话，已了不得。"[2] 他还以拥有老舍"玉照"为耀，在致信海戈的信中说："弟处有老舍玉照，可来沪一观。二十三年三月六日。"[3]

　　1930年最值得注意的就是林语堂、老舍和其他人所提出尊重"笑"的呼吁。在老舍心中，对喜剧因素的排名，"幽默"是排在滑稽、讽刺、笑闹、机智与冷嘲的前面。笑与幽默进入本该属于悲剧与正经的领域中。有人也许会说，过去所缺少的并非"幽默"，而是对幽默的由衷欣赏。老舍做了种种努力，试图说服人们"幽默"称得上是一门艺术，而卓别林与狄更斯是"世人的大恩人"。[4] 现代喜剧理论家认为喜剧或幽默作家地位的提升，是现代化发展之下的产物。在今天的现代剧中，"弄臣"之流等搞笑小丑角色的重要性，并不亚于李尔王这样的悲剧主角。在现代人的观念中，喜剧已逐渐受到欣赏，超越仅使人们能够从悲剧中偶尔获得缓和或甚至脱离悲剧的角色。从齐克果到汉娜、鄂兰等的思想家认为，在现代男女的经历与意识中，悲喜结合具有十分重要的意义。

笑的蔓延——中国"幽默潮"的兴起，与其他地区的幽默潮差不多发生在相同时期，因此可以被视为是一种全球性流行的局部表现。所以，它并不是一个由现代西方国家流传到一个缺乏幽默之文化的国家的一个"迟到的现代性"。

相对来说，在中国，文化中的幽默因素似乎并不很发达。虽然三国时就出现了《笑林》这部笑话集，可是直到清代才有了《儒林外史》这样成熟的讽刺小说。民国时期那一代文化人，深受儒教等中国文化的影响，在幽默思维及其方式上很少拿家庭伦理开玩笑、注意给对方保留体面、讲究男性话语霸权等特点。他们的幽默方式，更多地讲究自嘲、解脱、忘却，即所谓攻击性的幽默少而没有太大恶意的幽默多。老舍是"艺术型文化"，其幽默类似中国相声的传统艺术形式——才谈，又发展为滑稽、小品等形式。林语堂是"情感文化"，与老舍的幽默是有区别的。

老舍不认为林语堂此时倡导幽默、闲适和性灵的小品文不合时宜。当鲁迅等众多左翼文人对《论语》多有批评和讽刺时，老舍公开发文《贺〈论语〉周岁》："《论语》已周岁，国犹未全亡。苍天实惠我，放胆作流氓。"以《论语》同人的口吻，为《论语》的风格叫好。其后，又在《人间世》上发表《小病》，大谈"小病"之优美，结尾还将之戏称为"小品病"，为《人间世》提倡小品文张目。

1936 年 8 月 5 日，在林语堂上船赴美之前的 5 天，老舍在《逸经》第 11 期上发表《代语堂先生拟赴美宣传大纲》。文章写道：

"西方的精神是斑斓猛虎，有它的猛勇、活跃及直爽；东方的精神是远淡的秋林，有它的安逸、静恬及含蓄。这样说来，仿佛各有所长，船多并不碍江。可是细那么一想，则东方的精神实在是西方文化的矫正，特别是在都是文化发达到出了毛病的时候——像今日。"这是"送林语堂先生赴美讲学特辑"，内容既有对中西文化糟粕的讽刺，也有对中西文化精华的比较。老舍开篇却是："话说林语堂先生，头戴纱帽盔，上面两个大红线结子；遮目的是一对崂山水晶墨镜，完全接近自然，一点不合科学的制法，身上穿着一件宝蓝团龙老纱大衫，铜纽扣，没有领子。脚上一双青大缎千层底圆口皂鞋，脚脖子上豆青的绸带扎住裤口。右手拿一把斑竹八根架纸扇，一面画的是淡山墨水，一面自己写的一段舒白香游山日记——写得非常的好，因为每个字旁都由林先生自己画了双圈。左手提着云南制的水烟袋，托子是珐琅的，非常的古艳。"这原本是老舍以惯用的幽默方式，融才情与友情于一体，祝愿中有理解与期待的送行妙文，看不到老舍把握了林语堂文化思想的神韵者，却说老舍的"代""拟"是用来讽刺林语堂的。

老舍的知名度和他在"林系杂志"发表作品有关。其一，当时的老舍在"林系杂志"上也发表了不少作品。其二，老舍撰写的《有声电影》，林语堂将其译成 Talking Pictures，发表在 1933 年 12 月 7 日《中国评论周报》第 6 卷第 49 期的"小评论"专栏，扩大老舍的海外影响。不仅如此，这篇译文后来收入林语堂的《英译老残游记第二集及其他选译》（商务印书馆，1936 年），以及高克毅的《中国人的智慧与幽默》（科沃德－麦卡恩公司，1946 年）。其三，老舍 1936 年 7 月辞去教职，着手创作《骆驼祥子》，但前提是

"先决定一件事：由八月起，我供给《宇宙风》个长篇。八月一日起，每月月首您给我汇 80 元；我给您一万至一万二千字。"[5]《宇宙风》杂志社帮助他解决了燃眉之急，长篇小说《骆驼祥子》在《宇宙风》第 25 期开始连载，至 1937 年 10 月 1 日《宇宙风》第 48 期续完。《骆驼祥子》是老舍的代表作。

今天重庆北碚的"老舍故居"（天生新村 63 号，于 2010 年更名为"四世同堂纪念馆"）是一栋中西合璧的小别墅，位于北碚区中心地带，小花园围绕，闹中取静。其实，这栋房子是 1940 年抗战时林语堂回到重庆购置的，但林氏在此只是短暂居留，走时留给好友老向（1898—1968）照看，作为"中华全国文艺界抗敌协会"办公室。后来老舍在此寓居了 6 年，并创作了著名的《四世同堂》等抗战小说、戏剧、散文、杂文、曲艺、诗词和回忆录各种作品数百篇，近 200 万字。老舍之子舒乙公开说过："所有这一切，首先要感谢林语堂先生。当初，如果没有他的慷慨借用，父亲一家人也许找不到一处安身之地，他本来已经很坏的身心状态也许会变得更糟，恐怕难以完成被他自称为'对抗战文学的一个较大纪念品'——《四世同堂》的创作。"舒乙认为，纪念馆正式落成应该在墙上另立一块牌子，写上：此房原系林语堂先生所有，抗战时是中华全国文艺界抗敌协会北碚分会会址。

抗战胜利之后，许多中国人去美国访问或留学。老舍的《骆驼祥子》译成英文之后销路非常好，此书也为美国"每月读书会"特别推荐。1946 年，老舍、曹禺、徐訏、冯友兰、黎东方、黄嘉德等都到了纽约。林语堂为接待老舍他们而忙碌。据报载："美国国务院所聘请前去讲学的吾国学者老舍（舒舍予）及曹禺（万家宝），业已抵达美国。林语堂曾经发起了一个很大的欢迎会，着实忙了一阵。"此时，"本来老舍、曹禺二人，与林语堂的思想作风大不相同，但是都是异乡做客，为了彼此有照应起见，于是破除成见，携起手来了。"[6] 1961 年，在美国国会图书馆的演讲上，林语堂还特意提到"我特别怀念老舍，我知道他是个正直君子。我在抗战时和他在重庆见面，后来又在纽约聚首，我记得他在谈政治时的兴奋。但是他现在是不作一声了，他不再骂当权的人们，我不知道他现在想的是什么"。这里有对老友的赞美、怀念和惋惜。

　　"幽默"在一段时间内是区别于进步文艺的消极词语，人们往往有意地将"幽默"与"人民艺术家"老舍区隔开。实际上，幽默是老舍一个重要的表达法，对"幽默"观的探讨也是他文艺观的一大亮点。1936 年 8 月 16 日，老舍的论文《论幽默》发表在《宇宙风》第 23 期上。文章论述了幽默与反语、讽刺、机智、滑稽、奇趣的联系与区别，表明了自己的幽默观。其中说："'幽默'这个字在字典上有十来个不同的定义"，"依我看，他首要的是一种心态"。"所谓幽默的心态就是一视同仁的好笑的心态。""嬉皮笑脸并非幽默；和颜悦色，心宽气朗，才算幽默。一个幽默写家对于世事，如入异国观光，事事有趣。他指出世人的愚蠢可怜，也指出那可爱的小古怪地点。世上最伟大的人最有理想的人，也许正是最愚蠢可笑的人，吉珂德先生即一好例。幽默的写家会同情一个满街追帽子的大胖子，也同情——因为他明白——那攻打风车的愚人的真诚与伟大。"这是对林语堂将幽默定义为"会心的微笑"的正面阐释。在《什么是幽默》中，老舍说："幽默作家的幽默感使他既不饶恕坏人坏事，同时他的心地是宽大爽朗，会体谅人的。"[7] 这与鲁迅的幽默即刻薄讽刺的认知大相径庭。

老舍的北京情怀尽人皆知，他出生于北京，入北京师范学校学习，担任过北京方家胡同小学校长，以发表反映北京市民生活的小说走上文坛，以《骆驼祥子》《四世同堂》等京味小说名扬四海。"人民艺术家"的称号，是北京市人民政府授予的。实际上，林语堂与老舍一样热情关注北京文化。老舍是地地道道的北京人，在《骆驼祥子》《四世同堂》《茶馆》等代表性作品中，写出了北京文化的特质。林语堂特别看重老舍，认为老舍是极少数能写道地京话的一位作家，他的文笔有北方的鲜明特色，活泼有劲。他很喜欢老舍的京片儿味，因为这是他学不来的。他认为这种京片儿味不是京痞腔调，是从老百姓的语言中提炼出的原汁原味的幽默感。

北京在林语堂的心目中具有不可代替的地位，它是博大、美好、宁静与和谐的象征。林语堂是1916年从圣约翰大学毕业后来到北京的。当他从西直门下火车，走在通往海淀清华园的路上时，分外地愉快，路面宽阔使人舒畅，远非上海狭小的弄堂可比；道边有婀娜多姿、温柔可爱的垂柳，也有遮天蔽日、高耸入云的古木；尤其新鲜的空气在胸腔里鼓动，使人心旷神怡。第一次踏上北京的土地，他是那么的兴奋。

来到北京后，林语堂逛过不少名胜古迹，西山、长城、明十三陵、云居寺、故宫、北海、中山公园以及颐和园和圆明园等都留下了他的身影。林语堂一面感到北京的阔大雄伟，一面又感到北京历史之悠久；他还感到北京与上海不同，如果说上海是现代的，是西方化的，那么北京就是传统的，是道地中国式的。北京没有上海的洋奴味，也没有上海拥挤、紧张和精致，更没有上海人的精明算计和排外情绪，北京像个大花园，像美丽质朴的乡村，又像一个古老充满珠光宝气的梦境。在上海，林语堂有无限的恨感，而在北京他感到脚踏实地，仿佛自己就是一棵千年古树……这是林语堂对北京的观感和体悟。

林语堂还感到北京是懂得生活之艺术的。

北京的水以河流与湖泊的形式与碧绿的林木一起将北京围绕起来，那不是一般的水，而是活的泉水，是充满生命绿意的圣水。而玉泉山的泉水清得令人难以置信，凉得让人无法入浴，在阳光的照耀下如玉石般翠绿晶莹。

北京的气候虽有尘土飞扬和雨水泥地，但更多的时候是阳光明媚，天空碧蓝。尤其到了深秋，整个北京都被凉爽的和风吹拂着，太阳将大地和树叶晒成金黄色，脚踏落叶，显出干脆的质地和深情的韵致，给人一丝略带甜味的生命悲凉。

站在西山卧佛寺或碧云寺，林语堂鸟瞰这一辉煌的城市。五里长厚重的灰墙清晰可见，若在晴天，远处门楼看起来如同灰色大斑点。惊人的大片绿色呈现于闪烁的金黄色殿脊间，那就是远处的大液池。

在北京下层百姓生活的地方闲逛，能看到像人力车夫、提鸟笼遛弯的市民、街头叫卖的小贩儿、卖艺杂耍等人的真实生活，他们的生活虽不富裕，有的还很艰苦，但却并不满面愁容，更不气急败坏，而是喜滋滋、乐哈哈的。

林语堂明白了，北京如同大海，公子王孙有其活法，他们吃喝玩乐和日用斗金，但却未必幸福；普通百姓必须为生计日夜奔波，但却获得充实自然。

面对北京，林语堂似乎有些醉意，写于 1927 年 5 月 27 日的《谈北京》，历数了自己在北京经历的一切，那种激昂、不安分的斗争状态仿佛才是他正常的生活，而这种生活只有北京才有。他陶醉在推翻军阀的幻想中，计划着要把回到民众手中的北京建成"革命青年"的中心、"世界有名的公园之城"和"模式城市"。后来又总结说："北京最大的动人处是平民。决不是圣哲的学者或大学教授，而是拉洋车的苦力。""而北平呢，却代表旧中国的灵魂，文化和平静；代表和顺安适的生活，代表了生活的协调，使文化发展到最美丽、最和谐的顶点，同时含韵着城市生活及乡村生活的协调。"

1936 年林语堂离开上海到美国前，曾专程来北京话别。之后，身在美国的林语堂则是把对北京的认知和感受融汇在作品里。

1937 年 8 月 15 日，林语堂在《纽约时报》（*New York Times Magazine*）上发表《被困的北平有一种永恒中国精神》（Captive Peiping Holds the Soul of ageless China），全文以极优美的文学笔调来描写介绍这座古城。他说：

> 北平是古老中国的灵魂所在，它像一个宽容大度的老人，胸襟蕴蓄着古今。它又像一棵古树，根深叶茂。北平有如此湛蓝的天空，如此姣好的月色，如此雨水潺潺的夏季，如此凉爽的秋天，如此干爽洁净的冬天。北平是老饕的天堂，也是购物者的乐园。无论你住在何处，据说附近有肉铺、杂货店和茶馆。你可以自由自在地做你的学问，追逐你的嗜好，无论是政客还是赌徒，都能一遂所愿。

如此可爱的一个古都，而今竟在日军的铁蹄下被困。然而正如他在副标题中所写，"文化、魅力、神秘与浪漫在日本占领的这座活力十足的城市中徘徊。"附上日军以重炮击毁长城的照片，所引起读者的惋惜和伤痛更是深刻而永恒的。在文章最后又写到北京的人——有代表性的洋车夫：

> 北平最迷人的所在，还是一般的老百姓。并不是正人君子和大学教授，而是拉洋车的苦力。花差不多一块钱，他可以从西城拉你到颐和园，约有 5 里地。你以为这是廉价劳力，那就对了。可是他们并不牢骚满腹。他们一路谈笑自若，喃喃自语，诉说着别人的苦难，你简直不懂，他们从何而来这样欢快的心情。
>
> 在回家的路上，必可以听见一个老年的养车者，衣衫褴褛，语带幽默，优雅平和地诉说着他的悲惨命运。如果你觉得他太老了，拉不动洋车，要下车来，他会坚持把你拉回家。但是，如果你跳下车，并出其不意的把全额的车资都给他，他的喉头会凸出一块来，他对你的感谢是你一生都没有经受过的。

洋车夫是多么忠厚诚恳与善良可爱。这里，林语堂看到了北京人乐天知命的一面，他们对生活所求不多，但却充满欢乐与幸福。林语堂觉得对生活知足常乐的幸福感恐怕不在别处，正在北京普通百姓身上。

《京华烟云》第十二章《北京城人间福地，富贵家神仙生活》中，林语堂这样写道：

木兰是在北京长大的，陶醉在北京城内丰富的生活里，那种丰富的生活，对当地的居民就犹如伟大的慈母，对儿女的请求，温和而仁厚，对儿女的愿望，无不有求必应，对儿女的任性，无不宽容包涵。又像一棵千年老树，虫子在各枝丫上做巢居住，各自安居，对于其他各枝丫上居民的生活情况，茫然无所知。从北京，木兰学到了容忍宽大，学到了亲切和蔼，学到了温文尔雅，就像我们童年时在故乡生活里学到的东西一样。她是在黄琉璃瓦官殿与紫绿琉璃瓦寺院的光彩气氛中长大的；她是在宽广的林荫路，长曲的胡同，繁华的街道，宁静如田园的地方长大的。在那个地方常人家里也有石榴树、金鱼缸，也不次于富人的宅第庭院。在那个地方，夏天在露天茶座儿上，人舒舒服服地坐在松柏树下的藤椅上品茶，花上两毛钱就耗过一个漫长的下午。在那个地方，在茶馆儿里，吃着热腾腾的葱爆羊肚，喝白干儿酒，达官贵人，富商巨贾，与市井小民引车卖浆者，摩肩接踵，有令人惊叹不置的戏院，精美的饭馆子、市场、灯笼街、古玩街……

　　这何止是写出了北京生活的韵致！平和、儒雅、温文的北平，正好和当下日本的侵略、强暴、嗜战形成强烈的对比。

　　在岁月的流逝中，林语堂已说不清对北京蕴含了多少期待与向往。身为游子的他常常想起祖国，而且总是先想到北京——那个曾让他灵魂平静快乐的地方。北京的一山一水、一草一木似乎都牵扯着林语堂的心，让他既快乐也感伤。他常叹息："我这残生不知是否有缘回北京，哪怕看它一眼也好！"在对北京日思夜想中，一个机会开始形成，他打算写一本关于北京文化的书，这既可以向世界介绍北京，又可以重温旧梦，还可以借此聊解寂寞，聊慰自己对北京焦渴般的怀想。

25 年之后的 1961 年，林语堂不得不用《辉煌的北京》来描述和形容它。《辉煌的北京》向世人解析了自然、艺术和创造的"老北京的精神"。"老北京的精神"主要不是那些外在的表面化的风景和人事，而是一种创造性，它是自生的，是不受其他人事影响的那种发自生命本身的创造性。他说："什么东西最能体现老北京的精神？是它宏伟、辉煌的宫殿和古老的寺庙吗？是它的大庭院和大公园吗？还是那些带着老年人独有的庄重天性站立在售货摊旁的卖花声的长胡子老人？人们不知道。人们也难以用语言去表达。它是许多世纪以来形成的不可名状的魅力。或许有一天，基于零碎的认识，人们认为那是一种生活方式。那种方式属于整个世界，千年万代。它是成熟的，异教的，欢快的，强调的，预示着对所有价值的重新估价——是出自人类灵魂的一种独特创造。"[8]

面对世界整体文化格局的局限，林语堂看到了老北京文化中那种看似凝固保守、宁静寂然，但却蕴含着一种独特的生活方式：它成熟快乐，又达观超然；它包容万有，又自满自足；它没有目的，却永远在创造着美好的生活。这与西方文化那种与时间赛跑的加速度生活状态，与那种焦虑、痛苦、空虚和贪欲的内心世界，形成巨大的反差！在林语堂看来，人生不是为了达到某个目标而生活，也不是为了功名利禄、出人头地来证明自己的成功，当然更不是靠与天地自然争胜显示人的伟力；人生只不过是要追求那种健康、快乐、饱满、知足和安宁的生命状态。而在这方面，北京文化做得最好。林语堂最欣赏北京普通市民，他们的生活虽不富足，甚至还较为贫困，但却活得知足和平，亦庄亦谐，快快乐乐，超然自得。比如，普通市民在庭院里种花草，养着金鱼，早晨提上鸟笼在胡同里悠然散步，这是理解了人生真义和趣味的生活态度。

林语堂不是用哪种学术探讨的方式写北京文化——采取非常冷静客观而又分离的写法，他是将自己融汇其中，以浓郁的深情和爱去抚摸和体味。林语堂与北京的关系是水乳交融的：二者的生命互相贯通，从而显得感情充沛、生命盎然，有着深长的意味。不论写北京的气候山水，还是写北京的人物事件，抑或是写北京的民俗文化和艺术都是如此，或者说，北京仿佛是林语堂的"情人"，她牵动着他长长的思念，所以，北京的一草一木在林语堂笔下都款款情深。

> 很快便到了晚秋，名目繁多无以复加的菊花在隆福寺和厂甸同时上市，正阳楼的螃蟹又肥又香。草木已变得枝叶干爽松脆，正像岁月在老人身上带来的变化一样，风吹过园子里的松树和枣树，夏季树叶轻柔的娑娑声变成秋日劲风的啸叫，夏季已成记忆，炉边的蟋蟀叫个不停。人们清扫门前庭院，却无心扫净那枫叶，留下几片落叶静静地躺在院子里。冬天再次来临，循环往复有一年。

林语堂是这样怀着诗意，含着温情地写北京的季节，带有悲悯，透出性灵，将自己的心情渗透进北京的文化精神里面，给人触手可及的艺术感受。没有对北京刻骨铭心的怀想，没有对北京文化独特的体悟，很难写出这样投入而优美的笔调和语言。

客观地分析，在老舍笔下，北京的四合院和胡同是封闭、保守和落后的代名词，然而，在林语堂那里却有不同的感受，这里与阔大雄伟的街道不同，充满宁静、从容、和谐和知足快乐，是自足的小世界，也正如他在《辉煌的北京》开篇所言："北京曾经是世界上最大的开放性的都城之一。"

注释

[1] 林语堂：《语录体举例》，《论语》1934 年 5 月 1 日第 40 期。

[2] 林语堂：《怎样洗练白话入文》，《人间世》1934 年 10 月 15 日第 13 期。

[3] 林语堂：《与友人书（十五通）》，《谈风》1936 年 10 月 25 日第 1 期。

[4] Lao She: Huaji xiao shuo (Comic Fiction) (1934) in LSWJ, Volume 15. p.286.

[5] 老舍：《致陶亢德》，舒济编：《老舍书信集》，百花文艺出版社 1992 年版，第 44 页。

[6] 《美作家讽刺林语堂》，《七日谈》1946 年 5 月 1 日第 20 期。

[7] 《老舍文集》第 16 卷，人民文学出版社 1991 年版，第 383 页。

[8] 林语堂：《辉煌的北京》，《林语堂名著全集》第 25 卷，东北师范大学出版社 1994 年版，第 12 页。

提携感恩传佳话
林语堂与谢冰莹

谢冰莹（1906—2000），原名谢鸣冈，字凤宝，又名谢彬，常用笔名冰莹，湖南新化人。她是中国现代史上最壮美、最坎坷的一位女兵作家。1921年就读于湖南省立第一女子师范学校。1926年入武汉中央军事政治学校学习，曾随军北伐。1928年后在上海艺术大学、北京女子师范大学学习，并参加左翼文艺运动，是北方左联发起人之一。1931年赴日本，不久回上海参加抗日救亡工作，并编辑《妇女之光》周刊。后曾流浪福建、湖南等地，写成《一个女兵的自传》。1935年再度赴日，就读于早稻田大学，曾因不欢迎溥仪朝日而遭日警逮捕。七七事变后回国参加抗战活动。1940年主编《黄河》月刊，1943年去成都任教。抗战胜利后曾任汉口《和平日报》《华中日报》副刊主编。后在北平师范大学任教。1948年去台湾，任台湾师范学院教授，同时从事创作。谢冰莹一生出版的小说、散文、游记、书信等著作达80余种近400部2000多万字。她的创作，文笔热情奔放，生活气息浓郁，代表作《女兵自传》

等，相继被译成英、日等 10 多种语言。其中《小桥流水人家》被选入 2013 年人教版实验教科书语文第八课。能文能武，履历丰富的谢冰莹，实际年龄只比林语堂小 11 岁，但在文坛的辈分上却小了整整一辈。

韩愈之于李贺、苏轼之于"苏门四学士"与"苏门六君子"，古代文坛上前辈提携晚辈，名家提携青年的佳话比比皆是。鲁迅对萧军的提携，郁达夫对沈从文的关怀，郑伯奇对赵家璧的"引路"，民国文坛这样的例子也是屡见不鲜。以《从军日记》蜚声文坛的女兵作家谢冰莹，也是得益于一位文学大师的提携。她本人对这位提携她的文学大家——林语堂也一直念念不忘。

1926 年冬，她考入武汉中央军事政治学校（黄埔军校武汉分校）。经过短期训练，便开往北伐前线与敌人恶战。谢冰莹的《从军日记》就是在战地写成的，发表于《中央日报》副刊。

1927 年 3 月 22 日，《中央日报》在汉口创刊，属国民党党报，由彭学沛担任社长，陈启修（豹隐）担任总编辑，孙伏园担任副刊主编，另有"英文版"，由林语堂主编。谢冰莹与林语堂的相识，也正是这个时候。那是在一个星期天的下午，谢冰莹与冰川和小海等同学去拜访当时任《中央日报》副刊编辑的孙伏园，当时林语堂也正好在场，林语堂给她留下了这样的印象：穿着一件藏青色的长衫，嘴里含着一只雪茄，清秀的面庞，严肃中带着微笑，个子中等，说话慢条斯理，声音柔和，态度亲切。

有了第一次见面，也就有了谢冰莹的请教。在读书和写作方面，林语堂的忠告，对谢冰莹影响极大：

"谈到读书，我很惭愧！由中学到大学，我的时间都花在英文上面，直到大学毕业之后，才重新用毛笔写汉字，拼命研究中文。我有一点点心得，可以告诉你们小朋友：一定要选择与自己兴趣相投的，而且要专心一意地去读，吸收他人著作中的精华；我相信用种种方法，读一本书，抵得过别人读十本书"；"至于写文章，最要紧的是写你自己心里的话，要自然，要诚实，不要无病呻吟，不要狂妄浮夸，脚踏实地写去，一定会成功的。"[1]

　　多么谦逊的忠告，多么朴实的语言，以致谢冰莹在此后的几十年依然余音在耳。尤其当林语堂亲自把谢冰莹寄自嘉鱼的前线通信翻译成英文发表在《中央日报》副刊后，她更是备受鼓舞，在晚年的回忆录里，谢冰莹这样动情地写道："以一个未满二十岁的女孩，而又是从乡下出来的十足土包子，中学还没毕业，一点文学修养没有，写出来的文字，一定是不堪入目的，谬承孙（伏园）、林（语堂）两先生爱护和栽培，使我写的那些歪歪斜斜的字，变成了正正当当的铅字，我感到万分惶恐，我不相信这是事实，只当作是一场梦，一场使我又兴奋，又恐惧的梦。这梦那么长，一直到今天，我还没有清醒过来。"

　　谢冰莹在文坛崭露头角是她的"从军日记"系列文章的发表。《自传之一章》《一个女兵的自传》《当兵去》等文章就发表在林语堂主编的《宇宙风》杂志上。当时林语堂还联系商务印书馆准备出版她的《从军日记》，但谢冰莹没有勇气不敢出版，林语堂更是劝她："你不要太菲薄自己了，你的《从军日记》，尽管没有起承转合的技巧，但这是北伐时期最珍贵的史料，它有划时代意义和社会意义，不出版太可惜了。我要为你作一篇序……"林语堂没有食言，他为谢冰莹的《从军日记》单行本作了《冰莹〈从军日记〉序》，他在序言中写道：

> 冰莹女士的《从军日记》，是我怂恿她去刊成单行本的，所以有说几句话的必要。其实怂恿她发刊专书的，不仅我一人；据我所知，还有伏园先生……自然，这些"从军日记"里头找不出"起承转合"的文章体例，也没有吮笔濡墨，惨淡经营的痕迹；我们读这些文章时，只看见一位年轻女子，身着军装，足着草鞋，在晨光熹微的沙场上，那一支自来水笔靠着膝上振笔直书，不暇改窜，戎马倥偬，束装待发的情景。……这些文章，虽然寥寥几篇，也有个历史。这可以说明我想把它们集成一书的理由。大概在汉口办事而看那时《中央日报》副刊的读者，都曾赏识过冰莹这几封通信，都曾讨论过"冰莹是谁"的问题。说来也怪，连某主席也要向副刊记者询问到冰莹的真性别。这大概是革命战争时期，"硬冲前去"的同志对于这种战地的写实文字，特别注意而欢迎。更奇异的，我曾译其中一篇为英文，登英文《中央日报》，过了两个月，居然也有美国某报主笔函请英文《中央日报》多登这种文字。这真有点像《少女日记》的不翼而飞了。我因此想也许是冰莹的文章的"气骨"作怪……[2]

从林语堂的序言我们可以看出，林氏对冰莹文体的"气骨"还

161

是很赞赏的，谢冰莹反抗包办婚姻，毅然从军的勇气在当时也可谓惊世骇俗的壮举。同时，《春潮》杂志以《编辑室的话》，也作出特别推介："这一期里的文章有三篇是春潮书局出版的书籍中之三种序言及研究……一篇是林语堂先生介绍冰莹女士的《从军日记》的，这里面看得出与时下风行的'革命文学论'稍异奇趣的别解。"因为谢冰莹在行军之途坚持写日记，写出了一些轰轰烈烈的北伐故事，反映了当时进步青年的爱国热情，开明民众对北伐军和国民革命政府的拥护，以及军阀烧杀掳掠、奸淫妇女、拉纤抓夫、无恶不作的事实；反映了当时妇女从小脚时代进步到天足时代，从被封建锁链捆缚的家庭中逃脱，经过挣扎奋斗后摆脱侮辱痛苦而献身革命的艰难历程；也在某种程度上反映了那个时代的革命精神和历史场景。事实上，1930 年 2 月 27 日，林语堂所撰的英文文章 Miss Hsieh Ping-ing: A Study in Contemporary Idealism（《谢冰莹女士：当代理想主义研究》，载《中国评论周报》第 3 卷第 9 期）也是表达这种意思。

可以这么说，没有林语堂的鼓励与支持，我们今天也许真的很难看到像谢冰莹《从军日记》那样真实再现北伐的作品。林语堂对文学新人的培植、提携，是谢冰莹之幸，也是新文学之幸。

1933 年 6 月 1 日，林语堂所撰补白《代邮》载《论语》第 18 期。这其实是林语堂写给谢冰莹的一封短信，内称："冰莹女士：函悉。十六期所登尊影，原非讽刺，且系匈牙利大名家 Miguel Covarrubias 之大作，原登 Marc Chadbourne 之法文书《中国》之封面及书中批评谢冰莹一章。此君画笔甚佳，本刊第八、第十四期皆有翻印介绍，便中请以住址示知。语堂。"[3]

谢冰莹的文学成就在国外的影响也与林语堂有着某种联系。她的《一个女兵的自传》（中卷改名《女兵自传》），在1936年由上海良友图书印刷公司出版。不仅是当时的畅销书，还被译成英、日、法、西、葡、意等多种文字，再版达25次之多。而英文本的《女兵自传》，又是得益于林语堂的推荐以及林氏女儿林如斯与林无双的翻译。当时如斯才16岁，无双才13岁，这本英文翻译作品 *Girl Rebel* 后来由美国的John Day公司出版，也可谓文坛的又一段佳话。林如斯为翻译之事还写信给谢冰莹，在信中她这样写道："《自传》及《从军日记》已译完，有些删掉了，情形无双（林语堂二女儿，即林太乙，笔者注）已对你说过。现在父亲在修改，约一星期可看完，即可交给出版家去看。赛珍珠跟她丈夫都对这本书觉得有兴趣，只是还没有看完……快快把材料补充寄来。""读了你的《新从军日记》，真叫我五体投地，你的精神真使我佩服。我们打算明春回昆明，本来想由欧走印度洋回国，如今欧洲已宣战，也许改走商船渡太平洋直接到国土。我现在外安逸，不胜惭愧，回国后我一定要参加工作。"（这封书信的落款是九月五日，后据谢冰莹回忆，大约是民国28年，即1939年。林语堂的附信也是同一日期。）

冰莹：

你自称小兵，我对你这小兵只有惭愧。新著小说木兰名 *Moment in Peking*《瞬息京华》，即系纪念前线兵士。此书系以大战收场，叙述日人暴行（贩毒、走私、奸淫、杀戮），小说感人之深，较论文远甚。弟在国外，惟有文字尽力而已，余不足道；打胜仗还是靠诸位小兵。已嘱咐女（林如斯，笔者注）寄上"吾家"一书，奉呈左右（妆次！）照片越多越好，以便选用。材料以①探儿；②第四次逃奔；③在日本入狱为重要材料，随时寄，来得及。贵团体活动情形照相亦可寄来，希望明春在昆明见面。

　　祝你

健康

弟　语堂
九月五日

　　从这封附信我们看到，林语堂对谢冰莹的《女兵自传》是很赞赏的，我们从他对自己的作品 *Moment in Peking*《瞬息京华》与谢冰莹的作品自谦态度就可以看出，他对谢冰莹亲自参加抗战的行为给予了很大的希望，还要求谢补充适当的材料，可见林语堂为了这本书在美国出版是不遗余力。他不仅亲自校对，还写了一篇很长的序言介绍。谢冰莹后来回忆说："为了译这本书，（林语堂）曾和我通过好几封信，他希望我拿到版税后，就来美国游历一次。"可见，林语堂对谢冰莹的提携，从他们的通信就可见一斑。

　　到 20 世纪 30 年代中后期，谢冰莹基本可以和林语堂同框了。1939 年 8 月 20 日，《人世间》第 2 期第 18 页刊登了《作家书简一束》，内收鲁迅、林语堂、周作人、朱光潜、老舍、谢六逸、谢冰莹的各一封信。1940 年 3 月 25 日，《黄河》第 2 期刊登了一组《作家书简》，收录了柳亚子（署"亚子"）、孙伏园（署"伏园"）、林语堂（署"语堂"）与老舍（署"老舍"）的各自一封信函。其中，林语堂的这封信为 1 月 25 日写于纽约，主要谈及谢冰莹《女兵日记》的英译与出版事宜，收信人为谢冰莹本人。1941 年，林语堂发表《英译本〈一个女兵的自传〉的序》时，文末标注"此稿之译成，多承冰莹兄亲加指正，特此致谢！"[4]

除了在写作上的关心和扶持外，林语堂在学术上对谢冰莹也是影响有余。谢冰莹在林语堂去世后的回忆文章里曾写道："我的年龄虽然只比林先生小十二岁，但在学问、道德、经验各方面，我只配做他们的小学生。每当我有什么问题向他请教时，他总是循循善诱地和我谈，一谈也许就是两三个小时。"即使到了晚年，谢冰莹还不忘请教林语堂先生，譬如关于林语堂笔名的问题，谢冰莹曾经写信给林语堂予以求证。林的回信如下：短短的回复，可以澄清很多史实。

冰莹：
　　……前函谈及弟所用笔名毛驴等，连我自己也不记得。宰予、宰我、岂青恐未必是我用的，不知何所根据？又弟不大用笔名。……

语　堂
五六、八、廿五

注释

[1] 谢冰莹：《遥远的祝福》，（台湾）《华冈学报》1973 年第 9 期，第 22—23 页。

[2] 林语堂：《冰莹〈从军日记〉序》，《春潮》1929 年 1 月 25 日第 1 卷第 3 期。

[3] 语堂：《代邮》，《论语》1933 年 6 月 1 日第 18 期，第 642 页。

[4] 林语堂作，澄之译：《英译本〈一个女兵的自传〉的序》，《北战场》1941 年 4
月 16 日第 2 卷第 2 期，第 7—9 页。

敦厚率性师友情
林语堂与徐訏

　　徐訏（1908—1980），浙江慈溪人。一位曾被称为"鬼才"的教授作家。1931年毕业于北京大学哲学系，后留校任助教，同时攻读心理学，并开始写作诗歌、散文、短篇小说。才二十出头的作者徐訏，因投稿《论语》较多，而引起主编林语堂的关注。1934年，徐訏直接来上海任《人间世》半月刊编辑。1936年在法国留学期间，又在《宇宙风》上发表了情节离奇、色彩浪漫颇有影响的中篇小说《鬼恋》。抗日战争爆发后回国，致力写作，曾办《读物》月刊、《作风》月刊、《夜窗书屋》等。1943年所作长篇小说《风萧萧》，连载于《扫荡报》副刊，有人戏称为"徐訏年"。1949年后去香港，任教于各高校，其间也创办《笔端》半月刊、《七艺》月刊等。著有小说、诗歌、诗剧、散文、小品和文艺评论70余种，总计有2000万字，称得上著作等身。

　　有"幽默大师"之称的林语堂，风云上海滩时，徐訏曾是他麾下得力干将之一，徐訏的快速成长，也与林语堂的提携不无关系。"我觉得人与人来往是一种机缘。我与语堂先生认识是始于我在《论语》投稿，但能够继续保持还往，一直到大家都只在香港，还常常见面，可说是非常难的。"[1] 这是徐訏对与林语堂断断续续交往半个世纪的总结。

1934 年初，正当《论语》颇受读者欢迎和销售一路走好的时候，林语堂辞去了主编，退出了《论语》。林语堂认为《论语》核心在幽默，而幽默不是文学的全部，他想创办一个以闲适和性灵为主的小品文刊物。为了征求意见，林语堂在家里请了陶亢德、徐訏、鲁迅等客人。席间，林语堂将自己创办《人间世》的设想和宗旨说了，陶亢德、徐訏表示赞成，认为这是一个非常有意义的设想，如能实现，这个刊物必有深远影响。1934 年 4 月 5 日，《人间世》第 1 期与读者见面。林语堂任主编，徐訏与陶亢德任编辑。该刊至 1935 年 12 月 20 日出完第 42 期后停刊。1936 年 3 月 16 日、4 月 1 日汉口良友图书公司续出 2 期《人间世》，称"汉出第一期"与"汉出第二期"，主编为史天行。1939 年，徐訏又与人合办《人间世》半月刊，想承续"人间世"情怀。

从徐訏走进文坛开始，林语堂都一直以简明点评的方式予以关注，直到晚年。《论语》时期，徐訏从北京投来的稿件，林语堂不仅每期刊发，而且还多有"按语"。《论语》第 26 期刊登了徐訏撰写的《论文言文的好处》，文末附有"语堂按"："事亦凑巧，上午写完两篇关于语录体及白话四六的文章（见本期《论语》），下午接到这样的稿件，上海灵学会要振振有词了。读了静默三分，哭笑不得，对于'白话四六'（鬼话）的攻击，有点悔意了。溯自革命以来，吾国思想上是儒道释三姑六婆的复辟，文学上是三家村骈四俪六的复辟。然而在位者愈复辟，愈抓不住青年，天下分而为二，诚如徐君所云。并且反对白话的声浪，南北一致。宁波有公安局布告，广州有招考记室的四六文（见本刊第二十四期'古香斋'），所以年来'古香斋'的材料，多至无从容纳。在这个时候，我乃出而打白话鬼未免使在位者太得意，于心委实不甘。而且我两篇《论语》，给不糊涂的青年读来，自然会明我的意思，万一给伧父俗子、卫道先生看到，必定欢欣鼓舞，认为我是他们的同志。此种况味，如何形容？然而世事可笑，每每如此，管不了许多了。横竖已有因为爱读'古香斋'文字而买《论语》的读者，我能禁止此辈逐期购阅《论语》吗?”[2] 徐文的观点与林语堂“吾恶白话之文，而喜文言之白，故提倡语录体”[3] 十分吻合。

1934 年 4 月 1 日，《论语》第 38 期刊登了徐訏的《谈中西艺术》。该文题名后标注“读《论语》三十期语堂先生论中西艺术我的话'一文而作”。文末附有“语堂跋”：“徐君所言，自是一种看法，一种说法，然予诚不敢苟同。以中国艺术为分析的，西洋艺术为整合的，予不以为然。”接着，林语堂进一步分析了为何不同意徐訏的观点。不管观点是否相同，能坦承地给予看法，这就是帮助。

直到 1961 年，林语堂于 1 月 16 日在美国国会图书馆的演讲还两次提到徐訏，一处是谈到诗，他说：One exception is Hsu Yu. Who Now Lives in Hong Kong. His Line, instinct with rhythm, come naturally.（一个例外是徐訏。他的诗句铿锵成章，节奏自然。）一处是谈到短篇小说：Of the writers of short stories, Lusin, Shen Tsung-wen, Feng Wen-ping (less known) and Hsu Yu are the best. [在短篇小说家中，鲁迅、沈从文、冯文炳（废名）和徐訏是最好的。] 从

中可以看出，林语堂对徐訏的诗歌是赞赏的，短篇小说是极其推崇的。

由于年龄和辈分的关系，徐訏对林语堂的评价多在晚年，以《追思林语堂先生》和《从〈语堂文集〉说起》为代表，从文章、人品、个性等方面，深入而高度地评价林语堂。

首先，对林语堂的创作赞赏有加、思维方式与审美趣味十分欣赏。徐訏说："我觉得他的《吾国与吾民》《生活的艺术》，确实是把中国介绍给西方最好的著作，也可以说是空前的。特别是《生活的艺术》，本身也就是一本作者对中西文化人生探讨的思想性的艺术作品。"这是从"思想"和"艺术"两个方面充分肯定《生活的艺术》这本书的。对中西文化的复杂关系，学界一直争论不休，其中当然有不少有价值的部分，可在徐訏看来，林语堂在此却独具慧眼，他说："语堂对西洋文化的比较，是从生活的态度与趣味出发，不作死板的划分。他从对零星事件的观察与思索中，发现中西的不同，他不用抽象的理论来做论理的辩证。在体念上讲，是艺术家的态度，在表现上讲，是小品文的境界。这是他与以前及同时代谈中西文化者不同的地方。理论的争执，往往在说服他人，而别人不一定被说服。语堂只说自己的体念，他不想说服人，而读他的文章者，自然同情他。"这段话概括得很准，见解也不俗，足以让人深思，非林语堂的知己不能言。

其次，许多人觉得林语堂身上是儒、道互补，即"内道外儒"，可徐訏却认为林语堂骨子里是"基督教"的。他说："老庄与孔孟的思想在他或只是新鲜而可爱的朋友。他一直没有改变他的基督教的人生态度。在语堂渊博的中西文学修养中，他最读得精熟的是

《圣经》。这似乎很多朋友都不知道这一点。他的心灵是贯穿着基督教的精神，因此尽管有许多种不同的思想和趣味，无论是老庄或孔孟，苏东坡或沈三白对他的吸引，他只是赞美与欣赏而已。他一直没有违离他基督教教育所给他的道德世界。"对林语堂中心文化思想的理解与概括，非熟知者不能为。尽管徐訏将基督教文化的影响放在林语堂的核心地位，这一看法虽然值得商讨，但自有其可供参照的价值。

再次，一般人都知道林语堂是著名的语言学家、翻译家、演说家和散文家，但徐訏却说林语堂还是一个思想家。有人觉得林语堂晚年封闭在狭小的圈子里，文章越来越没有新鲜东西，而徐訏则说："我因为常在香港，很少读到他的《无所不谈》，偶尔读到一二篇，觉得语堂先生这类文章，兴笔写来，都有风采。""现在《无所不谈》已经出全书了，我有机会整个地来看，觉得实在也足称是灿烂缤纷，琳琅满目，这正如我们走进美丽的山野，其中虽有纤弱的小草，但正多丰硕美丽的花木。"他还说："就是拿语堂先生一本一本书来读他是不够的，只有整个地看他全部的著作，才可看到他宏阔的规模与灿烂的生命。"这绝非简单的赞美，而是经过思考之后理性的总结，从中可见徐訏不仅赞赏林语堂的某些作品，更称誉林语堂整体的文章，以为那是"宏阔规模"和"灿烂生命"的集合。这是强调林语堂文章是包含"大气度"和"生命感"的。对林语堂的文体，徐訏指出："他当时对于语录体的提倡以及他在中文散文的主张，因为他在深厚渊博语言学上的根基，实在有他了不起的见地。"尤其值得注意的是，徐訏给了林语堂一个整体的评价，他说："整个地来看，那里正闪光着语堂先生独特的风采与色泽。那里有成熟的思想家的思想，有洞悉人情世故的智慧，有他的天真与固执，坦率与诚恳，以及潜伏在他生命里的热与光，更不必说，他的博学与深思，在许多课题前，他始终用他独特的风格来表达他有深厚的、有根有据的见解与确切健全的主张。"这与许多常见的认识，就是"一般"与"特殊"的区别。

最后，对林语堂的南洋大学校长风波有充分的理解和信任。"1960年，庄竹林任南大校长时，我去教一年书，我听到不少关于语堂在新加坡时的种种，许多人对他诸多的侮蔑与抨击，我实在为语堂抱不平与可惜。"他将林语堂的失败原因之一说成是：他没有像王熙凤那样带着"嫁妆"而是两手空空进南洋大学，岂有成功之理？又说："像陈六使这样，怎么会知道什么是'大学'，什么是第一流大学——这是语堂当时口口声声谈到的。而且，他们在捐钱的时候，已经有'利润'的眼光。"应该说，南洋大学校长风波对林语堂的人品毁誉不同，作为同事和朋友的徐訏，显然是属于称誉派的。

所谓真正的朋友，就是既能看到对方的优长，又能理解他的缺点，并一直保持着善意的态度。对林语堂来说，徐訏有其成熟的一面，也有其稚嫩的一面，没有一味地吹捧和拔高。在为徐訏的《中西艺术论》写序跋，林语堂不但没有赞美、吹捧，反而直言其非，就其文学观给予批评，没有落入常人为朋友写序跋的窠臼。唏嘘中不难看出林语堂的坦荡胸襟和对朋友的真诚。这篇"语堂跋"后改题为《跋徐訏〈谈中西艺术论〉中西艺术论》，收入林语堂的《我的话·行素集》（时代图书公司，1934）。

徐訏对林语堂也是如此。林语堂既有伟大的一面，又有世俗的一面，徐訏认为林语堂也有诸多不足：

一是林语堂不是成功的小说家。"语堂先生对他想写的现实世界的隔膜，使他的小说无法同他的小品文比拟。这也许是他的气质是一个思想家、散文家，而不是小说家的缘故。""但是他的《瞬息京华》，我并不是欣赏，他也许太存着一种介绍中国人的思想与人生态度给西洋读者看的心理，没有小说的魅力，细读起来，倒像是一个外国人在诠释中国一样。而且人物都缺少生命。""最后一本小说是《逃向自由城》，则实在是不应发表的作品，很多在中共大陆待过的年轻人都笑这本书。"对生活的不够了解，又带有强烈意识形态的观念在里面，这确实不合创作原则。

二是林语堂过于主观化和不近人情。徐訏说："在某一方面，语堂的主观非常强，他对于是非真伪的看法，也往往不愿意根据客观的现实。"与此相关的是，林语堂往往不愿意应酬，对于未经邀请而突然造访的人，哪怕是朋友，他也表现出不快，甚至不同客人谈话。徐訏说过这样的例子："在纽约时，除了约定的宴叙以外，他从不过访朋友。譬如他和胡适之交往，好像胡适之有时候得便去看看他，而他则从不探访适之，也没有两人无事相约在外面吃一个便饭之事。在这方面讲，语堂不近人情也正如以前许多人之批评歌德一样的。"以一般的人情世故来讲，林语堂的做法确实"不近人情"，但站在他的不爱应酬的性格和酷爱自由的观念讲，这又是合乎情理，也是值得理解的。比如，林语堂曾说过："假如胡适能少些应酬，他的成就会更大。"林语堂还说过一句话："我是美国民主主义的信徒，对于人民的权利和自由感到热心。可是我感到惊异，美国《宪法》中竟没有增加一条保护每一个美国公民不受摄影记者和新闻记者的骚扰，保证他们有隐居的权利，只有这一章权利才使人生值得过过。"[4] 可见，在林语堂看来，个人的自由与幸福远远比"人情"来得重要。

三是林语堂太看重金钱。为此，有的事做得一点儿也不潇洒。最早是 1936 年去美国，林语堂处理家具一事。徐訏说林语堂夫妇"把家具标价卖去，都是十元八元一件，亢德好像也买了一把沙发，语堂的兄弟也买了几件。当时侪辈都奇怪这做法，几件旧家具对自己兄弟还要收钱，就未免太没有人情味了。"林语堂离开南洋大学时，按规定他得到了聘期的一半聘金（聘期五年）。对此，徐訏认为林语堂不该拿这笔钱，尽管按合同他是合法的。"语堂应有视合约如废纸的幽默才对。他虽然有责任为他所聘的教职员争取利益，他自己应该分文不取，洁身引退。""如果语堂已经赞同了这样的募捐，接受了三轮车夫的义卖，现在校长辞职，要根据合约拿一笔数目很大的赔偿而走，这不是老庄也当然不是孔孟之道。""以语堂文章之飘逸，而拘泥于意气微利之争，不知是否所谓'做事须认真'这句话害了他，我想当时如有一个高明的'师爷'予以指点，或仍可使其顿然返悟。甚至把已挣得之钱，于临行时捐赠南洋大学，也正可使陈六使之流愕然自惭的。"这是站在中国传统文化"重义轻利"的角度来处理问题，当然会有好的结果，但林语堂受西方观念影响颇大，非常重视自己的权利，他不会像中国传统文化那样轻易放弃自己的权利的。所以，徐訏为林语堂开出的"药方"也难以解决问题。不过，作为一个中国人毕竟不能无视自己的文化传统，这是徐訏批评林语堂有理的地方。

作为与林语堂关系相当亲近的人之一，徐訏并没有将林语堂一味拔高，而是持公心之论，他眼中林语堂之不足就极有参考价值。

既然能成为朋友，当然是有相近的地方。在小品文上，时时可见徐訏与林语堂的趋同，这里有影响，有同好，有共鸣。从题目看就有很多相似之处：徐訏写过《谈幽默》《论睡眠》《论烟》《谈女人》《谈吃》《谈服装》《论中西的线条美》《新年论》等文章，多与林语堂的题目类似甚至相同。当然文章的内涵和表达方式有差别。

尤其值得关注的是，在"神秘感"方面，徐訏也与林语堂不谋而合。徐訏曾指出，林语堂把各民族的特性分为不同的感情时，尽管有幽默之类，他却忽略了"神秘感"。林语堂对此欣然接受。林语堂自言是一个充满一团矛盾的人，这本身就说明自己的神秘难解。他自称是一个"现实的梦想家""喜欢妙思古怪的作家。"[5] 他还说"人类终是完全靠这种想象力而进步的。"[6] 在《京华烟云》《奇岛》等小说中就不乏奇异的神秘感。林语堂就是一个有神秘感的作家。

徐訏认为像鲁迅、周作人、胡适等许多思想家和文学家都缺乏神秘感，而托尔斯泰、契诃夫、莫泊桑等有神秘感。徐訏的作品一直充满着莫名的神秘，《阿拉伯海的女神》《鬼恋》《荒谬的英法海峡》《精神病患者的悲歌》《风萧萧》等作品无不如此。以往我们总是站在唯物的角度批判和否定它，殊不知，它正反映着世界和人生的复杂性、难解性与神秘性。只有充分理解这一点，我们才能参透生命的谜底。徐訏的小说实际上是一个天才的"梦想"，他借人物之口表述道："我愿意追求一切艺术上的空想，因为它的美是真实的。"可以说，以想象、梦想的神秘感打开自己的心灵世界与小说世界，从而给读者无限的天地空间，一任其自由飞翔，这是林语堂与徐訏相近的地方。

纵观徐訏的命运，大红大紫后黯然褪色，半生热闹半生寂寞，有政治的原因，也与他孤傲的个性有关。董桥总结得好："徐先生的寂寞是他给他的人生刻意安排的一个情节，一个布局，结果弄假成真，很有感染力，像他的小说。"我们上面所引徐訏的言论，是他晚年的总结，也是他"孤傲"个性的再现。在他晚年的这些文字里，基本是以"语堂"或"语堂先生"相称，可见顾忌和修饰不多。这与他早年对林语堂的仰视大不一样。1941年12月27日夜，在上海的徐訏以《寄友》为题写了一首长诗：

月如画中舟，梦偕君子游，游于山之东，游于海之南。游于云之西，游于星之北。山东多宿兽，宿兽呼寂寞，春来无新花，秋尽皆枯木；海南有沉鱼，沉鱼叹海阔，白昼万里浪，夜来一片黑；云西多飞鸟，飞鸟歌寂寥，歌中皆怨声，声声叹无聊；星北无人迹，但见雾缥缈。雾中有故事，故事皆荒谬。

爱游人间世，人间正嚣嚣，强者喝人血，弱者卖苦笑；有男皆如鬼，有女都若妖，肥者腰十围，瘦者骨峭峭；求煤挤如鲫，买米列长蛇。

忽闻有低曲，曲声太糊涂，如愁亦如苦，如呼亦如诉，君泪忽如雨，我心更凄楚，曲声渐嘹亮，飞跃与抑扬，恰如群雀戏，又见群鹿跳，君转悲为喜，我易愁为笑，我问谁家笛，君谓隐士箫。

我年已三十，常听人间曲，世上箫声多，未闻有此调，为爱此奇曲，乃求隐士箫。披蓑又披裘，为渔复为樵，为渔漂海

175

阔，为樵入山深，海阔水缥缈，山深路蹊跷，缥缈蛟龙居，蹊跷虎豹生，龙吞千载云，虎吼万里风，云行带怒意，风奔有恨声。

泛舟桨已折，驾车牛已崩，乃弃舟与车，步行寻箫声；日行千里路，夜走万里程，人迹渐稀疏，箫声亦糊涂。有鸟在树上，问我往何处？我谓寻箫声，现在已迷途。鸟乃哈哈笑，笑我太无聊，何处是箫声，是它对窗叫。

醒来是一梦，明日在画中，再寻同游人，破窗进清风。

这个所寄之"友"，林语堂是也。1936年林语堂去了美国，徐訏则是去了法国；1940年春，林语堂虽然归来，但是住在重庆，而徐訏在上海。长久的思念，往昔的并肩战斗、共创事业的美好时光，都已成为过去。现实的苦难，内心的苦楚，融合而为梦游诗。从梦境中，可以体会徐訏对林语堂的那份内在而真挚的情愫。

林语堂对徐訏亦师亦友，关系密切，他在上海、美国、中国台湾、中国香港时与徐訏有联系和交往。他们是同事，也是诤友，对彼此都有赞美和批评，他们也熟知彼此的个性、文学、思想、志趣，他们都有敦厚率直的性情。

注释

[1] 施建伟：《幽默大师》，东方出版中心1998年版，第25页。

[2] 徐訏：《论文言文的好处》，《论语》1933年10月1日第26期，第123页。

[3] 林语堂：《论语录体之用》，《论语》1933年10月1日第26期，第82—84页。

[4] 林语堂：《讽颂集》，《林语堂名著全集》第15卷，东北师范大学出版社1994年

版，第 22 页。

[5] 林语堂:《八十自叙》,《林语堂名著全集》第 10 卷，东北师范大学出版社 1994 年版，第 245 页。

[6] 林语堂:《生活的艺术》,《林语堂名著全集》第 21 卷，东北师范大学出版社 1994 年版，第 76 页。

中西"幽默大师"的际会
林语堂与萧伯纳

"两脚踏东西文化，一心评宇宙文章"的林语堂，在"中西文化互搏"中，尽管西方文化是他的皮，东方文化才是他的魂，但是西方很多文化人对他的影响是不言而喻的。

譬如，克罗齐。在西方思想家、美学家中，林语堂感觉到意大利哲学家克罗齐魅力四射。克罗齐是表现主义美学的创始人，也是 18 世纪以来欧洲各种浪漫主义文学观念的集大成者。克罗齐的直觉即艺术、艺术唯情论以及艺术的非功利性等一整套美学观念对林语堂都充满了诱惑，他无法抗拒克罗齐理论观念中那种反古典主义自由的审美精神。为了表示自己对克罗齐思想的敬慕与认同，林语堂甚至不惜叛离自己在哈佛的导师白璧德而以克罗齐的"入室弟子"自居。受克罗齐美学思想的影响，林语堂站在浪漫主义的立场上，强调人类对自我内心的关注和个体精神的自由，同时他还借助对理想的向往与追求来实现对现实的怀疑和批判。他既反对左翼文学过于强调文学功利性的做法，也不认同新人文主义反过激、反浪漫，通过守法则、合规律以达到中正平和境界的做法，他追求的是文学家的独立自主和作品风格的浪漫性灵。

譬如，尼采。尼采对林语堂的影响极为深远。林语堂"萨天师"的笔名就是源于尼采的作品，《萨天师语录》也是模仿尼采在《查拉斯图拉如是说》（即《肃鲁支语录》）"两种话语方式"的夸张风格。1933 年 4 月 16 日，林语堂将自译的《萨天师语录——萨天师与东方朔》载《论语》第 15 期。他笔下的东方朔是"最聪明的"人，但因"御优"之故，东方朔的笑与众不同，"他们的哈哈，也不同我的哈哈"。他的笑是一个并非"不可能实现的"、可用、功利、"具建设性"的笑；它"使他们的主教蹙额，他们的绅士寒心"："要有建设性：他们的秃头主教和大腹贤臣唱着。我们也在扶翼圣教，他们尖头软膝的绅士和着。对他们的建设性批评我少有用处。"林语堂很是看重这一篇，后来收入自编的《论语文选》（时代图书公司，1934）、《我的话·行素集》（时代图书公司，1934）、《行素集》（香港光华出版社，1941）等集子中。为什么？他这是要将"笑"与"幽默"区别开来。还有，林语堂的生活艺术也受到尼采的影响。在尼采的生活哲学里是否定"匆忙"的。他认为在古代，"悠闲"和"优雅"是美德。古希腊人是很安闲的，他们没有那么多事情要做，经常在太阳下活动。古希腊"文里学校"这个词，意思就是闲暇，上学就是不用做事了，可以看书、思考、讨论问题，这才是值得向往的生活。现代人正相反，勤劳和精明是美德，闲暇和沉思使人内疚。古代人忌讳太珍惜寸阴，主张对俗务不动心，关心的是永恒；现代人却只对当下的利益认真，变成了日子的奴隶，是悬挂在瞬间之网上永远挨饿的人，那种狂躁不安的匆忙，是因为内在的空虚，没有灵魂，所以忙于外部的事务，想用这来填补和掩盖空虚。

譬如，弗洛伊德的《笑话与无意识的关联》（*Jokes and Their Relation to the Unconscious*）（1905 年）仅仅只是世纪交替时，在欧洲与美国出现有关于笑话的众多重要研究作品之一。1898 年，李普斯（Theodore Lipps）出版了《滑稽与幽默》（*Komik und Humor*）；1900 年，亨利·柏格森（Henri Bergson，1927 年诺贝尔奖得主）出版了《笑论》（*Le rire*）；1908 年，路易吉·皮兰德娄（Luigi Pirandello，1934 年诺贝尔文学奖得主）出版了《幽默论》（*L'Umorismo*）。除了皮兰德娄的《幽默论》之外，上述论文都引述于林语堂关于幽默的小品文之中。

譬如，萧伯纳（George Bernard Shaw，1856—1950）是著名的爱尔兰作家，因其作品充满理想主义和人情味，以及那种激动性讽刺常含蕴着一种高度的诗意美，而成为 1925 年诺贝尔文学奖得主。美国现代女舞蹈家邓肯曾对萧伯纳表示，如果以她的身段配上萧伯纳的大脑，那一定能生出世界上最完美的孩子。萧伯纳不假思索地回答："不成啊，如果生出来的孩子是我的身段，加上你的大脑，那可怎么办？"这个笑话足见萧伯纳式的幽默与智慧。他也是以创作大量这种幽默与智慧的作品而获取幽默家的头衔。

1921 年，萧伯纳写了一篇有关"新剧种"，即"悲喜剧"的文章，悲喜剧是伴随着 19 世纪的"新时代女性"而出现，其利益与所关心的事物，超越了传统的界限，并开创了一个新的话语空间。萧伯纳认为"悲喜剧"的兴起，是因为悲剧与喜剧的"通俗"与"典型"概念已经不再能满足人们的需求："按照一般的说法，悲剧是沉重的戏，到了最后一幕，剧中人一个个接连死去；而喜剧是轻松的戏，末了剧中人一对对终成眷属。"萧伯纳以婚姻关系来定义"悲喜剧"这个新剧种。在人们对传统的悲剧与喜剧感到不满足的时候，悲喜剧"开辟了通向新型喜剧的道路，这种喜剧比以灾难结束的悲剧更悲，正如不幸的或者甚至幸福的婚姻，都比火车事故更可悲一样。"[1]

林语堂在乔治·梅瑞迪斯的《论喜剧与喜剧精神的用途》（1877年）一文中，发现一种"温柔"的笑声，"是出于心灵的妙悟"，而不落入愚鲁的"嘲讽圈套"。在萧伯纳的喜剧论中，得知"妇女地位的提升，她们可以自由展现自己的智慧"，人生是应该追求幸福快乐的。

林语堂的杂文，颇有萧式"激动性讽刺"的特征。譬如，他在谈到言论自由时说："人类虽有其语言，却比禽兽不自由得多。"这与萧伯纳过沪时所说："唯一有价值的自由，是受压迫者喊痛之自由"，有异曲同工之妙。我们所需要的，正是喊痛的自由，并非说话的自由。不过，如何喊痛，与畜生不同，是需要有些技巧的。林语堂后来在《自传》中略带讽刺地总结：我们所得的出版自由太多了，言论自由也太多了，而每当一个人可以开心见诚讲真话之时，说话和著作便不能成为艺术了。这言论自由究有甚好处？那严格的取缔，逼令我另辟蹊径以发表思想。我势不能不发展文笔技巧和权衡事情的轻重，此即读者们所称为"讽刺文学"。我写此项文章的艺术乃在发挥关于时局的理论，刚刚足够暗示我的思想和别人的意见，但同时却饶有含蓄，使不至于身受牢狱之灾。这样写文章无异是马戏场中所见的在绳子上跳舞，需眼明手快，身心平衡合度。萧伯纳则是自由自在地用语言进行讽刺和创出幽默，从中表现出独特的个性。

1933 年 2 月 17 日，身兼世界反帝大同盟名誉主席的萧伯纳，环游世界途中在上海停留了一天。于是，上海滩上刮起了一股"萧"旋风。一向不愿应酬的林语堂，也卷入了这股旋风之中。

中国民权保障同盟的负责人宋庆龄，也是世界反帝大同盟名誉主席，接待萧伯纳由她和世界笔会中国分会共同组织。林语堂是中国民权保障同盟的宣传部主任，早在 20 世纪 20 年代就向青年学生推荐过"萧伯纳戏剧及序言"，并发表研究萧伯纳的文章《问竺震旦将何以答萧伯纳》，1931 年又翻译出版了萧伯纳原著的《卖花女》的"汉英对译"版本，当下又是红遍上海滩的"幽默大师"，加之英文又好，迎接萧伯纳的人员中就自然有了林语堂。

接待本身就很是幽默。诺贝尔文学奖得主，幽默大师的到访，当然是年中盛事。上百名记者一整天在港口迎接这位国际知名作家，最终却扑了一个空。17 日凌晨，林语堂便陪同宋庆龄去新关码头迎接。接到萧伯纳后，避开了媒体的追踪，将萧伯纳送至中央研究院直接和蔡元培会面。中午 12 时，宋庆龄在家里用中式菜肴招待萧伯纳。第二天，上海各大报纸都登了一张现代中国文化史上著名的照片：萧伯纳与宋庆龄、蔡元培、鲁迅、林语堂、伊罗生（Harold Issacs）、史沫特莱（Agnes Smediey）等在宋庆龄花园的合影。

那天在午饭前的空闲时间，萧伯纳坐在靠近火炉的大椅子上，精神矍铄，态度闲适，林语堂上前去与他闲谈起来。他们谈到赫理斯和亨德分别为萧伯纳写的传记。林语堂说，赫氏的传记比亨氏的文章好。

"文章好，是的。"萧伯纳回答，"但是赫理斯这个人真没办法。他穷极了，所以要写一本耶稣的传，书店老板不要，教他写一本萧伯纳的传。这是他作传的原因。但是他不知我的生平，他把事实都记错了。刚要脱稿时，他不幸逝世，将手稿托我出版。我足足费了3个月光阴编改纠正及增补书中所述事实，但是，赫氏的意见，我只好让他存在。"

"赫理斯说他原要写耶稣的传，但是据说下笔时情感太冲动了。所以写不下去。"林语堂尽量利用自己所掌握的材料来搭话。

"是的。赫理斯遇见狂浪的人在座，他便大谈起耶稣人格之崇高，但是与安立甘教牧师同席时，他又大放厥词——如同巴黎最淫荡的神女交谈一般……他死时，只留给他妻子两袖清风。"

林语堂顺势问道："我想他的妻子现在可以拿到这本书的版税了吧?"

"自然的。可笑的是，有些我的朋友写信给我，对书中许多奚落我的话提出抗议，说赫理斯不应该说这些话，而我却很希望他发表。其实这几段话是我自己写的。"

林语堂仔细地观察萧伯纳讲话时的神态，见他浅蓝的眼睛不时地闪烁发光，使人觉得他是神经敏锐的人，有时又似怕羞的神情。最特别的是他如有所思时，额头一皱，双眉倒竖起来，有一种特别超逸的神气，这就是萧伯纳的讽刺画中常看见的有名的眉梢。而那种近乎赤裸的坦诚和自嘲的风度真正体现了"俳调之神"。幽默的奥秘就在于怡然自得，自己照镜子坦率面对自我，撕掉任何虚伪的面具。这需要一种豁达的胸怀，对自己的不足之处亦能坦然处之。

在席间，萧氏谈到素食、中国家庭制度、大战、英国大学的教授戏剧、中国茶等问题。他只是在学用筷子夹物之时，随便扯谈，相当自在。然而在林语堂听来，真如看天女散花，目不暇接。想到他书中纵横古今语出惊人的议论，尽生敬畏之感，然而亲见其人，却是质朴无华的文人本色。此刻，林语堂想起了萧伯纳素来以真话为笑话的名言。常人每以为萧氏的幽默出于怪诞神奇，却不知这滑稽只是不肯放诞，不肯盲从，撇开俗套，说老实话而已。

餐后大家到花园里。一缕清淡的阳光射到萧翁的白发苍须上，又给这位老人平添了一种庄严的美丽。"萧先生，您福气真大，可以在上海看见太阳。"有人说。

"不，这是太阳的福气，可以在上海看见萧伯纳。"萧氏机智地回答。

林语堂立即联想起默罕默德的名言："默罕默德不去就山，让山来就默罕默德。"

据宋庆龄回忆，她原本想让萧伯纳和鲁迅对话的，可是林语堂的英文会话水平较高，同时又主动向萧氏讨教，所以在客厅和餐厅里，滔滔不绝的林语堂成了萧伯纳的主要对话者，而鲁迅反而没有机会同萧氏谈话。[2]

中国"幽默大师"和爱尔兰幽默家的这一次历史性的相会，林语堂满怀深情地把细节、感受等记录在《萧伯纳一席谈》里。

林语堂1923年就开始提倡幽默，1932年创办的《论语》更是一份倡导幽默的刊物，而且在这份刊物的创刊号上，就载有自己撰写的《读萧伯纳传偶识》，内含：一、读《萧伯纳传》偶识：（一）王尔德善谑；（二）赫理斯论作文要诀；（三）作外国文之难；（四）不朽之新法；（五）文人与洗服匠；（六）萧伯纳一人三父；（七）吃荤吃素与女人；（八）萧伯纳之谨愿；（九）萧伯纳论君子小人之分。二、再谈萧伯纳：（一）萧伯纳的传记；（二）萧伯纳的法螺；（三）萧伯纳论耶稣；（四）幽默秘诀；（五）萧之自述；（六）萧伯纳论金钱。三、读《邓肯自传》。四、谈牛津。五、哥伦比亚大学及其他：（一）美国大学成绩不亚于中国大学；（二）博士论文不怕没材料；（三）博士论文做法；（四）哥伦比亚函授学校之招生。[3]

萧伯纳虽然只来上海一天，却对上海开始升温的"幽默热"起了催化的作用。正如鲁迅所言："轰的一声，天下无不幽默……"[4]林语堂更是大借东风，不仅对萧伯纳的演讲、著作做了研究的准备，还顺势推出了系列文章。梳理一下他此时的文字活动，便略知一二。

1933年2月17日，所撰《有不为斋随笔：再谈萧伯纳》载《时事新报·星期学灯》的"欢迎萧伯纳氏来华纪念专号"。所撰《谈萧伯纳》载本日《申报》第16版"自由谈"栏目，本日所刊为第一节"萧伯纳的传记"。

1933年2月18日，所撰《谈萧伯纳（续）》载本日《申报》第19版"自由谈"栏目，本日所刊为第二节"萧伯纳的法螺"。

1933年2月19日，所撰《萧伯纳（续）》载本日《申报》第18版"自由谈"栏目，本日所刊为第三节"萧伯纳论耶稣"。

1933年2月23日，所撰英文文章 A Talk with Bernard Shaw（《与萧伯纳交谈》）载《中国评论周报》第6卷第8期的"小评论"专栏。

1933年3月1日，所撰《天下第一不通文章》《萧伯纳与上海扶轮会》《萧伯纳与美国》《水乎水乎洋洋盈耳》《欢迎萧伯纳文考证》《有不为斋随笔：再谈萧伯纳》等短论长文载《论语》第12期"萧伯纳游华专号"。《水乎水乎洋洋盈耳》这篇欢迎萧伯纳来华的文章，后收入王君、蔡又培校订的《幽默小品文选读》（大光明书局，1935年），以及唐宗辉编的《分类小品文选》（仿古书店，1936年）。《欢迎萧伯纳文考证》一文，内含2月17日《时事新报·青光》刊登的由顾瑞民撰写的《萧伯纳来了》一文，并穿插林语堂对顾瑞民文中部分内容的考证。

林语堂的系列文章给读者提供了了解萧伯纳的相关信息，譬如在《萧伯纳传记》中说："最近有两本萧伯纳的传记出版，一本是亨德生（Arehibald Hendersen）所作。""亨德生是萧氏的老友，这本书是特得萧的许可而作的，是唯一Autheorized的萧传。""但是我到底喜欢赫理斯（Frank Harnis）所作的传，而不喜欢亨传。理由很简单：赫理斯是个文人，天才作家，而亨德生确是规规矩矩编撰人而已。"在《萧伯纳的法螺》中则说："赫传态度之长处，可由以下数段证明。赫理斯挖苦萧伯纳，说萧一面表示痛恨美国，一面却全盘抄袭美国的广告宣传法……这便是萧氏法螺之一斑。"在《萧伯纳论耶稣》中又说："据萧伯纳言（《安得罗克利思与狮》之序言），耶稣是革命的理想家，是共产共妻之始祖。""但是对于耶稣个人做基督，自称上帝之子，能复活升天等传说，萧伯纳是绝对排斥的。"

《论语》半月刊还特意推出专号，积极地将"幽默"观念推荐给中国人，一时之间，从上海的新闻媒介到街头巷尾，人们无不以谈"幽默"的话题为时髦。1933年的文坛，也被称为"幽默年"。而此时的林语堂，已经是上海滩上有头有脸的人物了，能入他法眼者并不多见，尤其对西方的许多文化名人他并不喜欢，因为西方人思想太过理性，而心灵又焦虑不安和太过急躁，全然不懂生活的真义。对萧伯纳则不同，因为在萧伯纳身上有着中国古代文人的儒雅大度和仙风道骨。对智慧的追索，通过对生活的肯定，用幽默来代表智慧，这是林语堂与萧伯纳相同之处。

当然，也有人对萧伯纳的来访与林语堂提倡幽默持不同态度。"爱尔兰大戏剧家萧伯纳忽然心血来潮，想到万方多难的中国来游历。他还没到中国之先，就有一些中国人像煞有介事般忙着筹备欢迎。""笔会本是国际作家联络感情的机关，遇有外国作家到中国来，由笔会去招待或欢迎，这是很适当的。不过，连梅兰芳也弄到笔会去，这真是怪事。""真正爱萧伯纳的人，应该鼓励他逼迫他多说点'正义人道'的话，少'幽默'一点。中国本身及所有的人民几无一不'幽默'，'幽默'故毋须乎到外洋去学。像外洋回来的林语堂博士主编的《论语》，其中'幽默'还多半是从中国古书上抄来的。年来，许多下流行为、下流文章，都借了'幽默'做外套。这样下去，'幽默'将成祸水！假使林语堂博士不是每年有几万元（据说）的版税可以'不劳而获'，恐怕他不但'幽默'不成，连烟也不能尽量的吸吧？于是我们知道：要吃饱了饭，无事可做的人，才能从事'幽默'。"[5]

1933 年 5 月 28 日，林语堂所撰《萧伯纳论读物》载本日《申报》第 14 版"自由谈"栏目。正文有林语堂的说明文字："四月二十九日英国《披亚孙周刊》（*Pearsons Weekly*）载萧伯纳对香港大学学生的训话，说穿读书秘诀，而痛诋时下记问之学，误人子弟。证之东方郑板桥所谓读书人应竖起脊骨的话，当可知古今英雄所见略同，决不是滑稽骗人的话。青年不速竖起脊骨，道听途说，人云亦云，骗分数，骗文凭，答先生所要你答，而取得甲乙优上以自豪者，读此应当有觉悟上当之聪明，若并此聪明而没有，便只好取文凭，做洋八股，赶紧得秀士、硕士，甚至博士，为社会有用人才，候人宰割。该篇原系纪录式，不署名，兹特为译出并介绍。"可见，在学校教育问题上，这两个东西方的"幽默大师"也有相同的认知。所以，当"萧"旋风刮过之后，林语堂仍然关注萧伯纳。1935年9月16日《宇宙风》第1期开始连载戴维斯（W. H. Davies）原著、黄嘉德翻译的《流浪者自传》（*The Autobiography of a Supertramp*），同时刊登有"语堂"撰写的引言及《萧伯纳序》。文末标注："《流浪者自传》以后在本刊逐期发表"。林语堂撰写的引言后收入黄嘉德译的《流浪者自传》（西风社，1939年），题名改为《林语堂序》。

注释

[1] George Bernard Shaw, ToIstoy Tragedian or Comedian? (1921) (2000), 430–431.

[2] 宋庆龄：《追忆鲁迅》，《文艺论丛》1977年第1辑。

[3] 林语堂：《有不为斋随笔：读萧伯纳传偶误》，《林语堂名著全集》第13卷，东北师范大学出版社1994年版，第330–365页。

[4] 鲁迅：《花边文学·一思而行》，《鲁迅全集》第5卷，人民文学出版社2005年版，第499页。

[5] 陶丽丝：《从萧伯纳说到梅兰芳、林语堂》，《新时代》1933年4月第3期。

双语星座的"缘"与"怨"

林语堂与赛珍珠

　　林语堂是中国人，是一个以英文为母语的作家，译著了 30 余部有关中国的作品，改变了过去西方世界"辫子 + 小脚 = 中国人"的认知，领略了中国人的诗意人生。赛珍珠（1892 年 6 月 26 日—1973 年 3 月 6 日）是美国人，是一个以中文为母语的作家，译著了 70 余部有关中国的作品，向西方人阐释，呼风唤雨的"龙"，不是什么邪恶的象征，而是中华民族的品格与意志。1931 年，赛珍珠《大地》出版，连续 22 个月荣登美国畅销书榜首；1937 年，林语堂《生活的艺术》面世，便立即被美国"每月读书会"选为当月的特别推荐书，之后连续 52 周都列美国畅销书排行榜之首。林语堂、赛珍珠的文学作品改变了长久以来西方人心目中中国人的负面形象。在林语堂的文学生涯中，假如没有赛珍珠为他搭建走向世界文坛的桥梁，《吾国与吾民》后一系列用英文书写的作品能否产生是个未知数。毋庸讳言，林语堂和赛珍珠夫妇在长期的合作中建立了深厚的友谊，但由于文化的隔膜和价值观的差异，最终还是导致了他们的决裂，这也是世界文坛上的一件憾事！

相识相知　文坛结缘

赛珍珠于林语堂是先读其文后识其人。"我在中国南京时经常阅读《中国评论周报》，尤其是'小评论'专栏的文章吸引了我的视线……我开始注意到'林语堂'这个名字。我经常向别人打听'林语堂'是什么人。"[1]引起赛珍珠注意的是林语堂主持的"小评论"专栏的文章，"无论是谈日常生活、政治或社会，都写得新鲜、锐利和确切。"[2]经了解，原来林语堂还创办了《论语》等刊物，在文坛上已经获得了"幽默大师"的称号。她佩服林语堂无畏的精神。

与此同时，林语堂也开始关注赛珍珠，所撰短论《白克夫人之伟大》载《论语》第24期，文末以补白的形式附有《白克夫人论教士（纽约演讲）》是林语堂据白克夫人（赛珍珠）在纽约的英文演讲自译而成。林语堂评价赛珍珠"在美国已为中国最有力的宣传者，但在吾国，知之者尚少，其小说《福地》，在美国文坛上已博得最高声誉，并获得一九三二年Pulitzer一年间最好小说之荣誉。并在宣传上的大功，为使美国人打破一向对华人的谬见，而开始明白华人亦系可以了解同情的同类，在人生途中，共尝悲欢离合之滋味。""白克夫人生长中国乡下，故能了解赏识中国之平民。高等华人与白克夫人所不同者，夫人知农民之甘苦，而中国士大夫不知也。"[3]1933年10月2日下午，赛珍珠及其丈夫、女儿乘坐"康脱罗素号"轮船抵达上海。[4]4日下午4时，应笔会、中国评论周报社、星期三周报社与现代文学社的共同邀请，赛珍珠于上海福开森路 393 号世界学社演讲《新爱国主义》，英文与中文混杂，历时半小时。林语堂负责将赛珍珠的演讲词译成中文。[5] 1933 年，赛珍珠小说《大地》改编为电影时，林语堂曾被聘请担任该片顾问，负责修改剧本。[6] 1934 年 1 月 4 日，林语堂所撰英文书评 All Men Are Brothers（《评赛珍珠〈水浒传〉英译本》）载《中国评论周报》第 7 卷第 1 期。同年 3 月 10 日又刊发《水浒西评》，说"白克夫人以四年之精力，把七十回《水浒》译成英文，去冬美国、英国同时出版，改名为 All Men Are Brothers（《四海之内皆兄弟》）。这在一切英译小说的事业上，可谓破天荒的工作。""幸而白克夫人有此勇气，又因她已享文坛盛名，书局愿意出版，白克夫人又译笔极高雅，态度极负责，中国第一流作品居然得保存真面目与西人相见。"[7]

"1934 年左右，主持的杂志《人间世》严重亏损，又与多年好友鲁迅断交，而就在林语堂最倒霉的时候碰到了赛珍珠。在一次饭局结束后，赛珍珠说：'各位如果有新作，我可以做介绍人，在美国刊行'。大家觉得是客套，也没当真，而林语堂当晚就把自己在英文报纸上发表的几百篇短评翻出，送到赛珍珠下榻的酒店"。这种民间传闻显然与事实不符。实际上是 1933 年赛珍珠到上海后，联系上了在上海文坛上已是举足轻重的林语堂。林语堂邀请赛珍珠到自己那个拥有"有不为斋"的花园洋房里吃饭。两人相谈甚欢，发现彼此有相通的文化观，对中西文化融合的体认一致，主张中西融合。他们谈起了以中国题材写作的外国作家，赛珍珠感叹想找一位能用英文来写一本介绍中国的书的作者太难了！她要求作者既能真实地袒露中国文化的优势和劣根，揭示中国文化精神的内核，又要在技巧上具有适合西方读者口味的那种幽默风格和轻松笔调。林语堂突然说:"我倒很想写一本关于中国的书,说一说我对我国的实感。""那么为什么不写呢?你是可以写的。"赛珍珠十分热忱地说:"我盼望已久,希望有一个中国人写一本关于中国的书。"[8] 于是二人一拍即合。

林语堂自第 3 卷第 27 期(1930 年 7 月 3 日)起,主持《中国评论周报》的"小评论"专栏。《中国评论周报》第 4 卷第 18 期(1931 年 4 月 30 日)刊登了一则《启事》("Notice!"),内称林语堂将赴国际联盟(League of Nations),所以"小评论"专栏将停刊一段时间。从第 4 卷第 20 期(1931 年 5 月 14 日)起改由全增嘏主持。1932 年 6 月 16 日《中国评论周报》刊发消息:"林语堂博士已从欧洲归国,本专栏今后将由林博士与全增嘏共同主编……"1934 年 7 月 12 日,林语堂撰写的 Aphorisms on Art(《关于艺术的格言》)载《中国评论周报》第 7 卷第 28 期。文末载有一条启事,称林语堂夏天将离开上海,所以无法再向"小评论"专栏投稿。这就是林语堂以度假之名,去庐山为自己第一部用英文介绍中国的书做最后的定稿。

1935 年,*My Country and My People*(《吾国与吾民》)由赛珍珠介绍给美国纽约 Reynal & Hitchcock 公司出版,并亲自向西方世界介绍这部"伟大的书籍"。她兴奋而又理性地写道:"它满足了我们一切热望的要求,它是忠实的,毫不隐瞒一切真情。它的笔墨是那样的豪放瑰丽,巍巍乎,焕焕乎,幽默而优美,严肃而愉悦。对于古往今来,都有透彻的了解与体会。我想这一本书是历来有关中国的著作中最忠实、最钜丽、最完备、最重要的成绩。尤有宝贵者,他的著作者是一位中国人、一位现代作家；他的根蒂巩固地深植于往昔，而丰富的鲜花开于今代。"[9]《吾国与吾民》出版之后4个月就重印了7次，登上了畅销书排行榜，同时还译成多种欧洲文字，也同样大受欢迎。赛珍珠一生致力于以写作向美国人介绍中国文化，但她向外国人介绍的中国文化，必定是外国人眼中的中国文化，而这位有着"幽默大师"之称的中国人，下笔就能抓住中国文化的特征，那些要点正是赛珍珠有所意会又难以言传的。

林语堂的人生自此来了一个大的转折，他接受了赛珍珠的劝说，决定赴美写作。1936年8月10日，林语堂在上海外滩坐上了"胡佛总统号"海轮赴美。在旧金山上岸后，又乘火车走了3天，到美国东部的宾夕法尼亚州，因为赛珍珠的家就在宾州拍卡西镇。到纽约定居前，林语堂一家人就先住在赛珍珠乡下的农庄里。赛珍珠及其新丈夫查理·华尔希热情地接待了林语堂的一家。根据赛珍珠的养女珍妮丝和林语堂的女儿回忆，两家人平常也交情颇深，经常一起聚餐，孩子们也常在一起耍闹。

林语堂没有忘记到美国来是写书的，写什么，当然有自己的主张，但也要听美国朋友的建议。生活在高度工业化的西方社会中的现代人，被飞速的生活节奏压得喘不过气来。既主编《亚细亚》杂志，又经营约翰·黛出版公司的查理·华尔希告诉林语堂，美国读者非常希望看到一本全面论述"艺术化人生"的书，这才促成他继续写《生活的艺术》。在写作过程中，他边写边将稿子送交华尔希和赛珍珠夫妇审阅，并高兴地接受他们对书稿的宝贵意见。在此后很长一段时间里查理·华尔希实际上成了林语堂著译出版的经纪人，而林语堂也在很长时间内将自己很有卖点的力作都交给约翰·黛公司出版。

林语堂准备写《京华烟云》时已四十有三，之前也没有写长篇小说的经历，自己心里很虚，廖翠凤对此也不以为然。此时，林语堂征求赛珍珠夫妇的意见，得到他们的赞同。华尔希还提醒林语堂，一定要以纯中国小说的笔法写，不可简单模仿西方小说，因为西方读者最讨厌这样，华尔希甚至希望他在创作时非中国小说不读。《京华烟云》的书稿写完一部分，林语堂就将它装成一册，寄给赛珍珠夫妇过目，征求他们的意见，这样书稿完成，赛珍珠夫妇也基本读完。最后一册寄出，林语堂将书稿杀青的消息告诉赛珍珠夫妇。赛珍珠夫妇则在电报上表达这是"多么伟大的创作！"给予林语堂肯定与鼓励。

《生活的艺术》《京华烟云》等具有世界知名度的作品，一部一部地成功推出，直至赛珍珠推荐林语堂为诺贝尔文学奖候选人。林语堂后半生人生格局和文化地位有了彻底的改变。当然，赛珍珠也并不是免费帮林语堂发行作品，赛珍珠从这里面获得了不菲的收入。但是，林语堂、赛珍珠肯定不是为了名利才走到一起的。因为赛珍珠寻求合作者的条件是"他们的精神伟大足以保持其纯洁而不致迷茫于时代的纷扰中。利用历代积累的诡辩与学识、幽默足以观察人生的本来面目。精明足以了解自己的文化，更能了解别人的文化。智慧足以选择他们原来固有的而为纯粹真实的事物。"[10] 至于林语堂远离故土去美国的原因，为名、为利、为避乱等众说纷纭，但为赚钱之说肯定没有依据。林语堂离开上海之前，收入是同时期作家中屈指可数的：开明书店有 8000 元的股份、《宇宙风》杂志的股份 400 元，人寿保险 7000 元，中国银行存款 2000 元，《开明英文读本》等书每年有版税 6000 元，《吾国与吾民》的版税已收到 6000 美元，还有零星文章的稿费，足以够他过上安逸舒适的生活。而去美国做自由作家，一切都是未知数。他们的合作首先是一份文化的热情。

尤其值得注意的是，20 世纪 30 年代后期林语堂受到左翼文艺工作者的广泛质疑和批判，而赛珍珠在为林语堂《讽颂集》所写的《导言》中宣称："他的作品说明了他这个人，这本书则更能说明他是什么人。这里收的文章，也许是最适合林语堂的才能的，当然毫无问题，他是一个有才能的人。这些文章代表了他的思想的锋芒直刺的特质，他们都是他的才智的天赋的表现。"赛珍珠从中看到的是林语堂"思想的锋芒直刺的特质"和"他的才智的天赋的表现"。"这种短而辛辣的文章，林语堂写了有一年多。这一本书便是以这些过去与现在的作品编辑而成的。但并不是全部都在这里，因为有一部分有实践性，现在已不适宜了。但这里的一些文章，也已经足够表现其多样了，而林语堂所喜欢的也便是多样，虽然他对于一件事情发生很深的兴趣时，他也能执着得很久很深。"[11]

基督背景　双语人才

20 世纪的世界文坛，人才云集，站在精英与大众、东方与西方、传统与现代结合的十字路口，赛珍珠和林语堂能"人以群分"在一起，是因为他们有着很多的共通性：他们都有基督教的家庭背景，都接受了基督教和儒家思想的双重教育，都崇尚中国传统文化，都能熟练地使用中英文写作，都致力于中西文化的交流，都信奉文化的普遍性和超越性理念等。

赛珍珠，本名是 Pearl Buck（珀尔·巴克），出生于美国西弗吉尼亚州，父亲是一名传教士，她在 5 个月大时随父亲前往中国江苏，直到 1911 年长大成人后才离开中国，回到美国上 Randolph-Macon Woman's College。1914 年毕业后她又回到中国。1917 年赛珍珠嫁给了农业经济学家传教士约翰·巴克，随后他们举家移居到安徽省宿州。那段淮河旁小镇里生活的经历，成为她日后创作《大地》中的重要题材。1920 年全家迁往南京，夫妻两人同时任教于南京大学，1924 年他们回美国休假期间，赛珍珠在康奈尔大学获得硕士学位，随后又回到中国南京。

　　赛珍珠在中国的江苏镇江度过了她的童年与少年。在这段语言的启蒙期，她的母亲是她的英文老师，她的小玩伴成为她的方言老师，一名中国学者孔先生负责教授她中文。在双语环境中长大的赛珍珠，熟悉汉语，知晓一些中国风俗习惯。赛珍珠读了大量的中国古典名著，尤其推崇中国小说的写作，这为她日后创作关于中国的小说奠定了基础。

　　1930 年，赛珍珠写了她的第一部"要为无声的中国说话"的《东风·西风》。这部小说以一个中国女人的视角，以第一人称的叙事手法去看世界，看西方，因此这本小说也就被称为"一个中国女人的述说"。1931 年她在南京，用一年时间完成其著名小说 The Good Earth（《大地》）。1932 年凭借《大地》获得美国著名的普利策小说奖（Pulitzer Prize）。1930 年到 1938 年间，赛珍珠写的小说或多或少都与中国有关，作品中的主角也绝大多数是中国人。1938 年她以代表作《大地》和那些以中国农村生活为题材的作品而获得诺贝尔文学奖，授奖词曰："因其对中国农民生活丰富而真实的史诗般描写……为西方世界打开一条路，使西方人用更深的人性和洞察力，去了解一个陌生而遥远的世界。"赛珍珠也因此成为第一位既获得普利策奖又获得诺贝尔文学奖的美国女作家。

站在世界文坛顶峰的赛珍珠继续介绍中国文化和书写中国的故事。抗日电影《龙种》是根据她的同名小说拍成。她还翻译了多部中国文学名著，《水浒传》是其一，并以《论语》中一句话"四海之内皆兄弟"作为书的英文名 *All Men Are Brothers*，还在电影《龙种》中特意突出女主角看这部书……林语堂高度评价她对译介中国文化的贡献：多亏你的译本，使这部名著全球闻名。现在国外甚至有人将施耐庵比作荷马，称赞中国也有《伊利亚特》《奥德赛》那样的作品。

1934 年，赛珍珠原打算回到美国暂住，等动荡不安的中国政局稍微稳定后再重返中国。但随着政权的更替，至 1973 年 3 月 6 日去世，赛珍珠始终未能了却回访自己成长之地的心愿。她在中国生活了近 40 年，她把中文称为"第一语言"，把镇江当作"中国故乡"。她才华横溢，一生创作百余部作品，是世界上最多产的作家之一。最难能可贵的是，她的作品绝大部分是站在中国人的立场，以美中两国人的视角观察，客观地反映了中国的社会状况。

1936—1966 年，林语堂在美国生活和书写了 30 年，其间，林语堂用英文创作或编译了近 30 部著作。从《吾国与吾民》到《朱门》的出版，林语堂与赛珍珠的友谊与合作持续了近 20 年。他大部分有影响力的作品都是由赛珍珠夫妇的 John Day 公司出版，如《吾国与吾民》《生活的艺术》《京华烟云》《风声鹤唳》《印度和中国的智慧》《枕戈待旦》《苏东坡传》《美国的智慧》《寡妇，妾与歌妓》《重编中国传奇小说》《朱门》等。像《生活的艺术》这样的作品，文风恳切朴实，幽默中不失和婉，有着把读者当知心朋友娓娓而谈的笔调魅力。林语堂以东方文明的悠闲反衬美国高度工业机械造成的对人的异化，希望重新唤起人类天性中原本共有的享受生活的意愿，这正好迎合了在高度工业化社会中人们疲惫厌倦的心理。故而，当时在许多西方读者中，形成了一股"林语堂热"。

赛珍珠不仅亲自为林语堂的新著写序，即便是像《偶语集》《雅人雅事》这样的选集也写，还利用自己主管的《亚洲》杂志为林语堂的书籍广为宣传，林语堂也在《亚洲》杂志上撰文为赛珍珠的《大地》写影评，称之为"深刻地反映了真实的中国和人类的本性"[12]。相互鼓励，又互相扶持，他们携手向美国人介绍中国文化。1940年，赛珍珠推荐林语堂为诺贝尔文学奖候选人，可惜正值欧战，诺奖停摆。1950年，赛珍珠再次推荐林语堂，但评审委员会认为他是用英语书写，无法代表中国文学。从陌生到结识，再到成为亲密的朋友，他们有着教育背景、语言能力等共通的合作基础。

尊严权利　结怨决裂

林语堂和赛珍珠夫妇的跨国友谊，曾被国际文坛引为美谈。谁也没料到有着双语作品的两颗双语巨星，从惺惺相惜到结怨反目。

表面看，事情的导火索是由借钱引起。1947年，林语堂为发明打字机耗尽了所有积蓄，一度到靠借债度日的地步，不得已向经济宽裕的赛珍珠求救。向人借钱是伤自尊心的，难以开口，更何况是向美国人，这中间似乎还有一个民族尊严的问题。但林语堂心里认为，其一，两家人平时交往是那么密切，在美国他最熟悉的人也就是赛珍珠夫妇。其二，自己的书绝大多数是由他们的公司出版，或由他们编辑交其他公司出版，现在遇到了麻烦，请他们帮助，不仅是正常，也说明是对他们的信任。再说这个所谓的"借钱"，并非平白无故，而是希望预支自己的版税。不料，见林语堂张口借钱，赛珍珠夫妇一反往日殷勤有礼的常态，冷冰冰地接待了这位倒霉的"发明家"。赛氏夫妇前后判若两人的变化，让林语堂非常伤心，也让他对美国社会有了更深刻的认识，"那时我看见了人情的改变，世态的炎凉。人对我不那么殷勤有礼了"。[13]

实际上，友情的小船不是说翻就翻，其中还有着各种隔膜的累积。1943年《啼笑皆非》一书出版，林语堂对美国政府持严厉批评的态度，这令赛珍珠难以接受。她以为，美国政府包括她为中国抗战出过大力，而林语堂反说美国对日本一直采取怀柔政策，一直在打中国人也打他林语堂的耳光，对此她忍受不了。1944年7月1日，林语堂所撰《啼笑之间》载《敦邻》第2卷第1期。（未署译者名）正文前有说明文字："在重庆政权下多数的英美派最占势力，林语堂更是其中色彩最浓厚代表的人物之一，他留学美国，接近美国式的生活，是第一流的美国醉心派。尤其是由中日事变最初起就住在美国，以得意的英文及著作，担当重庆的民间外交使节工作，功绩颇大。但是最近他的著作调子渐渐改变，于是美国人渐渐敬远着他，由于昨秋在纽约出版的《泪和笑之间》（即《啼笑皆非》，笔者注），他遂被称为'林语堂疯狂了'。他确是疯狂吗？或者为什么被美国绅士们以为是狂人呢？不用说明，读者自能判断。该书是约翰·迪出版公司的战时版，共二百六十一页，由四部廿四章组成，以下择其重要的部分略为介绍。"[14] 称他林语堂"疯了"的人中，就有赛珍珠。而《枕戈待旦》出版，林语堂有明显的"亲蒋"倾向，这让信奉自由主义思想的赛珍珠很不以为然。"何应钦付给了"林语堂"两万美元"的说法在美国流传，赛珍珠就是怀疑林语堂拿政府的钱者之一。林语堂非常恼火，他不理解赛珍珠为什么无中生有，造谣中伤。也许这才是林语堂、赛珍珠之间真正的裂痕。

但这些还没有导致他们决裂。1945年1月26日，旅美印度联盟（The India League of America）在纽约莫德瑞酒店（Hotel Commodore）举办晚宴以庆祝印度独立日。赛珍珠主持晚宴，林语堂应邀发表演讲。此时，赛珍珠与林语堂同为旅美印度联盟名誉主席。[15] 1948年赛珍珠的《水浒传》英译本 *All Men Are Brothers* 由美国纽约的乔治·卖西公司（GRORE Macy Companies, Inc.）推出一个专供限量版俱乐部会员的特别版。该书分为两卷，第一卷卷首载有林语堂"1948年2月在纽约"撰写的导言。同年，纽约的传承出版社（Heritage Press）也推出了这个特别版，同样载有林语堂的导言。1948年林语堂、赛珍珠还共同参与哥伦比亚大学与华美协进社合作办的"中国实况"系列公开讲座。[16] 赛珍珠的演讲时间是4月15日，内容为中国社会生活。1950年，赛珍珠再次提名林语堂为诺贝尔文学奖候选人。[17]

1953年，《朱门》这部小说出版后，林语堂偶然发现赛珍珠夫妇给他的版税很不公道。当时美国的出版公司一般只抽作者10%的版税，而赛珍珠夫妇的公司竟抽走他50%的版税，这还不算，原本应该属于他的版权也被剥夺。自《吾国与吾民》始，19年来林语堂大吃其亏。林语堂的作品在欧美各国都有译本，深受读者欢迎，可以想见林语堂的经济损失有多大！

了解到事情真相后，林语堂非常愤怒，他想不到自己一直以朋友相待的人，竟然那样昧着良心赚他的辛苦钱。难怪当年出版《吾国与吾民》，有人说他大发其财，拿了 3 万美元版税，其实他只拿了 6000 元，原来他一直蒙在鼓里，根本不了解外国版税的情况。林语堂觉得朋友的情谊遭到背叛，他义愤填膺，开始与赛珍珠夫妇清算版税、索要版权，通过律师将意见通知对方，毫无商量的余地。对于林语堂的维权行为，赛珍珠夫妇毫无心理准备，顿时惊慌失措。赛珍珠打电话给林太乙："你的父亲是不是疯了？"[18]这样两人真的闹翻了。

　　值得注意的是，赛珍珠夫妇不仅不认为他们从林语堂身上大赚其钱是错误的，反认为他们对林语堂的支持非同一般，林语堂不顾一切抽回版权，是忘恩负义——自己翅膀硬了——就把他们一脚踢开。林语堂觉得赛珍珠夫妇对他帮助很大，但那与版税是两码事，不能混为一谈，尽管如此，心地善良和性格憨直的林语堂并不认为自己与赛珍珠夫妇的感情完全断绝。1954 年到新加坡就任南洋大学校长时，林语堂还发电报向赛珍珠辞行，结果对方不予理睬，这又一次极大地挫伤了林语堂的自尊心。1955 年，林语堂将《远景》一书交给另一家出版社，与赛珍珠关系彻底破裂。20 年后，林语堂在《八十自叙》中谈到赛珍珠，对她既充满感激，也伤感地说，"我看穿了一个美国人！"[19]

文化差异　情谊有别

　　林语堂一直追求的是近情的哲学，近情是他判断是非的标准。一是由于对赛珍珠夫妇一直有感恩之心，所以在版税和版权问题上从不计较，对方怎么定他都表示赞同；二是林语堂为人正直、厚道，从不把人往坏处想，他怎能想到赛珍珠夫妇会如此昧心地从他身上赚钱呢？赛珍珠是西方法治社会的产儿，以西方文化价值观来看待与林语堂的关系：朋友是朋友，赚钱是赚钱，朋友的钱也是钱，为什么不能赚呢？何况都有合约，法理当然重于人情。各自的价值取向不同，正是两种文化的差异。

中国古代就有了关于朋友的讨论。《颜渊篇》第二十三章就有子贡问友。子曰："忠告而善导之，不可则止，勿自辱也。"实际上，在人伦关系中，"朋友"一伦是最松弛的一种。朋友之间讲求一个"信"字，这是维系双方关系的纽带。但对待朋友的错误，要开诚布公地劝导，推心置腹地讲明利害关系，但他坚持不听，也就作罢。如果别人不听，你一再劝告，就会自取其辱。这是交友的一个基本准则。所以清末志士谭嗣同就认为朋友一伦最值得称赞，他甚至主张用朋友一伦改造其他四伦。其实，孔子这里所讲的是对别人作为主体的一种承认和尊重。而在具体的交往中要比这复杂得多，不同的文化背景更是如此。

首先，中美文化对"朋友"的理解不同。"朋友"这个词在中国人心目中的分量是与生命、人品联系在一起的，所以中国人对交朋友很慎重、很严肃，所交皆是那种你有什么心事都可以向他倾诉的知己。"朋友"在美国人那里只是一个礼貌的称呼而已，握手就是朋友，不管是刚刚认识，抑或是商务伙伴。中美文化中，交友的目的也不同。在中国，交朋友就是结交情谊，作为五伦之一的"朋友"，意味着深厚的亲情和友爱。以获利的目的与他人交往，对中国人来说连友谊都算不上，即便是"四海之内皆兄弟"，也是看重相互依赖的情感。"君子交友不言利"，强调的就是友谊不能以利益为基础，而且利益被视为阻扰真正友谊产生的不利因素。在美国，从中获利是交朋友的一个首要目的。在这种义利观下，你视之为朋友的那个人，到了你真的需要他尽"朋友之道"的时候，他可能会袖手旁观，未必施以援手。因为，在他们的世界里，从来就没有一条如此规定的法律。这也就是为什么赛珍珠觉得没有对不起林语堂，一切皆合乎法理。

其次，中美文化在如何对待朋友、如何维持朋友间的友谊方面也有很大的差异。在中国，农耕文化背景下的朋友，是亲密无间，相互了解，即便是婚姻、家庭、爱情、工资等个人事务乃至私生活，越是共享私密，越是好朋友。这对于美国人来说，是难以想象的。美国人倾向于与他们的朋友保持距离，这是美国友谊的一个主要特征。无论多么亲密的两个人都不能询问、干涉彼此的私事。知道别人的秘密，不是成为好朋友的先决条件，而是朋友之间的禁忌。中国人和美国人交朋友，中国人倾向于认为美国人对朋友不够热心，而美国人可能认为中国人不尊重朋友的秘密和个人生活。

再次，中美文化中朋友之间的责任和义务不同。在中国，对朋友忠实和给予物质上的慷慨帮助是两个不可或缺的道德要求。"为朋友两肋插刀""在家靠父母，出门靠朋友"的注脚，都是要求朋友要有为对方着想、给对方帮助甚至要能为对方牺牲自己的利益。当面对困难时，中国人倾向于寻求朋友的帮助，即给予具体物质的援助。而作为朋友，即便自己有所损失，也要尽量满足其需求。现代工业文明背景下生活的美国人，喜欢独立，不依赖朋友，所以当他们遇到困难时一般不会向朋友求助。此外，与中国不同的是，美国人也没有要求或期望朋友一定得资助的道德观念，拒绝朋友的求助也不会给友谊带来很大的影响，尽管是好朋友，金钱支持是非常罕见的。中国和美国给朋友的情感支持方式也不同。中国人给朋友是提供物质帮助和提供具体的建议。美国人很少在财务上帮助，而是提出解决问题的方法并给予情感的支持。

如果说林语堂、赛珍珠曾经成为朋友具有必然性，那么他们最终的决裂也决不是偶然的，"朋友"在林语堂心目中远远比其在赛珍珠心目中的分量重得多，作为美国人的赛珍珠缺乏了解中文"朋友"这个词的内涵，她的利益观不可能满足作为中国人的林语堂对"朋友"期望值的回报。林语堂自己说"我的头脑是'西方式'的，但我的心是中国的。""心是中国的"意味着他在感情上倾向中国，在现实生活的文化选择和价值取向是偏向中国文化的。曾有人认为赛珍珠是发现林语堂的伯乐和引路的恩人，但是，林语堂却把赛珍珠看作是自己深交的朋友，为什么？因为他认定朋友比伯乐或恩人更为难得，朋友是能够相互交流、相互依赖的。就个性而言，"林语堂生性憨厚，浑朴天真……惟其憨直，惟其浑朴，所以容易上人家的当……"[20] 不管林语堂对之前的版税是不是满意或默认，在借钱之前，他们是朋友，在中国文化中朋友就一切都好商量，互相之间谁获利或谁吃亏都可以不十分计较或计算清楚，同时朋友有难能帮却不帮、有钱却不借违反了中国人朋友之间的相处之道，是对朋友不仁不义之举。因此经历借钱之事后，在林语堂心里，他们已经从朋友变为合作伙伴。

对林语堂而言，自己处于贫困中，赛珍珠不施以援手就是不顾朋友之谊，既然不是朋友，就意味着他们之间商业合作关系多于朋友关系，那就应该按商业规则清算清楚。对赛珍珠而言，林语堂是朋友，因为她多次说过"我的好朋友林语堂"之类的话，但受美国文化的影响，朋友关系对她来说不是永久不变的。她开始跟林语堂结交是出于宣传自己文化观点、寻找中国文化的代言人。后来帮林语堂策划出书并进行大力推荐，客观上促进了林语堂英文著作能够畅销，但主观上而言，决不是单纯地帮助朋友，更多的是为了自己的利益。她在版税方面没有按照美国当时通行的做法而是给予林语堂 50% 的份额，也能说明这一点。另外，作为美国人的赛珍珠也没有把借钱与友谊联系在一起，不知道不借钱会伤害她与林语堂之间的朋友关系，更不可能知道林语堂在借钱遭拒后的心理阴影。所以当她得知林语堂请律师索要版权时非常吃惊。在赛珍珠这边，林语堂的绝交有点莫名其妙，加上两人各方面的分歧，赛珍珠也不再跟林语堂来往，但她远远没有林语堂那么强烈的怨恨，还再次提名林语堂为诺贝尔文学奖的候选人，充分体现了美国人在结交朋友方面的随意和我行我素。

我们今天实施中国文化"走出去"战略，是在全球化的语境下，和林语堂、赛珍珠生活的年代不可同日而语。现在除了商品、资本、技术、能源的流通，还有思想观念和文化产品的流通，我们提出要构建人类命运共同体，建立和谐、合作、互补、互惠原则基础上的人类家园，赛珍珠的文化努力是可以参照的，她从中国传统思想中汲取智慧，倡导文化平等、文化自主、文化尊重和文化宽容，这是极具现实意义的。

注释

[1] 林语堂:《讽颂集·序》,《林语堂名著全集》第 15 卷,东北师范大学出版社 1994 年版,第 1 页。

[2] 林太乙:《林语堂传》,《林语堂名著全集》第 29 卷,东北师范大学出版社 1994 年版,第 114 页。

[3] 林语堂:《白克大人之伟大》,《林语堂名著全集》第 14 卷,东北师范大学出版社 1994 年版,第 104 页。

[4]《美国女小说家赛珍珠到沪 今日在笔会演讲》,《申报》1933 年 10 月 4 日,第 12 版。

[5]《美女小说家赛珍珠在世界学社演讲》,《申报》1933 年 10 月 5 日,第 12 版。

[6] 秋雯:《好莱坞的中国艺人》,《申报》1940 年 3 月 12 日,第 12 版。

[7] 林语堂:《水浒西评》,《人言周刊》1934 年 3 月 10 日第 1 卷第 4 期,第 77 页。

[8] 林太乙:《林语堂传》,《林语堂名著全集》第 29 卷,东北师范大学出版社 1994 年版,第 114 页。

[9] 林语堂:《吾国与吾民·赛珍珠序》,《林语堂名著全集》第 20 卷,东北师范大学出版社 1994 年版,第 4—5 页。

[10] 林语堂:《吾国与吾民·赛珍珠序》,《林语堂名著全集》第 20 卷,东北师范大学出版社 1994 年版,第 5 页。

[11] 林语堂:《讽颂集·导言》,《林语堂名著全集》第 15 卷《讽诵集》,东北师范大学出版社 1994 年版,第 1—2 页。

[12] Lin Yutang. Asia. 1937 年 4 月,第 314 页.

[13] 林语堂:《八十自叙》,《林语堂名著全集》第 10 卷,东北师范大学出版社 1994 年版,第 308 页。

[14] 林语堂:《啼笑之间》,《敦邻》1944 年 7 月 1 日第 2 卷第 1 期,第 23—26 页。

[15] The India League of America, India Independence Day, New York: The India League of America, 1946, p.16

[16]《美国人注意"中国实况" 哥伦比亚大学敦请顾维钧、林语堂演讲》,《申报》1948 年 2 月 3 日。

[17] Lin Yutang, 诺贝尔奖官方网站, http://www.nobelprize.org/nomination/archive/

showpeople.php?id=5492: 浏览时间：2017 年 12 月 22 日。

[18] 林太乙:《林语堂传》,《林语堂名著全集》第 29 卷, 东北师范大学出版社 1994 年版, 第 223 页。

[19] 林语堂:《八十自叙》,《林语堂名著全集》第 10 卷, 东北师范大学出版社 1994 年版, 第 308 页。

[20] 郁达夫:《中国新文学大系·散文二集》导言,《〈中国新文学大系〉导言集》, 贵州教育出版社 2014 年版, 第 194 页。

跨越时空
的交流

思想服老、庄
林语堂与老子、庄子

"思想服老、庄"[1]，是林语堂所遵从的人生准则。直到晚年，在《八十自叙》中他还颇为自信地说："我的雄心是要我写的小说都可以传世。我写过几本好书，就是《苏东坡传》《老子的智慧》。"《老子的智慧》是一本集中介绍道家文化的著作。在书的结构安排上，由两部分组成：一部分是对道家学说的总论，另一部分则是摘译了各家的主要学说。

在《老子的智慧》中，林语堂对老、庄的传统特征做了基本的描述：老子以箴言表达，庄子以散文描述；老子凭直觉感受，庄子靠聪明领悟；老子微笑待人，庄子狂笑处世；老子教人，庄子嘲人；老子说给心听，庄子直指心灵。老子的工于心计是其宣扬抵御机心的反面，庄子的"痴""梦"甚至"呆""傻"自然化，从而使得那种易于变成流俗的小聪明披上了智慧的外衣。

尽管林语堂明确说过，"倘若强迫我在移民区指出我的宗教信仰，我可能会毫不思索地对当地从未听过这种字眼的人说出'道家'二字。"[2] 但是，在"道家"代表人物老、庄之间，林语堂更认可庄子。老子的"谦恭"原则，"激赏失败"的行为，庄子不是很接受。庄子将老子的哲学转化为自己的言谈，并发展为一套完整的"知识、现实、语言"三者无用的理论，强调深切体会人类生命的悲哀。他主张抛弃智慧，但身上却有着洞察宇宙人生的灵性和睿智，也许就因为他体悟到了人类智慧无法解决的痛苦，所以宁可不要智慧，回归淳朴的懵懂；他是自由逍遥的隐士，但身上却有着文人的狂傲，处世尖锐且多有讽刺嘲笑；他的天性自然如同赤子，反对利用心机而伤害人的天性。林语堂更向往庄子的灵性聪慧、自由逍遥和天性自然，独立天地而不傲倪于万物，不谴是非以与世俗相处。故而他在小说《京华烟云》中的描述，以及《吾国与吾民》《生活的艺术》《信仰之旅》等作品中的论述，完全突破了传统淡泊的隐士、诡异的文人、养生的道士的阐释，而成为自己心目中道家形象的典型。

林语堂在作品中以五种方式，对传统意义上的庄子形象进行塑造和阐释。

第一种方式是正面对庄子及其思想进行阐释，如《老子的智慧》用《庄子》中的寓言和哲学思想来解释老子的《道德经》，其中就有许多关于庄子的言论和事迹，从寓言所寄托的思想、性格与特征可以凸显庄子形象；另外，《吾国与吾民》多次提及庄子的哲学和生活方式，《信仰之旅》在大谈信仰与宗教哲学时，也较大篇幅涉猎庄子的思想和特性。称道"庄子的风格是属于一个才智的巨人，再加上玩世的机智，经常准备好的天赋想象力，及一个作者熟练的表现力。"[3] 他的睿智，是看淡世俗生活的哲学之智，是讥笑讽嘲的雄辩之智。他用聪慧去挥洒性情，去体悟人生。

第二种方式是通过作品中的人物形象塑造来实现，如《京华烟云》中顺乎自然的姚思安、姚木兰，《苏东坡传》中任性脱俗的苏东坡，还有《奇岛》中无为而治的劳思和《红牡丹》中温顺柔和的若水，他们身上都有庄子形象的影子。姚思安，充分体现了庄子的淡泊无为，他遇事冷静、从容，对于功名利禄和生死之念都能淡然处之。所不同者，姚思安是在富贵中视金钱如粪土，庄子则穷困潦倒；姚思安是在讨厌权贵的情况下避开，庄子则傲视权贵并常给予讽刺。姚思安身上也有庄子的"无为"，这种"无为"实际上是"大智若愚""难得糊涂"，是"睿智"，是"放任自由"。姚思安无论在家中还是在生意上，都是"无为而治"的，他把家业都交给冯舅爷打理，对其没有任何限制，但冯舅爷却尽心尽力，家里愈发富有。这便是庄子的"无为而有为"，庄子认为大智应藏于大愚之后，治理国家更要放任无为，使百姓自由发展，这是道家生活的一种态度和准则。他们淡然面对世间的一切却是相同的，包括生活、物欲和生死，是远离世俗的超拔，是对生死的淡然。在《奇岛》中，林语堂更把庄子"无为而治"的理想发挥到极致。

第三种方式是化道家的"柔"为"生"。道家认为柔弱是生的类型，而坚强则是死的类型，"人之生也柔弱，其死也坚强。万物草木之生也柔脆，其死也枯槁。故坚强者死之徒，柔弱者生之徒"。[4]在《唐人街》及《奇岛》中林语堂曾谈到坚硬之如牙齿终会脱落，而柔软之如舌头却得长久。在认识到柔弱与坚强的差别后，庄子将老子"柔弱胜刚强""以柔克刚"的思考，发展为"天下之至柔，驰骋天下之至坚，无有入无间"的道家观念。道家认为水是天下

212

最柔软的，"天下柔弱莫过于水，而攻坚强者莫之能胜，以其无以易之。弱之胜强，柔之胜刚，天下莫不知，莫能行"。[5]水虽无形，却能以物聚形，它能屈能伸，浸物于无痕。这种至柔如水的力量，在为人处世上表现为一种低位、忍让与不争的姿态，林语堂深识此中之道。在《唐人街》中，林语堂借冯老二之口"劝人和水一样往低处流，做人不要太露锋芒，要大智若愚，以柔克刚"。[6]

第四种方式是以道家的"无为"来铸造谦逊、忍让、崇尚自然简朴的心灵。林语堂"相信柔的力量，所以相信无为。"[7]道家认为万事万物自有其生长变化，不用以人力多加干涉，这种不加干涉的态度即"无为"。"无为"体现出对人的本真状态的追求，在生活方式上表现为对"复归于朴"的追求。简朴的生活观是林语堂从道家思想中获得的一大启发，这种简朴的生活观表现为对自然的追求和知足常乐的人生态度。林语堂崇尚自然简朴的生活，他晚年没有居住在大都市，而是定居台湾阳明山，日日与自然山光作伴。《京华烟云》中的木兰寄托了林语堂对自然简朴的向往，木兰不过养尊处优的生活，而愿如农家村妇般洗衣做饭，享受生活之乐，《红牡丹》中的牡丹最终也归于平凡的农家生活。知足常乐是人生的一大智慧，"知足不辱，知止不殆，可以长久"。知足常乐是对既有生活的满足，它要求人们不被外部世界所惑，做到不以物累形。林语堂认为《浮生六记》中的陈芸是世间最可爱的女子，不仅因为陈芸爱美爱自然，更是因为陈芸所说的"布衣饭食，或乐终身"与林语堂所崇尚的简朴自适的生活观不谋而合。

第五种方式是将庄子思想作为作品的主旋律贯穿始终，如《京华烟云》引用庄子《大宗师》为题辞贯穿全书："大道，在太极之上而不为高，在六极之下而不为深，先天地而不为久，长于上古而不为老。"《生活的艺术》将庄子对生活的淡然和返璞归真的思想贯穿全书。人无永生，世间没有天堂，我们既然已经在这世间了，只有把尘世当成唯一的天堂，我们才能快乐。林语堂认为这是最优美的生死论，生是死的结束，死是生的开始，生与死循环不断。进一步，庄子又有了"浮生若梦""庄周梦蝶"的遐想，人死后若为大醒，也许那时才知道人生在世不过是一场梦。林语堂既痴迷于庄子将人生比作梦，以敏感的心灵去感受生死，同时又体谅他对人生的困惑。为对庄子内心难以忍受的不安和矛盾，林语堂便把"尘世当成唯一天堂"以安慰。

林语堂在 20 世纪 30 年代提倡幽默与闲适，于是在塑造和阐释"庄子形象"时便将庄子的"恬淡与嘲讽"阐述为"幽默与闲适"。当一个写作者将自己的文化理念在类似的形象中表达出来时，有些高明又有些俏皮。林语堂认为幽默的代表实际上是道家。特别是庄子，林语堂把庄子当成中国的幽默始祖。庄子的幽默，集中在观鱼之乐、蝴蝶之梦、说剑之喻、蛙鳖之语等寓言之中。以庄子为参照系，林语堂梳理出了一个幽默的谱系。最早的幽默可追溯到《诗经》的《唐风》《郑风》中对人生感到空乏、对爱情表达出达观态度的有关诗篇。先秦诸子中，庄子的精神导师——老子，对人文的讥刺以及回到自然的洒脱所显现出来的幽默自不待言。战国纵横家鬼谷子、淳于髡之流，也具有幽默雄辩之才。这两家属超脱派。儒家除孔子外，大多儒者儒服儒冠，一味求官；墨家之徒，节俭兼爱，小农意识；杨朱列子，追求自身的享乐，拔一毛以救天下而不为；公孙龙子，白马非马，是非难分；商鞅韩非子，严刑苛法，不近人情。

1927 年"四一二"反革命政变后，林语堂宣布退出革命，并且为自己找到了很好的借口，"头颅一人只有一个，犯上作乱心志薄弱目无法纪等等罪名虽然无大关系，死无葬身之地的祸是大可不必招的。"[8] 甚至在 20 世纪 30 年代中后期，当全国上下都进一步强调文学与文人的社会职能，"革命文学"日益盛行时，林语堂却反其道而行之，更加强调美好生活的重要。他创办《论语》《人间世》，写小品文、语录体，倡导幽默、性灵、闲适，完全是庄子思维逻辑：庄子生活在"血与火"的大变革时代，权力争夺带来的罪恶与苦难让他触目惊心："今世殊死者相枕也，桁扬者相推也，刑戮者相望也"（《庄子·让王》），"方今之时，仅免刑焉"（《庄子·在宥》）。庄子深深感慨社会动乱中个体生命朝不保夕的残酷，在哲学史上第一次提出"个体生命存在价值"的命题。"自三代以下者，天下莫不以物易其性矣。小人则以身殉利，士则以身殉名，大夫则以身殉家，圣人则以身殉天下。"（《庄子·骈姆》）"今世俗之君子，多危身弃生以殉物，岂不悲哉。"（《庄子·让王》）那么，怎么办呢？庄子说："道之真以治身"（《庄子·让王》），"为善无近名，为恶无近刑……可以保身，可以全生。"（《庄子·养生主》）《庄子》外篇《山木》一节讲过一则寓言：庄子行走山里，见一大树，枝繁叶茂。伐木者止其旁而不伐。问其故，答曰："无所可用"。庄子曰："此木以不材得终其天年！"成此大树为"无用之用"，既安然地享受自然寿命，又让人们大树底下好乘凉。在一定意义上，庄子哲学就是动乱时世的"活命哲学"。这种哲学消极方面为的"全身保生"，"死无葬身之地的祸是大可以不必招的"，"我们不想杀身成仁"；从积极方面讲，则是追求"逍遥自适"，林语堂的"幽默""性灵"，从美学上讲就是要求作家采取超功利的审美观照态度，在天地中诗意地栖居。

一旦认同庄子的"全身保生"，林语堂就"识时务"地调整写作策略。他在《八十自叙》中说："那严格的取缔，逼令我另辟蹊径以发表思想。我势不能不发展文笔技巧和权衡事情的轻重，此即读者们所称为'讽刺文学'。我写此项文章的艺术乃在于发挥关于时局的理论，刚刚足够暗示我的思想和别人的意见，但同时却饶有含蓄，使不至于身受牢狱之灾。这样写文章无疑是马戏场中所见到在绳索上跳舞，需眼明手快，身心平衡合度。"[9] 林语堂为了"不至于身受牢狱之灾"，而"发展文笔技巧"，"发挥关于时局"的"讽刺"。这只是事情的一方面。他调整写作策略之后，虽然十分注意写作分寸，但是他毕竟憧憬自由主义，很多事都如骨鲠在喉，不吐不快！他的《论政治病》《民国廿二年吊国庆》《如何救国示威》《有驴无人骑》《一国三公》《汪精卫出国》《吾家主席》《奉旨不哭不笑》《思甘地》《寄怀汉卿》《捐助义勇军》《岁在壬申》等针砭时弊的幽默小品，还是"讽刺""时局"的文字。

当然，道家文化以保全生命为重的"为我"思想使林语堂找到了精神的慰藉和依托。他说："人生的目的就是为了自己生活，这是多么明显的事实，我们简直从没有想到过，而且和平的时期中我们有时竟会对它发生怀疑。……可是前线的兵士总迟早会觉得躺在床上是文明的至上礼物，而脱了战靴睡觉的生活方式远比穿了睡觉来得真实。"[10] 这时在他笔下更多的是，牙刷、西装、字条、吸烟、喝酒，甚至马桶、浴盆……都可以津津有味地闲谈；他读古书，说古董，谈长袍布鞋的舒适，论品茶之趣，谈午睡之美，说斜卧眠床之乐，完全是一派古代文人的闲情逸致。

林语堂在政治斗争日益激化的 20 世纪 30 年代，有意识地回归传统文化，在儒道互补的整体框架中，自觉地选择"保身全生""安时处顺"的庄子道家学说作为自己安身立命的精神家园。庄子不仅追求"活着"，还要追求活得"逍遥自适"。怎么才能"逍遥自适"呢？庄子采用"齐物"的方法，"与道冥合"。"我们看待人生，不是在谋划怎样发展，而是去考虑如何真正地活着；不是怎样勤奋劳作，而是如何珍惜现在的时光尽情享受；不是如何充分发挥自己的精力，而是养精蓄锐以备冬天的不测。"[11]

林语堂对悠闲生活的崇尚，也是源于老庄。悠闲的生活，必须要有一个恬静的心地和乐天旷达的观念，以及一个能尽情玩赏大自然的胸怀方能享受。要真正领略悠闲生活的乐趣，他必须有丰富的心灵，有简朴生活的爱好，对于生财之道不大在意，这样的人才有资格享受悠闲的生活。庄子说："朴素而天下莫能与之争美。"活得越素简，越能听见内心的声音；生活越是素简，内心越是绚烂丰盈。林语堂说："生活所需的一切不贵豪华，贵简洁；不贵富丽，贵高雅；不贵昂贵，贵合适。"林语堂提倡"悠闲哲学"，他认为这才是智慧的醒悟的人生观，并说："凡是用他的智慧来享受悠闲的人，也便是受教化最深的人。在哲学的观点看来，劳碌和智慧似乎是根本相左的。"他为因追求功名操劳过度的平亚安排了悲惨的结局。他所喜爱的人物，既没有政治上的理想，也不追逐物质利益，他们纵使从事某一工作，也是为了"娱乐烦恼悠长的人生"，绝不是为了某种实际的目的。

爱悠闲的性情是由于酷爱人生而产生，并受了历代浪漫文学潜流的激荡，追随道家承认它是合理近情的态度。绝不是我们一般想象中的那些有产阶级者的享受，"无产阶级的青年作家们指责苏东坡和陶渊明等几位罪恶的有闲阶级的知识分子，这可说是文学批评史上最大错误了。苏东坡诗中不过写了一些'江上清风'及'山间明月'。陶渊明的诗中不过是说了一些'夕露沾我衣'及'鸡鸣桑树颠'。难道'江上清风''山间明月'和桑树颠的鸡鸣只有资产阶级者才能占有吗？这些古代的名人并不是空口白话地谈论着农村的情形，他们是躬亲过着穷苦的农夫生活，在农村生活中得到了和平和和谐的。"[12] 这种消闲的浪漫崇尚，我以为根本是平民化的。

中国浪漫主义者都具有敏锐的感觉和爱好漂泊的天性，虽然在物质生活上露着穷苦的样子，但情感却很丰富。他们深切爱好人生，所以宁愿辞官弃禄，不愿心为形役。在中国，消闲生活并不是富有者、有权势者和成功者独有的权利，而是那种高尚自负的心情的产物，这种高尚自负的心情极像那种西方的流浪者的尊严的观念，这种流浪者骄傲自负到不肯去请教人家，自立到不愿意去工作，聪明到不把周遭的世事看得太认真。这种心情是一种超脱俗世的意识而产生，并和这种意识自然地联系着的；也可以说是由那种看透人生的野心、愚蠢和名利的诱惑而产生出来的。那个把他的人格看得比事业的成就来得重大，把他的灵魂看得比名利更紧要的高尚自负的学者，大家把他认为是中国文学上最崇高的理想。他显然是一个极简朴地去过生活，而且卑视世俗功名的人。这一类大文学家——陶渊明、苏东坡、白居易、袁中郎、袁子才——都曾度过一个时期的官场生活，政绩都很优良，但都为了厌倦那种磕头迎送的勾当而甘心弃官辞禄，回到老家去过退隐生活。当袁中郎做着苏州的知县时，曾对上司一连上了7封辞呈，表示他不愿意做这磕头的勾当，要求辞职，以便可以回家过自由自在的生活。

从一定意义上说，道家也是面向现实的，可它安顿的是从现实出离后人的可能状态。道家更多适合对社会基本状态不满的人群，生活中有挫折感但还不至于厌世的人往往会成为道家的信徒。一个热爱生活的人，对于他应享受的那些快乐时光，一定爱惜非常。然而同时却又须保持流浪汉特有的那种尊严和傲慢。在林语堂的一些文字中，确实包含着庄子道家追求艺术化人生的大智慧，是物欲横流、心态焦灼的现代、后现代社会的清凉解毒剂。

注释

[1] 林语堂：《无所不谈合集》，《林语堂名著全集》第 16 卷，东北师范大学出版社 1994 年版，第 69 页。

[2] 林语堂：《老子的智慧·中国的神仙哲学》，《林语堂名著全集》第 24 卷，东北师范大学出版社 1994 年版，第 17 页。

[3] 林语堂：《从异教徒到基督徒》，《林语堂名著全集》第 10 卷，东北师范大学出版社 1994 年版，第 140 页。

[4] 林语堂：《老子的智慧》，《林语堂名著全集》第 24 卷，东北师范大学出版社 1994 年版，第 274 页。

[5] 林语堂：《老子的智慧》，《林语堂名著全集》第 24 卷，东北师范大学出版社 1994 年版，第 276 页。

[6] 林语堂：《唐人街》，《林语堂名著全集》第 4 卷，东北师范大学出版社 1994 年版，第 149 页。

[7] 林语堂：《从异教徒到基督徒》，《林语堂名著全集》第 10 卷，东北师范大学出版社 1994 年版，第 139 页。

[8] 林语堂:《剪拂集·序》,《林语堂名著全集》第 13 卷,东北师范大学出版社 1994 年版,第 4 页。

[9] 林语堂:《八十自叙》,《林语堂名著全集》第 10 卷,东北师范大学出版社 1994 年版,第 30 页。

[10] 林语堂:《讽颂集》,《林语堂名著全集》第 15 卷,东北师范大学出版社 1994 年版,第 190 页。

[11] 林语堂:《中国人》,学林出版社 2007 年版,第 256、257 页。

[12] 林语堂:《生活的艺术》,《林语堂名著全集》第 21 卷,东北师范大学出版社 1994 年版,第 156−157 页。

行为尊孔、孟
林语堂与孔子、孟子

"行为尊孔、孟"[1]，这是林语堂自己说的。他非常重视儒家文化思想，尤其对孔子、孟子更为推崇。他曾用英文著《孔子的智慧》一书，译者张振玉在《译者序》中总结为：此书是"语堂先生向西方读者介绍孔子思想之作"。全书共十一章，内容构架是：

第一章为林氏之导言，为本书重要部分。本章向西方读者介绍并阐释孔子之思想、人品、风貌。

第二章为孔子传，完全为司马迁《史记·孔子世家》本文。但分为若干章节，并予标题，以便查阅。

第三章为《中庸》原文，也分节标题。

第四章为《大学》原文，也分节标题。

第五章为《论语》。《论语》是孔门弟子记载孔子言行的著作。其中一部分是孔子的再传弟子所记孔子弟子的话。这部书可以说是一部孔门语录。如今我们所见的《论语》是杂乱无章的，也许是秦始皇焚书后，汉儒据记忆写出，未经分题编辑的缘故。本书作者选辑《论语》中与孔子关系重要的部分，认为十类，并予标题，以醒眉目。计为：（一）孔子风貌；（二）孔子的艺术生活；（三）孔子谈话的风格；（四）孔子谈话的霸气；（五）孔子的智慧与机智；（六）孔子的人道精神（论仁）；（七）君子与小人；（八）中庸及乡愿；（九）为政之道；（十）教育、礼与诗。

第六章为孔门教育六科——六艺。

第七章为孔子与哀公论政，选自《礼记·哀公问》。

第八章为《礼记·礼运·大同篇》，是孔子对理想社会的憧憬。

第九章为孔子论教育，选自《礼记·学记》。

第十章为孔子论音乐，选自《礼记·乐记》。

第十一章为《孟子》一书中的《告子上》，以孔门大儒孟子论性善为本书作结。

的确，林语堂对儒家文化的论述，集中在《孔子的智慧》中。在书的结构安排上，由两部分组成。一部分是对儒家学说的总论，另一部分则是摘译了各家的主要学说。对儒家，孔子的《论语》固然重要，但林语堂认为那毕竟是夫子自道的一套精粹语录，要深入理解儒家，尚须参照从《论语》片言只语中阐发出来的《孟子》《礼记》等著作。据于此，《孔子的智慧》的摘译部分主要就来自《论语》《孟子》和《礼记》3本书。在总论部分，林语堂归纳出孔子思想最重要的五个方面，即：政治与伦理的合一；礼——理性化的社会；仁；修身为治国平天下之本；士，作为世人的楷模。这五个方面与摘译部分合起来大致能反映儒家思想的概貌。

林语堂所提倡的儒家思想要与宋明理学相区别，林语堂曾多次批判理学家对孔子学说的异化。在《说诚与伪》一文中，林语堂提出"宋儒出，受了佛教的渲染，也来谈心说性……必欲做到'人欲净尽，天理流行'的局面"。由此儒家思想"由孔子达情主诚的主义，变为冷酷的夺情的主义"。后来的研究者进一步将孔子进行肢解，力求将孔子圣人化，由此孔子"变为一位非常谨饬的平庸塾师，孔子之人情味，遂不可复见。"[2] 在林语堂看来，孔子、子思和孟子的思想是儒家思想的正宗，而宋明理学则使儒家思想走上了异化之路。因此，林语堂提出"今日吾辈之职务，乃还孔子之真面目，让孔子做人而已。"[3]

那么儒家文化的整体特色是什么呢？儒家文化推崇"天行健，君子自强不息"的人生观，相信圆满的人生从"正心、诚意、修身、齐家"的"内圣"工夫做起，向外辐射，最后成就"治国、平天下"的"外王"功业，以"参天地之造化"。在林语堂看来，儒家"以伦理为法，以个人修养为本，以道德为施政之基础，以个人正心修身为政治修明之根柢。"[4] 依孔子的见解，政治的最后理想是属于生物性的。他说"老者安之，少者怀之"，"内务怨女，外无旷夫"。这话不单是对于枝节问题的一种表白，而实是政治的最后目标。孟子说："颁白者不负载于道路矣。"即表示一种优视老年人的意识。"孟子又列述世上四种最困苦的人为鳏、寡、孤、独。他说，第一、第二两种应有一种政治经济的安排方法使他们男婚女嫁，各将其偶。"[5] 林语堂认为孔子所传达出的儒家思想是一种人道主义文化，在儒家这种文化的影响下，林语堂推崇人性，因此他对女性守节、遏制女子性欲、女子缠足等有违人性的思想大力加以抨击，在他看来这皆出于男性的"沙蒂斯姆"心理，即男子性欲变态。在《红牡丹》中，林语堂塑造了牡丹这样一位顺乎人性的女性来与理学家对抗，牡丹不去情欲、不作伪、不矫揉，其言行皆是林语堂对理学之批判。

儒家学派的创立者，"孔子意欲使一切人类天性都得到满足，以为必须如此方能使人在满意的生活中得到道德的和平，只有道德的和平方是真正的和平。这是一种政治理想，其目的在于使政治成为不必要。因为这种和平是发于人类本心，极为稳固的和平。"[6] 这一整套思想体系高度肯定了人性中的善，认为一个人只要顺着自己本性中的善去做、去生活，就可以成为"仁人"，而一个以"仁人"构成的社会，必然有着良好理性的社会秩序和和谐温馨的生活状态。殊不知，儒家文化和欧陆版本的自由主义，在终极目标与深层结构方面有内在的相通之处。社会秩序井然、百姓安居乐业的生活美景，是"两脚踏东西文化"的林语堂心目中理想社会图景的重要组成部分。由此，也激发起他为之奋斗的强烈的入世精神。"五四"新文化运动中他是冲锋陷阵的急先锋，不但用文笔和反动派作斗争，而且还走上街头，在刀枪与弹雨中捍卫自由与尊严。儒家文化以天下国家为己任的思想是他行动的动力与指南。

然而林语堂的思想深处又有着浓郁的出世情结，这与他从儒家文化内部分析出含有儒、道两种文化气质有关。他在大方向上把握了孔子积极"入世"的表现，又重点指出孔子也有"出世"的一面。孔子精通诗书礼乐，有极高的艺术造诣，不管是在从政还是在授徒诸等繁忙的日子，他都要抽空弹琴鼓瑟或歌吟一番，以此来享受闲暇所带来的快乐。《侍坐章》各言心志中，孔子"吾与点也"这种寄情山水的表态，则典型地显露出了孔子与立志建功树业严守儒行的冉有、公西华不一样的一面。把道家当作与人文对举并通过诗乐的兴寄超越出现世，从而把目光投向自然，不难看出孔子内心有道家化的倾向。"穷则独善其身，达则兼善天下"（《孟子·尽心上》），儒道互补更是使林语堂的自由主义社会观在实践起来平添了几分"潇洒"。

林语堂在认定最富智慧形态的学说时有一个基本的判断："唯一重要的哲学问题，关系我们命运的唯一问题，是生存智慧问题。"[7]儒家面对生存的直接状态，对现实人生的关注，正是林语堂"最高智慧"判断的标准。"人的标准就是人"，[8] 这种儒家的精义，又恰恰符合林语堂当时所标榜的德行至上的"人文主义"。他说："'人文主义'（Humanism）含义不少，讲解不一。但中国的人文主义（鄙人先立此新名词）却有很明确的含义。第一要责，就是对于人生目的与真义有公正的认识。第二，吾人的行为要纯然以此目的为指归。第三，达此目的之方法，在于明理，即所谓事理通达，心气平和（Spirit of human reasonableness），即儒家中庸之道，又可称为'庸见的崇拜'（religion of commonsense）。"[9] 由此可见林语堂对人生理解的基本框架：选择正确的人生目的——践行此目的——达此目的之方法（明理）。而这个人生目的有两个基本点，一是做一个好人（或仁人或真正的人）；一是理想的人（"并不是完美的人，而只是一个令人喜爱而通情达理的人"）。当林语堂说"仁的本义应当是他的纯乎本然的状态"时，林语堂所说的人生目的重点就在于后一个基本点："理想的人并不是完美的人，而只是一个令人喜爱而通情达理的人。"由此进一步引申，人生存在的状态就应该是"丢开功名利禄，乐天知命地过生活""热烈地享受快乐的人生"。[10] 人生在世是不完美的，人生须明理（通情达理、同情、近情、"庸见的崇拜"），有限的人生应是一个快乐的人生。这种理解与阐释还有一个前提，那就是对人性善的确信。然而人生是有缺陷的、人性是有弱点的，因此为了"热烈地享受快乐的人生"就必须有一个同情（知罪而宽容）、悲天悯人的人生态度，这就是幽默的态度。

在林语堂眼里，孔子就是一个幽默的人。幽默最明确的表现，在于话语及行为传达出了一种机智，它是内在智慧的一种表现方式。子路问死，孔子智答："未知生，焉知死。"子贡问死者有知乎，孔子说"非今之急，后自知之"，言下之意，等你（子贡）死了，你就知道了。面对横亘在眼前的大川，子曰"逝者如斯夫?"把人生与自然联络，通过引入历史的向度，打通时空的阻隔，变无奈为一种精神的胜利，从瞬间判定永恒。此外，孔子回答人生诸等难题，都充满着机锋智趣。这一切，都基于孔子是一个真实活脱脱的人。他对乡愿人物孺悲，托病不见，却取瑟而歌，使之闻之，大搞恶作剧；他打老人原壤，举杖叩其胫；他骂门人冉有不是他的徒弟，大家可群而攻之，还骂子路不得好死；颜回死，他哭得浑身抽搐颤动；对富的看法，他言辞不加修饰，"富而可求也，虽执鞭之士，吾亦为之"；长期不被重用，他大声喊出"沽之哉，沽之哉，我待贾者也"；燕居时，恂恂如也，完全是一位宽厚仁者的模样；虽偶尔也露点师道尊严，但也不乏与学生开玩笑，所谓"前言戏之耳"即是。《论语》中，孔子的样貌历历可亲。而奇异的效果则是孔子在理解了人性基础上，通过言行表现出来的那种贴切自然，且富有人情味，以致具有了这种深厚心性底蕴以后，在具体的生活境遇时，其反应皆能达到"从心所欲不逾矩"的睿智。即使某些言行放在常人身上可能被认为是滑稽，可是它发生在孔子身上却不一样，由于有理想的崇高感作支撑，那种喜剧般的肤浅能较好地被克服，从而把滑稽提升为幽默。

1928年11月30日，林语堂所撰剧本《子见南子（A One Act Tragicomedy）》载《奔流》第1卷第6期。他在剧本中将南子塑造成一位追求个性解放、主张男女平等的新女性，并与孔子展开了辩论；孔子师徒最后在"郑卫之淫声"和妖冶的舞蹈中落荒而逃。原本想学孔子的"幽默"，不料智慧不逮，惹来了官司和声讨。1933年11月1日，《论语》第28期刊登了一位匿名读者写给林语堂的信——《孔子之苦衷图》，后附林语堂的简短回复："廿六期《孔子之苦衷图》，艺术甚高，命意亦深。其所表现，系幽默的同情，非轻薄的讥笑。汝试将该图剪下，供奉三天，看了再看，便可看出此中况味也。若果不能，则当看时，默思孔子一生困厄之遭际及其悲天悯人之志愿，定可证果也。"[11] "幽默"已然成为林语堂考量智慧的标准，在这种观念的影响下，他在具体生活中也提倡起了幽默，首次把英文"humor"翻译为汉语"幽默"，并且躬身力行，办起了以幽默为主题的杂志——《论语》。此外，还写了一系列的有关幽默的论文。向西方介绍中国文化的智慧时，林语堂几乎把智慧等同于幽默，随着《吾国与吾民》《生活的艺术》两部介绍中国人生活智慧的英文著作在西方的畅销，林语堂也就成了闻名世界的幽默大师。

"幽默到底是一种人生观，一种对人生的批评。"当林语堂将幽默作为人生观来论述时，表述较多的是将幽默作为一种人生态度："幽默只是一种从容不迫达观态度，《郑风》'子不我思，岂无他人'的女子，也含有幽默的意味。""讪笑嘲谑是自私，而幽默却是同情的，所以幽默与谩骂不同。"[12] "我想使幽默一词指的是'亦庄亦谐'，其存心则在于'悲天悯人'。"[13] 林语堂提倡的这些人生态度与孔子很是相近。

"同情"则是幽默作为人生态度的另一表达。"同情于所谑之对象。人有弱点，可以谑浪，己有弱点，亦应解嘲，斯得幽默之真义。"[14] 林语堂所说的"同情"是对人的弱点所具有的罪责感与宽容。这种同情的扩大与深广，就是"悲天悯人"的情怀了。要具有这样的情怀则必须采取一种旁观者的人生立场，"幽默只是一位冷静超远的旁观者常于笑中带泪，泪中带笑。"[15] 可见，同情、悲悯、旁观是林语堂幽默人生观之一种。

"一种比较自然活泼的人生观"，也是林语堂幽默观的一种。他通过对孔子一生的考察，发现孔子在逆境中始终能保持一种积极乐观的心态。据《史记》记载，孔子五十六岁被季氏排挤，丢掉了"摄相位"的高官，被迫离开鲁国，从此过上了十四年颠沛流离的生活。当孔子遭受了十几国国君背信弃义的打击，以致想继续实现匡扶周室、"克己复礼"等政治信念无从落实，又加上匡人围堵、桓魋谋害、陈蔡断粮诸等艰难之事，对于很多人来说，当中的任何一件挫折之事都足以摧毁其人生，可是孔子为实现理想"知其不可为而为之"，带着一种具有强烈悲剧意味的责任感，矢志不渝。他往往能通过如把自己认同于"丧家犬"等自我调侃的办法来瓦解那种单一化的困境，从而找到了一种解决生活与理想冲突的"中庸"之路，进而给生活增加了无限的广度。林语堂认为，智慧或最高型的理想，它的形式就是在现实的支持下，用适当的幽默把我们的梦想或理想主义调和结合起来。

"如果我们是天使，便不需要幽默，我们将整天翱翔在空际吟唱赞美诗。不幸我们生存在这人间世，居于天使与魔鬼之间的境界，人生充满了悲哀与忧愁，愚行与困顿，那就需要幽默以促使人发挥潜力，复苏精神的一个重要启示。"[16] 事实上我们不是"天使"，人间世界有诸多不如意的地方，发现人的缺陷、局限而采取宽容、同情、谅解的态度，这就为幽默感的产生奠定了基础。而由于人生的缺陷和对人的同情（近情），人生也必须要有幽默。林语堂提倡人应以幽默的态度立场方式对人对己。"悲天悯人"是对人的爱心和宽容，这是幽默最为基本的原则，也是他晚年更为强调的地方；"道理参透"是真正理解人的常情和天理，不是用僵硬的逻辑道理和陈腐的道德规范拘束人生；"达观"是坦然面对各种人生缺憾，"冷静超远"是能够超越人生困厄，"亦庄亦谐"是对人生批评的方式，"会心的微笑"是对人对己的过错善意的批评和谅解。由此看来，林语堂提倡幽默、性灵小品文，是有深远考虑的，并非只是"闲适"而已，可以说是一种有文化远见的主张。人虽然被抛在世，但人是具有主动性的生存，对自己的未来有所选择。所以，林语堂才能讲"生活的艺术"，讲如何安排、追求某种人生方式、目标，成就某种理想人格。在观测了中国的文学和哲学之后，林语堂于《生活的艺术》一书的开始就断定：中国文化的最高理想人物，是一个对人生有一种鉴于明慧悟性上的达观者。而结尾则得出这样的结论：近情精神实是人类文化最高的、最合理的理想，近情的人实在就是最高形式的有教养的人。

　　常识、近情是林语堂"有教养人"的两个支点。1932年《论语》第3期上《我们的态度》提出："人生是这样的舞台，中国社会，政治，教育，时俗，尤其是一场的把戏，不过扮演的人，正正经经，不觉其滑稽而已。只须旁观者对自己肯忠实，就会见出其矛盾，说来肯坦白，自会成其幽默，所以幽默文字必是写实主义的。这可以说林语堂已由解读《论语》的幽默阅读法发展为解读社会的幽默阐释法了。他以近情和崇拜常识为依据的幽默阐释法正是为了真切地认识人生，这样的幽默阐释法足以使人清醒地认识人的日常真实的生存状态。

林语堂最大的贡献不在于引进幽默这个概念，或创作一些幽默文章（他的幽默文章如他自己所说并非一流），而是他在中国推广了幽默阅读法。他当时办的《论语》杂志广受欢迎，这实际上是启发了读者的幽默意识，培养了读者的幽默文本接受方式。以这种方式发现中国传统文学、历史人物另一方面的价值。"只有真正伟大而又纯净的心灵才能感受到傍晚路边小草上的露珠打湿衣衫时那份愉悦之情。"[17] 套用这句话说，只有自然、近情、真诚的心灵才能感受儒家代表人物孔子的幽默之处，而林语堂提倡幽默的重要意义正在于可能培养一种健康的活泼的心灵。

在一篇"案语"里，林语堂的孔儒之论更值得我们关注。《论语》第20期刊登了李麦麦撰写的《不要冤枉宰予》一文，文末附有"语堂案"："本篇全是大道理。儒家游说乞贷，为社会寄生虫，再斤斤于棺椁厚薄尺寸，早为当日识者所笑。第一位看不起孔二的，便是子路的岳父。他那'四体不勤，五谷不分……孰为夫子'的几句话，是如何的响亮干脆！同时齐景公亦已于无意中暴露孔道为人君谋饭吃的本质。'信如君不君，臣不臣，父不父，子不子，虽有粟，吾得而食诸？'礼教之作用甚明，是教君食得民粟的方法。

难怪齐景公啧啧称善。当日并未见孔子如何词严义正的学孟子纠正梁惠王，说些'亦有仁义而已矣，何必曰粟'，来纠正齐景公的唯物主义？子贡一向站在梁惠王立场，有不忍人之心，欲去告朔之饩羊，如梁惠王之怜牛一样。孟子还不过笑梁惠王以羊易牛而已，孔子便干脆地说：'赐也，你爱那只羊，我爱礼节！'这明明是孔子重礼之据。在这一点，便算耶稣高明。有人问耶稣安息日有牛陷坑，可否去救牛？耶稣说安息日为人而造，非人为安息日而造，这算高明多了，至于子路，观其结缨而死，正是理想主义者之代表，孔子之咒骂'贼夫人之子'便是咒骂理想主义者。孔子之伟大，在其为实际主义者，谁也知道。'圣之时'，说得不好听，便是'投机圣人'。所以佛肸召，子欲往，子路不悦，孔子也只好幽默解嘲道：'吾岂匏瓜也哉，焉能系而不食。'及至其见南子，为出公党张目，触犯自己所谓卫君待子为政正名为先的话，子路怫然不悦，孔子只好指天为誓以自明。故子路与孔子之冲突即理想家与实际家之冲突。曰'野哉由也'，曰'不得其死然'，皆斯达林派痛诋托洛斯基派之口气。故子路之悲哀，即一切理想主义者之悲哀，孔子之可爱，在其磊落不羁，小德出入，一生不亦悦乎，不亦乐乎，其伟大岂板板六十四之乡经师所能梦想得到者乎？"[18]

注释

[1] 林语堂：《无所不谈合集》，《林语堂名著全集》第 16 卷，东北师范大学出版社 1994 年版，第 69 页。

[2] 林语堂：《无所不谈合集》，《林语堂名著全集》第 16 卷，东北师范大学出版社 1994 年版，第 18、20、28 页。

[3] 林语堂:《翦拂集》,《林语堂名著全集》第 13 卷,东北师范大学出版社 1994 年版,第 12 页。

[4] 林语堂:《孔子的智慧》,《林语堂名著全集》第 22 卷,东北师范大学出版社 1994 年版,第 3 页。

[5] 林语堂:《生活的艺术》,《林语堂名著全集》第 21 卷,东北师范大学出版社 1994 年版,第 195 页。

[6] 林语堂:《生活的艺术》,《林语堂名著全集》第 21 卷,东北师范大学出版社 1994 年版,第 194 页。

[7] 林语堂:《美国的智慧》(上),湖南文艺出版社 2012 年版,第 2 页。

[8] 林语堂:《孔子的智慧》,《林语堂名著全集》第 22 卷,东北师范大学出版社 1994 年版,第 5 页。

[9] 林语堂:《中国文化之精神》,《林语堂散文经典全编》第 2 卷,九州出版社 2004 年版,第 9 页。

[10] 林语堂:《生活的艺术》,《林语堂名著全集》第 21 卷,东北师范大学出版社 1994 年版,第 2 页。

[11] 林语堂:《孔子之苦衷图》,《论语》1933 年 1 月 1 日第 28 期,第 211–212 页。

[12] 林语堂:《论幽默》,《林语堂散文经典全编》第 2 卷,九州出版社 2004 年版,第 101–107 页。

[13] 林语堂:《林语堂自传·八十自叙》,陕西师范大学出版社 2005 年版,第 112 页。

[14] 林语堂:《答青崖论"幽默"译名》,《林语堂散文经典全编》第 2 卷,九州出版社 2004 年版,第 117 页。

[15] 林语堂:《论幽默》,《林语堂散文经典全编》第 2 卷,九州出版社 2004 年版,第 108 页。

[16] 林语堂:《论东西文化的幽默》,《林语堂散文》,人民文学出版社 2005 年版,第 81 页。

[17] 林语堂:《美国的智慧》,陕西师范大学出版社 2007 年版,第 29 页。

[18] 李麦麦:《不要冤枉宰予》,《论语》1933 年 7 月 1 日第 20 期,第 711–715 页。

同为灵魂的"放浪者"
林语堂与陶渊明

就"幽默"艺术而言，林语堂认为陶渊明是晋末"成熟的幽默大诗人。陶潜的责子，是纯熟的幽默，陶潜的淡然自适，不同于庄生之狂放，也没有屈原的悲愤了。他《归去来辞》与屈原之《卜居》《渔父》相比，同是孤芳自赏，但没有激越哀愤之音了。他与庄子，同是主张归返自然，但对针砭世俗，没有庄子之尖利。陶潜不肯为五斗米折腰，只见世人为五斗米折腰者之愚鲁可怜。庄生却骂干禄之人为豢养之牛待宰之犠。所以庄生的愤怒的狂笑，到了陶潜，只成温和的微笑。我所以言此，非所以抑庄而扬陶，只见出幽默各有不同。议论纵横之幽默，以庄为最，诗化自适之幽默，以陶为始。大概庄子是阳性的幽默，陶潜是阴性的幽默，此发源于气质之不同。"[1] 这是对艺术个性的了解，还是对个人品格的了解？

就文化而言，林语堂认为中国文化中重要特征之田野风的生活与艺术及文学，采纳了道家哲学之思想。受道家的自由遁世思想的影响较深者，首推陶渊明。他的《归去来兮辞》中的幽静、隐逸还有"采菊东篱下，悠然见南山"的境界，都是源于庄子的自由与隐逸。"我在写这本书时，有一群和蔼可亲的天才和我合作；我希望我们互相亲热。在真实的意义上说来，这些灵魂是与我同在的，我们之间有精神上的相同，即我所认为是唯一真实的相通方式——两个时代不同的人有着同样的思想，具有着同样的感觉，彼此之间完全了解。我写这书的时候，他们借着贡献和忠告，给我以特殊的帮助：第八世纪的白居易；第十一世纪的苏东坡；以及十六、十七两世纪那许多独出心裁的人物——浪漫潇洒，富于口才的屠赤水；嬉笑诙谐，独具心得的袁中郎；多口好奇，独特伟大的李卓吾；感觉敏锐，通晓世故的张潮；沉于逸乐的李笠翁；乐观风趣的老快乐主义者袁子才；谈笑风生，热情充溢的金圣叹——这些都是脱略形骸不拘小节的人。这些人因为胸蕴太多的独特见解，对事物具有太深的情感，因此不能得到正统批评家的称许。这些太好了，所以不能循规蹈矩；因为太有道德了，所以在儒家看来便是不'好'的。这些精选出来的同志人数不多，因此使我享受到更宝贵、更诚挚的快乐。这些人物也许有几个在本书内不曾述及，可是他们的精神是同在这部著作里边的。我想他们在中国总有一天会占到重要的地位，那不过是时间问题而已……还有一些人物，虽然比较的晦暗无闻，但是他们恰当的言论也是我所欢迎的，因为他们将我的意见表示得那么好。我称他们为中国的爱弥儿——他们说话不多，但说得总是那么近情，我佩服他们的晓事。此外更有中外古今的不朽哲人，他们好像是伟大人物的无名祖宗一般，在心灵感动的当儿，在不知不觉之间说出一些至理名言；最后还有一些更伟大的人物，我不当他们做我精神上的同志，而当他们是我的先生，他们那清朗的理解是那么入情入理，又那么超凡入圣，他们的智慧已成自然，因此表现出来很容易，丝毫不用费力。庄子和陶渊明就是这么一类人物，他们的精神简朴纯正，非渺小的人所能望其项背……我在他们的熏陶下，我的思想就倾向于通俗不拘礼节，无从捉摸，无影无形的类型。"[2] 在《生活的艺术》和《吾国吾民》中，他都反复宣扬一种理想的人——"放浪者"。

"放浪者"具有这样一些共同的性格特征：第一，不满现实，富有理想，但同时具备抑制理想过于膨胀的幽默感。第二，以游戏和娱乐的心态追求知识，反对将知识复杂化和功利化。第三，追求人格尊严和个人自由，没有具体的生活目标，淡泊功利，崇尚自然山水，喜欢流浪。林语堂与陶渊明是在"放浪者"这个层面上的交结。

"不为五斗米折腰。"这是陶渊明辞去彭泽县令时说的一句千古名言。表面上看，他好像是嫌县令工资太低，却要经常迎来送往，弯腰屈膝，在上官面前低声下气，所以宁可回家种地，也不愿意当这种待遇低又要失去人格的官。陶渊明辞官，是因为他不愿意屈从权贵、看不惯官场上那一套乌烟瘴气的风气和不愿意同流合污的性格决定的，与薪俸高低关系不大。他追求的是"结庐在人境，而无车马喧"的清静；是闻鸡起舞，荷锄晚归，与邻人共话桑麻的快乐；是同朋友登高赋诗，一醉方休的快意。陶渊明是林语堂心目中最伟大的诗人，因为他有着最和谐的人格，心中虽有反抗尘世，但并不彻底逃避人世；逃避了政治，但没有彻底逃避人生。陶渊明深受儒道思想的影响，儒道交融的人生观使他在现实社会中乐观自适。他能把积极的人生观与消极的人生观配合起来，介于动与静之间，在尘世的徒然匆忙和逃避现实人生之间，建立起理想的人生哲学。爱喝酒，却不耽于肉欲；有兴致时弹琴，却不求技艺精湛，"但识琴中趣，何劳弦上声?"这使其精神生活与物质生活和谐，以平和的心态看待功名利禄，谦逊简朴，心地坦然。

陶渊明"永远是最高人格的象征。他生活方式和风格是简朴的，令人自然敬畏，会使那些较聪明与熟识世故的人自惭形秽。他是今日真正爱好人生者的模范，因为他心中虽有反抗尘世的欲望，但并不沦于彻底逃避认识，而反使他和七情生活洽调起来"。"陶渊明代表一种中国文化的奇怪特质，即一种耽于肉欲和灵的妄尊的奇怪混合，是一种不流于制欲的精神和耽于肉欲的物质生活的奇怪混合；在这种奇怪混合中，七情和心灵始终是和谐的。"[3] 在林语堂看来，陶渊明的性灵已经发展到真正和谐的境地，他的内心没有一丝一毫的冲突，他的生活也像他的诗一样自然而冲和。他在诗文中抒发人生感悟，表达出对儒家教义的反抗和对道家悠闲洒脱的崇尚，林语堂被他这种和谐而不叛逆的人格魅力所折服。陶渊明在现实的人生中实践和抒写儒道的人生哲学，林语堂在他的人生经历中获得启迪和感悟，指引其寻找符合自己精神和灵魂的人生哲学。

"放浪者"从哲学层面影响了林语堂的生活认知：

其一，"十年前我曾尝试过政治生涯，但四个月后便弃绝仕途，因为我发现我不是天生的肉食动物……世界上一般人是消磨时间去做事，另一半人则强迫他人去替他们服役，或是弄得别人不得做事。肉食者的特点是喜欢格斗、操纵、欺骗、斗智，以及先下手为强，而且都出之以真兴趣和全副本领，可是我的声明我对于这种手段是绝对反对的。但这完全是本能问题；天生有格斗本能的人似乎喜欢陶醉在这种举动中，而同时真有创造性本能，即能做自己事情的才能和能认清自己目标的才能，却似乎不太发展了。那些善良的、沉静的、蔬食类的教授们，在和别人竞争之中，似乎全然没有超越过别人的贪欲和才能，不过我是多么称赞他们啊！事实上，我敢说，全世界有创造才能的艺术家，只管他们自己的事，实比去管别人的事情好的多，因为他们都可以说是属于蔬食类的。"[4]

其二，"在我这个有着东方精神也有着西方精神的人看来，人类的尊严是由以下几个事实所造成（这就是人类和动物的区别）。第一，他们对于追求知识，有着一种近乎戏弄的好奇心和天赋的才能；第二，他们有着一种梦想和崇高的理想主义（常常是模糊的、混杂的，或自满的，但亦有价值）；第三，也是最重要一点，他们能够利用幽默感去纠正他们的梦想，以一种比较健全的现实主义去抑制他们的理想主义；第四，他们不像动物般对于环境始终如一的机械地反应着，而是有决定自己反应的能力和随意改变环境的自由。"[5] 他们不接受强加的外在的机械律或唯物辩证法。

其三，"我对人类尊严的信仰，其实在于我相信人类是世界上最伟大的放浪者。人类的尊严应和放浪者的理想发生联系，而绝对不应和一个服从纪律、受统驭的兵士的理想发生联系。""在这个民主主义和个人主义自由受到威胁的今日，也许只有放浪者和放浪的精神会解放我们，使我们不至于变成有纪律的、服从的、受统驭的、一式一样的大队中的一个表明号数的兵士，因而无声无息地湮没。放浪者将成为独裁制度的最后的最厉害的敌人。他将成为人类尊严和个人自由的卫士，也将是最后一个被征服者。现代一切文化都靠他去维持。"[6] 介于动作和静止，尘世好徒然匆忙和完全逃避现实人生之间的中庸哲学，是人类生活中上最健全最完美的理想。还有一种结果更加重要，就是这两种不同观念相混合后，和谐的人格也随之产生，这种和谐的人格也就是那一切文化和教育所欲达到的目的，人们即从这和谐的人格看见人生的欢乐和爱好。

"放浪者"从文学层面影响了林语堂的人物形象塑造。

林语堂小说三部曲《京华烟云》《朱门》《风声鹤唳》尽管分别标明宣扬道家文化、儒家文化和佛家文化，但是实质上，其中的主要人物形象姚思安、姚木兰、杜忠、老彭等却十分相似，他们之间在文化表现上几乎没有什么本质的区别。从骨子里来说，这些人物都是"放浪者"，他们亦道亦儒亦佛。《红牡丹》里的红牡丹，既具有中国传统文化的深厚修养，又具有西方人文主义热情开放的特征；《赖柏英》中的赖柏英，像祝英台一样深爱着她的情人，但她的爱是一种中西结合的方式：将自己的身体奉献给对方，然后离开，与另一个老实的男人结婚，过着自由而幸福的生活。《奇岛》里的奇岛就是作者虚构的"放浪者"们的世外桃源。

"放浪者"是一种崭新的人物形象，它体现了作者独特的人生哲学。林语堂把自己的这种人生哲学叫作"gay science"，即快乐哲学。在他笔下的人物形象身上具体表现为：

其一，感觉快乐比精神快乐更重要。林语堂并不否认精神的欢乐与痛苦，但是他更关注精神感受与生理的关系。《朱门》中的杜忠、杜范林兄弟，为是否打开杜家水库闸门放水一事，闹得剑拔弩张。他们怒气冲冲地在餐桌边坐下，却因为春梅为他们准备的丰盛鲜美的食物而消解了不少怨恨，各自心中涌起了一股兄弟柔情，言词也变得温和、关切。如果说快乐首先是生理的快乐，痛苦也就首先是生理的痛苦。木兰经历一连串的人生打击后，对肉体自我分外珍惜。小说写道："现在木兰开始对自己的肉体发生奇特的爱。她晚上洗澡时，总是欣赏自己的玉臂玉腿……因为自己的肉体既给自己快乐，又给自己痛苦，她就尽情贪求快乐，抵销痛苦，追求快乐的感受。"这是潜意识中一种根本的生物性自保——从身体感觉上抵御痛苦的侵袭。对感官快乐的追求可以使人不顾一切。《红牡丹》里描写牡丹对封建伦理的漠视，对性爱的狂热追求。她婚后仍与前度情人幽会；丧偶后又与远房堂兄梁翰林同居；不久又与年轻诗人安德年发生关系；甚至还与陌不相识的男人一夜风流；最后嫁给身体强壮但不识一字的庄稼汉。林语堂始终比较轻视精神快乐的地位。他认为"智能比之情感和感觉实占着较为无关重要的地位"，而"艺术、诗歌和宗教的存在，其目的是辅助我们恢复新鲜的感觉，富于感情的吸引力和一种更健全的人生意识"。[7] 但是他不轻视精神快乐的作用，反战幻想小说《奇岛》，描写一位美国女子误入南太平洋一个与世隔绝的神秘小岛的故事。这个岛上的宗教艺术都没有从生活中独立出来，带有鲜活的生活气息，以致主人公被深深吸引，不愿再离开。

其二，乐天知命是快乐的前提。出于对现代人过于张扬自我，容易偏激的毛病的不满，林语堂提倡万事皆应"合理近情"。他解释道，"情"代表着可以活动的人性元素，而"理"则代表着宇宙之万古不变的定律，一个有教养的人就是一个熟悉人心和天理的人，近情就是讲人情，将人作为考虑一切的出发点，而不是物质利益或抽象逻辑。林语堂所言的"理"与儒家的"理"是有区别的。大致说来，林所说的"理"只与儒家的"万物皆是一个理"的

"理"含义相当，意指世上万事万物之规律。合理与近情是并列而言的，所强调的是对待人事的明智态度，即乐天知命的生存方式。既有了这种人类的天性，那么就让我们开始做人吧！抱着这样一种生存态度，就能产生达观宽宏的胸襟，就可容纳一切，以淡泊之心对待纷繁的身外名利，也能超然于尘世纷争之上，甚至能超越自己的爱憎生死。从合理近情的态度出发，林语堂又认为人类的一切错误和谬误都是可以宽恕的，都可以认为是"一般的人类天性"或"人之常情"。老彭认为世上根本没有坏女人，他以宽容的眼光看待梅玲人生的迷误，因此"也不知什么原因，总使梅玲觉得善良、高贵些，在博雅面前，她反而觉得自己渺小、卑贱，好像是一个邪恶的女子"。梅玲因此获得尊严的力量和信心。

其三，以幽默、闲适、性灵，反对工具理性。

林语堂小说中的人物，大都讲究生活的闲情逸趣。他们或雨天煮茶，晴夜赏月；或切瓜解暑，饮酒御寒；或与雅士闲聊，与自然神会，莫不是温馨、美妙的感觉。这也许就是作者所认为的最真的快乐。《京华烟云》中的姚思安最感兴趣的事不是升官发财，而是静夜打坐，享受气血贯通、舒畅和谐的生理快感。木兰喜欢游名山大川，采荷露烹茶，闻荷香爽心。这是一群不顾社会规范，充满幻想，喜欢探险的人。他们的存在是对现代文明的巨大讽刺。姚思安晚年离家出走，四海云游，远离了豪华的姚邸，与禽兽为伍，以野果充饥。木兰被丈夫荪亚称作"异想夫人"，只因她常有惊人的举动，如不顾公众反对，做出当时看来非常出格的行为——带寡嫂看外国爱情片；后来又动员荪亚举家南迁，只为喜爱苏杭一带的山水。杜忠为救济回民，打开自家养鱼的水库放水，差点气死了杜范林。"放浪者"典型的特征往往体现为任性而为，率性而行。《朱门》开头有一个游行女学生与警察搏斗的场面描写，本是一次残酷的镇压，作者自己也曾有过这样的经历，这里却被他写得幽默风趣，甚至有点滑稽。林语堂不喜欢军阀，认为他们缺乏幽默感，不能清醒地认识自我，所以他们不是搜捕学士，就是强抢民女，侵扰人们。在林语堂的小说中，他们成了快乐的否定力量的象征。

其四，从自我迷雾中醒悟过来。林语堂认为"聪慧的醒悟"是"尽情地享受人生"的前提条件，因为"有悲哀而后有醒觉，有醒觉而后有哲学的欢笑"。[8] 正确认识世界，从自我迷雾中醒悟过来，是人类智慧的首要任务。在这里，"醒"指从宇宙自然中醒悟过来，承认外界力量的强大，人类自我的渺小。而要承认自我的弱小，首要的一步就是承认人类不可避免终有一死的自然规律。《京华烟云》写了好幻想的道家女儿木兰一生的悲欢哀乐，她对爱情、友情及亲情的执着都被外界力量击得粉碎。在重重的打击之后，她开始思考人生的短暂与永恒的问题，从道的演化精神，窥破了万事万物的生死规律，从而悟得了一种容忍和漠然的生活态度："把人生当作人生看，不打扰世间一切事物的配置和组织"。[9] 要承认自我的有限，就是要承认自然的重要性，以及人不可与之分离的特性。林语堂强调人类应该取得与自然的和谐一致而不是与之对抗。因此，在他的大部分小说中，自然被描写得神奇美妙、充满魅力。木兰在进入生命的自由之境，即林氏所说的与大自然相融，达到灵肉统一，情理结合的人生"秋季"之后，她才能"离形""去智"，将自我消融于无限之中，从而获得最大的快乐。

林语堂盛赞陶渊明并深受影响。"孟子的那种比较积极的人生观念和老子的那种比较圆滑和顺的观念，协调起来成为一种中庸哲学，这种中庸的哲学可说已成了一般中国人的宗教，动和静的冲突，结果却产生了一种妥洽的观念，使人们对于这个不很完美的地上天堂也感到了满足，这种智慧而愉快的哲学就此产生。陶渊明——在我的心目中他是中国最伟大的诗人，有着最和谐的性格——就是这种生活的一种典型。"[10]最重要的问题是怎样去调整我们的人生，使我们得以和平地工作，极大地忍耐，幸福地生活。"我以为这个世界太严肃了，因为太严肃，所以必须有一种智慧和欢乐的哲学以为调剂。中国人生活艺术的哲学可以尼采愉快哲学相媲美，只有快乐的哲学，才是真正深湛的哲学；西方那些严肃的哲学理论，我想还不曾开始了解人生的真意义哩。在我看来，哲学的唯一效用是叫我们对人生抱一种比一般商人较轻松较快乐的态度。"[11]不要过分在意得失，不要过分看重成败，不要过分在乎别人对你的看法。陶渊明式的魏晋人物之所以有如此豁达风流，就在于淡泊名利，不以物喜，不以己悲，才可以用宁静平和的心境写出那洒脱飘逸的诗篇。

但是，毕竟时代不同，林语堂受到的影响更为广泛。快乐的人生哲学是林语堂塑造"放浪者"形象的哲学基础，建立在这样一种哲学之上的"放浪者"形象，放在世界文学史上都是崭新的。传统文学形象常常来自社会生活，而林氏的"放浪者"形象产生于他对中外文化的糅合。其糅合的准则不是"典型性"，也不是受众的喜好，而是创造者自己对现代人格的理想——类似于陶渊明等先贤。这种理想体现了林语堂对中外文化的综合思考。林氏反对佛、道两家的消极避世思想，但却非常认同它对世界和自我的清醒认识。这些构成他审视膨胀的现代自我的观念基础。同时，对于儒家，林语堂吸取了其中的"合理近情"的现实主义精神，否定了它轻视人的自然本性的特点，高扬起性灵主义的旗帜。而对于西方文化，林语堂痛恨现代工业文明，他喜欢的是伊壁鸠鲁和尼采。伊壁鸠鲁是古希腊一位无神论哲学家，快乐主义的幸福观是他哲学的一个特色。他说："我们说快乐是幸福生活的开始和目的，因为我们认为幸福生活是我们天生的最高的善，我们一切取舍都从快乐出发，我们的最终目的乃是得到快乐，而以感触为标准来判断一切的善。"[12] 把快乐作为人生的最终目标，强调快乐是一种感觉，这是林语堂从他那里学到的思想精髓。他经常提到的另一位西方快乐哲学家是尼采，而尼采的快乐哲学建立在对上帝的否定和对理性的限制的基础之上。

注释

[1] 林语堂:《论幽默》,《林语堂名著全集》第 14 卷, 东北师范大学出版社 1994 年版, 第 7 页。

[2] 林语堂:《生活的艺术·自序》,《林语堂名著全集》第 21 卷, 东北师范大学出版社 1994 年版, 第 3—4 页。

[3] 林语堂:《生活的艺术·自序》,《林语堂名著全集》第 21 卷, 东北师范大学出版社 1994 年版, 第 120 页。

[4] 林语堂:《生活的艺术·自序》,《林语堂名著全集》第 21 卷, 东北师范大学出版社 1994 年版, 第 52—53 页。

[5] 林语堂:《生活的艺术·自序》,《林语堂名著全集》第 21 卷, 东北师范大学出版社 1994 年版, 第 13 页。

[6] 林语堂:《生活的艺术·自序》,《林语堂名著全集》第 21 卷, 东北师范大学出版社 1994 年版, 第 13—14 页。

[7] 林语堂:《生活的艺术·自序》,《林语堂名著全集》第21卷,东北师范大学出版社1994年版,第143—145页。

[8] 林语堂:《生活的艺术·自序》,《林语堂名著全集》第21卷,东北师范大学出版社1994年版,第14页。

[9] 林语堂:《生活的艺术·自序》,《林语堂名著全集》第21卷,东北师范大学出版社1994年版,第33—34页。

[10] 林语堂:《生活的艺术·自序》,《林语堂名著全集》第21卷,东北师范大学出版社1994年版,第99页。

[11] 林语堂:《生活的艺术·自序》,《林语堂名著全集》第21卷,东北师范大学出版社1994年版,第15页。

[12] 苗力田主编:《古希腊哲学》,中国人民大学出版社1990年版,第639页。

"20世纪智慧人物"与"千年英雄"
林语堂与苏东坡

　　2000年，法国《世界报》评出千年英雄（1001—2000年），全球共有12位，苏东坡是唯一入选的中国人。《世界报》的让·皮埃尔·朗日里耶先生如此评价，苏东坡是"一个不可救药的文人""高智商""学者型官员"，在他六十四年的人生中，经历了各种考验，先后或者同时担任了地方官、裁判官、工程师、水利专家、建筑师等职务。他在政府部门供职，具有全面性的视野，修建了学校、大坝，还成立了公立医院。1000年以后，他成了中国历史上最为杰出的人物之一，当然，首要原因是因为他是一名伟大而全面的文学家。他首先是诗人，其次是散文家、书法家、画家、音乐家。[1] 苏东坡的一生都是在动荡中度过的，职业生涯中，一共有30次委任，17次失宠或者被流放。但是，无论身处何方，他总是保持自己的个性：有勇气、好交际、对他人仁慈、热情慷慨，冷静并且幽默。他热爱生活和家人。他对每件事都很认真。他的从政生涯同他的诗文书画一样，都属于人类宝贵的文化遗产。

1976 年 3 月 26 日林语堂在香港病逝。翌日，台湾《中央日报》第三版刊载《林语堂事略——世界智慧的人物》，在华文报刊上首提林语堂为"智慧的人物"。同年 4 月 13 日台湾《联合报》第 12 版刊发的《林语堂与汉字整理》中写道："林语堂先生为国际闻名的大作家，并被列为二十世纪世界智慧人物之一。"所谓"智慧"，是泛指辨析判断、发明创造的能力。而我们对林语堂"智慧"的认知，是他出版中英文著作 2000 多万字，尤其是他融合中西的学养内涵和知性表达，拓展现代散文的审美领域，开辟现代散文文体探索的新路；他以自己的睿智，表达诗意人生的向往和和谐世界的构建；他在民族生死存亡问题上，所做的分析、预判等无不具有"智慧"的特征。

1933 年 12 月 8 日，林语堂在复旦大学的演讲时曾说过："谁是气质与你相近的先贤，只有你知道，也无需人家指导，更无人能勉强，你找到这样一位作家，自会一见如故。苏东坡初读《庄子》，如有胸中久积的话，被他说出，袁中郎夜读徐文长诗，叫唤起来，叫复读，读复叫，便是此理。这与'一见倾心'之性爱（Love at first sight）同一道理。你遇到这样的作家，自会恨见太晚。一人必有一人中意作家，各人自己去找去。找到了文学上的爱人，他自会有魔力吸引你，而你也自乐为所吸，甚至声音相貌，一颦一笑，亦渐与相似。这样浸润其中，自然获益不少。"[2] 林语堂的文学爱人有苏东坡，苏东坡的人生态度与性格魅力深刻地影响了林语堂。林语堂写《苏东坡传》（*The Gay Genius: The Life and Times of Su Tungpo*）自认苏东坡为千古一知己。由于对其崇拜、敬仰和偏爱，所以立传之时，林语堂注重从生活的细枝末节中考察苏东坡是怎样一个人，在坚持史信、客观和平实的同时，更多地注入了自己的思想、感情、感觉和体悟，通过极富诗意的景、物、人的描写来寓含人生智慧，达到景、情、理的互相融合与渗透，是用灵魂贴近的方式进行传记创作，故而写活了那个"天才""快活"的苏东坡。

名士风流

在中国文化史上，苏东坡无疑是一座高峰。他多才多艺，诗词、文赋、书法、绘画、音乐几乎无所不通、无所不会、无所不能。即便是医理酿酒、烹饪美食、盖房搭屋、瑜伽修炼、炼丹养生和为政治水等，只要涉猎都有造诣。林语堂名之曰"多才多艺的天才"。苏东坡具有热情奔放、刚直不阿、温柔敦厚、毫无心机、宅心仁厚、诙谐幽默、以苦为乐、自由潇洒、快乐天然的真性情。在林语堂眼里，他就是秉性难改的乐天派，是悲天悯人的道德家，是黎明百姓的好朋友，透过《苏东坡传》我们可以看到一个全面的而非片面的苏东坡，富有生命力的而非刻板的苏东坡，达观的而非执拗的苏东坡，他比中国其他的诗人更具有丰富感、变化感和幽默感。

但是，苏东坡一生所经历的坎坷、磨难，也是人间罕见。他33岁时进入中央政权的中心，但35岁时被贬往杭州任通判，从此，开始了大半生噩梦般的贬谪流放生活，按时间顺序大致排列如下：密州、徐州、湖州、黄州、登州、颍州、扬州、定州、惠州、英州、儋州。他是中国历史上第一个被贬出岭南的文人，最远竟被放逐至"天涯海角"的海南。

许多时候，苏东坡不追求政治，而为政治所追求。但最终的趋势是离政治中心越来越远，而离黎民百姓更近。尽管他是个大艺术家，但也是个政绩不错的官员，尤其有一颗仁爱之心。为政之时，兴修水利、赈济灾民、减免租税、平反冤情、为民请命，百姓之忧乐总是挂在他的心间，每到一地，总是造福一方。林语堂称他是"百姓之友"。至于政客的攻击、陷害，群小的中伤、流言，他不屑反驳与回击，只是莞尔一笑，放下恩怨以及功名利禄，然后收拾行李坦然地奔赴下一个流放地。

人生起起落落，反复的伤神与苦楚，却始终未曾将苏东坡打倒。面对波谲云诡的政治旋涡，他没有抱怨和颓废，总是那样随遇而安，"此间有什么歇不得处"？"世事一场大梦，人生几度新凉"，以乐观的态度看待人生的不幸，生活的沧桑变幻也就能安之若素。理想暂不能实现的时候就先面对现实，接受能改变的，承认不能改变的，然后是站起来，从最细微之处做起。苏东坡有着一个五彩斑斓的诗意世界。诗意的世界，在你一切顺遂的时候，可能只是赏月喝茶的锦上添花，但在一个人的逆境中，它可能会变成雪中的炭。他精通诗词、绘画、书法，也乐于谈道谈禅，说人生哲理。在他最艰难的那些日子里，他对诗文画艺的审美，使他对艰难的生活保持了一颗敏感明亮的眼睛。给命运最漂亮的反手一击，是写出了令后人为之着迷的千古流传的杰出作品。"大江东去，浪淘尽，千古风流人物"的豪放，"十年生死两茫茫，不思量，自难忘"的细腻……他既拥有高度的智力，又始终保持一颗天真烂漫的赤子之心。他以一颗诗人独具的心来发现平凡世界的美，用横溢的才华和乐观的心性成就了自己的名士风流。

林语堂写《苏东坡传》，其实也是在写自己。知道一个人，或不知道一个人，与他是否为同代人，没有关系。主要的是对他是否有同情的了解。归根结底，人们只能知道自己真正了解的人。林语堂自认为完全知道苏东坡，是因为他了解苏东坡。他了解苏东坡，是因为他喜欢苏东坡。一部《苏东坡传》满是林语堂对苏东坡的仰望和倾慕。

在其人生履历中，林语堂也曾有过入仕为官的经历：1926 年 9 月，林语堂出任厦门大学语言学教授，文科主任兼国学院总秘书（这是他在大学里面的"官"），1927 年担任国民政府外交部英文秘书，1954 年还出任南洋大学校长，但最后他又不得不放弃离开，而且还惹出了很多是是非非。他向往进步，但遭到左翼文艺工作者的严批，他努力文化建设，却被认为是反动的文化……最终他在政治上的抱负没能实现，但这也使得他之后专心学术，专注于写作，才有了《吾国与吾民》《生活的艺术》《京华烟云》《苏东坡传》等具有世界影响的作品。

苏东坡是一个才子，林语堂也是一个才子；苏东坡没有被那些沉重的打击所打败，林语堂也没有，他们都是乐天派的才子，他们都是精神上的胜利者。假如，他们的为官生涯一帆风顺的话，我们今天看到的将不会是两位才情非凡的文人，而顶多只是一个不同时期的正直不阿的清官。他们最大的才华，就是有着为理想而无所顾忌，无需对别人察言观色的惶恐，就是当个人遭遇命运的悲剧毫不留情地碾压之时，善于用诸多具体而细微的快乐，化解掉那些巨大的悲伤，展现出大丈夫能屈能伸的旷达风流，追寻精神逍遥自适的"清欢"，从最普通平凡的地方发现那些真诚宝贵、优雅美好的快乐。

旷世情怀

苏东坡说他自己是一个无可救药的乐天派！何为快乐？快乐是一种感觉，与名缰利锁无关。或许是在月凉如水的夜晚里的一弯浅月，或是幽幽山林里的一缕清风，又或是那一低头时一朵莲花的温柔……喜悦属于心灵也仅属于心灵。所以即使苏东坡一生颠沛流离，常常衣食难继，面对如此苦难，都能豁达通透，不管到了哪儿，不管是何处境，他都能活出自己的趣味来。被贬黄州期间，食不果腹，却有心欣赏"江风明月"和"千古风流人物"；在密州，他体验的是"老夫聊发少年狂"；在文化荒漠的南方，他看到的是"岭南万户皆春色"，以至于"鸡犬识东坡"，感慨"不辞长做岭南人"；即使是湿热的海南，他也为"唯有一幸，无甚瘴也"而欣慰；"万里归来年愈少，微笑，笑时犹带岭梅香"。虽是赞歌女柔奴，其实更是诗人的自况。甚至在他的杂记里还留下食阳光可以止饿的办法，如是困苦坎坷无法改其心。他把任何一个流放地都当作文化传播的场所。"欲把西湖比西子，淡妆浓抹总相宜"，杭州西湖因东坡而灵动，而"苏堤春晓"成为西湖十景之首。他把长江边的荒僻之地黄州打造成一座文化高地，"东坡赤壁"由此名扬天下。惠州的"玉塔微澜"、徐州的"放鹤亭"、扬州的"三过平山堂"，莫不浸润着苏东坡的旷世情怀。人生的快乐，不在于吃穿用度的奢靡，也不在于声色犬马的刺激，而在于过生活的那个人，有没有踏踏实实把每一天过好的心性和善于发现生活之美的眼睛。苏东坡用他的快乐生活告诉人们，什么叫高品质的生活。

苏东坡的快乐是真正的快乐，而不是平常人情绪上的愉悦。苏东坡也有过顺心如意、衣食无忧、平步青云、富贵荣华时才能感受到快乐，他曾两度进入政治中心，官至翰林，为皇帝之秘书，但苏东坡毕竟是苏东坡，声色酒令在他眼中不过是过眼云烟，并非真正的快乐之源。他甚至上奏请求到地方为官，不想在京都同那些人尔虞我诈，争权夺势。

真正的快乐只属于心灵，是不以物喜不以己悲的。一个人在遭遇了人生中的重大波折之后，要学会与过去告别，和当下握手言和，才能抵御无常人生中的更多风雨。站在命运的这头，回首看来时的路，风雨已经散去，而曾经纠结的情感也渐渐溶解，烟消云散。苏东坡的快乐是踏实收获的喜悦，是绽放出成熟圆融的光辉。林语堂认为这既是源于苏东坡对人生了解得太透彻，也是对生活太珍惜的缘故，也是爱自然的诗人，对人生抱有一种健康的神秘看法。苏东坡兼容儒释道的精髓，透悟人生，洞悉自然，关注民生，这才是苏东坡快乐哲学的源泉。他对弟弟说："我上可陪玉皇大帝，下可陪卑田院乞儿。在我眼里，天下没有一个不是好人。"真是一语悟透人生真谛。

林语堂崇拜苏东坡，这是毋庸置疑的，那是跨越千年的由心而发的推崇，于是便有了充分展示诗人生命格调与潇洒姿态的《苏东坡传》，那位豁达乐观的智慧长者，身披蓑衣，脚蹬芒鞋，拄着竹杖，面带微笑，向我们缓缓走来。林语堂复活了千年前"具有蟒蛇的智慧兼有鸽子们温厚敦柔"的苏东坡。生性诙谐、爱开玩笑的苏东坡有着不与他人一般见识的博大情怀，"清风明月"之悟，也可谓真正的宠辱不惊、去留无意。只有做到了宠辱不惊、去留无意方能心态平和，恬然自得，方能达观进取，笑看人生。

说起来容易，做起来却十分困难。我辈俱是凡夫俗子，红尘的多姿、世界的多彩令大家怦然心动，名利皆你我所欲，又怎能不忧不惧、不喜不悲呢？否则也不会有那么多的人穷尽一生追名逐利，更不会有那么多的人失意落魄、心灰意冷了，我国古代的贬官文化即是此明证。这关键是一个你如何对待与处理的问题。首先，要明确自己的生存价值，由来功名输勋烈，心中无私天地宽。若心中无过多的私欲，又怎会患得患失呢？其次，认清自己所走的路，得之不喜，失之不忧，只要自己努力过，只要自己曾经奋斗过，做自己喜欢做的事，按自己的路去走，就不会在乎外界的评说。

林语堂生活的时代自然是比前人更加文明、进步，然而文明社会的一个缺点就是造成人与自然的日益分离，人类以牺牲自然为代价，其结果便是陷于世俗的泥淖而无法自拔，追逐于外在的礼法与物欲而不知什么是真正的快乐。金钱的诱惑、权力的纷争、宦海的沉浮让人殚心竭虑。是非、成败、得失让人或喜、或悲、或惊、或诧、或忧、或惧，一旦所欲难以实现，一旦所想难以成功，一旦希望落空成了幻影，就会失落、失意乃至失志。少了那种得之不喜、失之不忧、宠辱不惊、去留无意的境界。

林语堂则把自己当作一个到异地探险的孩子，睁圆了眼睛，注视着这奇异的世界，世界无边，探索亦无穷，至死方休。他喜欢自己发现的好东西，而不愿是被人已经指出的。他的心里可以有300首诗，但皆是中国戏剧和小说里不被注意和被人遗忘的，而非精选的唐诗宋词。他怨成名，如果名誉足以扰乱他的生活秩序。他要的只是些许现金，多得自由，多买书籍，多游名山。他就像个孩子一般，敢于说出自己心中的话，做事都随着性子，乘兴而来，尽兴而去。这就是他一再强调的"既做文人，而不预备成为文妓，就只有一道：就是带一点丈夫气，说自己胸中的话，不要取媚于世，这样身份自会高。要有点胆量，独抒己见，不随波逐流，就是文人的身份。"[3] 他执着于中文打字机的发明，做出了差点导致倾家荡产的任性行为。受学校邀请开演讲，却在台上暗讽时事，嘲笑校园讲座的荒谬，此种"忘恩负义"之举，也唯有如孩子般单纯无邪、无所顾忌的林语堂做得出来。这正是他真性情的体现，"我行我素"的为人准则。对闽南语的痴也体现了林语堂的无邪之心。当他上街时，偶遇一家会说闽南话的店铺，跟老板聊得不亦乐乎，但又怕影响老板做生意而不高兴，就买了一大堆用不着的铁线、铁钉，痴竟至此！

真性情，方有真快乐，这一点，苏东坡、林语堂是相知相通的。通透且精透的文字可以穿过时空叩叫心灵，文章也能显出人的心境眼界来，眼界不同，看到的世界也是大不一样，比如半杯水，有些人欢喜有些人愁闷。像苏轼和林语堂，就是辽阔无边的，而林语堂为苏东坡立传，实际上是"一个赤子写另一个赤子"。

灵魂的贴近

人们常说，君子之间，交淡如水，情浓似茗。苏东坡爱茶，有名句"人生有味是清欢"。文人称茶为"清友"，以茶会友，便在两腋生风中心领神会，怡然自得。林语堂是闻香识茶，更是识人。苏轼以"从来佳茗似佳人"作比喻，林语堂也用女性来评茶论道："严格的说起来，茶在第二泡时为最妙。第一泡譬如一个十二三岁的幼女，第二泡为年龄恰当的十六岁女郎，而第三泡则已是少妇了。"[4] 这是他有名的"三泡"说。两位爱生活的文人，都视茶为女性，以茶赞佳人，敛尽春山，含笑不语。生于青山，长于幽谷，吸其日月光华，沐其斜风细雨。每一片叶都承载一颗草木之心，每一缕空气、每一道光线都造就了茶这位美人高洁却不傲然的特立之美。

"茶是凡间纯洁的象征。"两位才子身上都还带着真情和纯心，抱着对女性美的赞赏和感激。他们怀着睿智，平等地看待女性之美，深刻地体察女性柔美优雅之中的生动活泼的力量。在红颜知己上，林语堂和苏东坡也有无邪之心和"灵魂贴近"之处。

当爱情遇到茶，有色有香有味，有甘甜也有苦涩，有浓郁亦有平淡。我是开水，你是茶叶。你的香郁必须依赖我的热情，你的展开和舒放应当出自我的浸润；亦正是有你，我才显得有滋有味，丰富充实。

苏轼，他作为千年前的古人，时代的局限性固然是有的。苏轼一生中的三个女人——王弗、王润之、王朝云，他都深爱深念。敏而静的王弗，生性温柔、生死与共的王润之，聪慧可爱、相知相惜的王朝云，这三个出现在他生命中的女人，苏轼都用心珍视，珍视她们身上独一无二的轻灵雅致、楚楚喜人的质性，如同在一杯茶面前，我们都要折服于茶的美。其实，苏东坡心中还有一个人——堂妹小二娘。林语堂写《苏东坡与其堂妹》一文，其中对苏东坡钟情于堂妹小二娘有更详细的考证。开篇对"钟情"二字的理解最为关键，它是打开林语堂与苏东坡心灵的一把钥匙："吾所谓钟情者，是魂灵深处一种爱慕不可得已之情。由爱而慕。慕而达则为美满姻缘，慕而不达，则衷心藏焉，若远若近，若存若亡，而仍不失为其真情。此所谓爱情……所谓情者，不知其所自，不知其所往，不知其所以然而然，不知其亲疏美丑，为西施，为无盐，而情投意合，天地间惟一人焉。此一人可生可死，可离可合，而心中意中惟有一人，是所以钟情。"[5] 林语堂发现，苏东坡一直暗恋着堂妹小二娘。其理由是：苏东坡拖着衰老的病体去小二娘坟头，回来后就"侧卧，泣下不能起"。还有，透过苏东坡给堂妹夫妻的悼文，林语堂看到那是"更为真切的流露"。

林语堂对苏东坡情感的如此探幽发微，是因为自己也有"灵魂贴近"的体会。林语堂从来不拿腔作调，他对女人也是极坦诚的。结婚前夜，他童真无邪提出要和母亲同睡的要求。婚后，他烧了结婚证书，理由是结婚证存在只是为了离婚之用，婚姻不是靠一张婚书来维系的，他以烧婚书这种叛逆的举止来与之抗衡。林语堂这一辈子只有廖翠凤一个妻子，且属于先结婚后恋爱那种，却相濡以沫一辈子。他不仅是在语言上秉持尊重女性的观念，还身体力行地践行。不过，还有一个自己最爱的陈锦端，林语堂一生不能忘怀，在心灵最深处一直为她留下一个位置——别人谁也碰不到的地方。以至于晚年卧病在床，当听到陈锦端还在厦门时，他竟然想着要跑去探望她。如此坦荡，连妻子也被真诚感动。不理解林语堂钟情于陈锦端的深刻感受，也无法理解苏东坡对小二娘的感情。

苏东坡、林语堂都讲究茶道，尤其是将茶与雅致生活相联系："茶叶娇嫩，茶易败坏，所以整治时，须十分清洁，须远离酒类、香类一切有强味的事物和身带这类气息的人……烹茶的艺术一半在于择水。"[6] 夫如茶，妻如水，夫妻是一壶茶里必不可少的两样东西。不同的水能泡出不同口感的茶，不同质地的茶却能让水拥有不同的味道。当甘甜的泉水遇到了劣质的茶叶，她就用她的纯净冲淡了他的苦涩；当优质的茶遇到了口感生硬的水，他用他的淡雅掩盖了她的青涩。夫妻这种茶和水的组合，从相遇、相知、相爱，时间悄然滑过，带走了他们的青春、带走了他们往日的那份激情，也带走了他们一起走过的日子，但留下的却是岁月长河里美好的回忆……女人与男人，就像茶和水，茶从离开茶树那一刻起，就期待着与水相逢；水唤醒茶，茶成就水；水包容茶，茶激荡水；茶因水而重生，水因茶而丰润。苏东坡与三位妻子，林语堂与廖翠凤不就是自古及今相激相融的典范？

千年的握手

林语堂对苏东坡更是赞赏有加，从其著作《苏东坡传》中便可知晓。林语堂认为苏东坡是个多才多艺之人，不仅学识广博，生性诙谐，而且有着天真烂漫的赤子之心。苏东坡既是士大夫，也是道教徒和佛教徒。他"从佛家的否定人生，儒家的正视人生，道家的简化人生"中产生"混合的人生观"[7]，行走于"入世"与"出世"之间。林语堂欣赏他旷达、自适、乐观的精神。苏东坡被贬黄州、惠州、儋州之时，未愤世嫉俗，而是从道家的崇尚自然、随遇而安、淡泊名利中追求自由闲适；从佛学、禅宗中吸取随缘自适，看透生死祸福，保持开朗乐观的心态和宁静、超然的心境。当他再度为官之时，受儒家思想影响，忧国忧民，以忠君报国、救民济世为己任，维护国家和人民的利益。苏东坡一生历经荣辱，但却能辩证看待得失，乐观对待人生。他喜爱美酒，尝遍人间美食，游览山水美景；他善交友，能与民同乐，宽恕仇敌，以坦荡、随缘的心态享受生活。

林语堂当年远赴重洋、背井离乡之际，行李里没有忘记带上有关苏东坡的以及苏东坡所著的珍本古籍。除了人们常说的为了传播中国文化这样堂皇的理由之外，恐怕还有一个原因，即便于和自己漂泊而孤独的灵魂做伴。书写经典的同时也成就了另一经典，"The Gay Genius"是林语堂赋予苏轼的最高评价，他这样阐释道：

> 我们未尝不可说，苏东坡是个秉性难改的乐天派，是悲天悯人的道德家，是黎民百姓的好朋友，是散文作家，是新派的画家，是伟大的书法家，是酿酒的实验者，是工程师，是假道学的反对派，是瑜伽术的修炼者，是佛教徒，是士大夫，是皇帝的秘书，是饮酒成癖者，是心肠慈悲的法官，是政治上的坚持己见者，是月下的漫步者，是诗人，是生性诙谐爱开玩笑的人。可是这些也许还不足以勾绘出苏东坡的全貌。我若说一提到苏东坡，在中国总会引起人亲切敬佩的微笑，也许这话最能概括苏东坡的一切了。[8]

The Gay Genius: The Life and Times of Su TungPo（《快活天才：苏东坡的生活与时代》）。林语堂为什么要为苏东坡立传？因为他崇拜、敬仰和偏爱：苏东坡用人格和作品为中国知识分子塑造了一个精神家园，千百年来，文人雅士在他这里找到了人生的支点。尤其是他在面临逆境时表现出来的不沉沦、不气馁、无怒言的顽强精神使林语堂感到由衷的敬佩。

林语堂注重从生活的细枝末节中考察苏东坡是怎样一个人。在宋朝，诗词是文学家的常用语言。每个人都可以写不同题材的诗词，包括散文。一切主题（如风景、观念、爱情、醉酒、愤怒等）都可以写成诗词。从植物到哲学、从历史到心理学、从物质欲望到饮酒，苏东坡没有顾忌。他有很多想法并知道如何处理：描述、记叙、哀歌、讽刺、诙谐等。他借助俚语并使用双关语。在散步的时候或者是在朋友聚餐的时候，十有八九人们都会要求他写诗：他总是愉快地接受邀请。他喜欢即兴创作并发自本能地写就诗词。对于他来说，写诗就应该和"鸟儿在春天歌唱一般"或者像"秋天的蝉鸣一般"。苏东坡是一位先锋派诗人。通过他简单而清晰的风格，他将诗词从陈词滥调和隐喻中解放出来。

林语堂用"灵魂贴近"的方式进行历史传记创作。林语堂认为中国的作家与知识分子欠缺苏东坡伟大的特质：真与诚。缺乏这些，知识分子出于恐惧权势，便自我批判、自我检控、出卖道德灵魂或是随波逐流。对林语堂来说更为重要的是，苏东坡既是杰出的文学家，也是一位令人钦佩的伟人。他热爱自由，具有强烈的独立意识、信念。他不服管教、性格冲动和倔强。他自己承认"我是一个无可救药的人"。在苏东坡写的2400多首诗词当中，很多都并不是赞美朝廷的。他的诗词充满战斗性。此外，他还继承了愤世嫉俗诗人的传统。他的文笔是无情的，他将政府比作呱呱叫的蟾蜍、乌鸦以及喋喋不休的知了。他用了一年的时间向宋神宗写了两封长信，里面他并不是以奉承者的名义，而是以国民的名义冷静并大胆地表达了他对于国事的看法："陛下在讲让国家变得富裕的时候，我不明白究竟是人民的富裕还是陛下的富裕"。受过军阀政府的通缉，受过左翼的围剿，也不受右翼的待见，做人与为文，对林语堂而言是同样的一件事。他表示，一个作家不能轻易自毁名誉，他必须保持中立。苏东坡以及他所代表的中国传统文化的意义对林语堂而言，就是站在人道的一面，不但与法西斯主义以及党派之争相对矛盾，而且还与之抗衡。简单说，一个作家应"不羁"，不受限制，并以此态度确保社会意见多元发展。

　　林语堂通过极富诗意的景、物、人的描写来寓含人生智慧，达到景、情、理的互相融合与渗透。热爱自由，亲近大自然，信奉快乐的哲学且具有强烈的独立意识的林语堂，与他所追崇的苏东坡，还有很多的相同与不同。譬如说政治文化处境。在苏东坡的政治环境里，司马光和王安石，谁是小人？谁都不是小人，都是君子，只是关于推行变法的分歧而已，而且这分歧说到底是很小的，王安石要疾风骤雨，司马光要慢慢改良，最后其实要的都是知识分子的娇娇脾气——皇帝，你不听我的，你听他的。好啊，你们去搞大变法去，我不掺和，我去修史总可以吧！实际上两个阵营只是排异政见，没有谁要置谁于死地。苏东坡只是搅进两方阵营里了，其实他也没明确赞成谁，反正都是君子的游戏而已。林语堂的环境其实更黑暗和险恶，恐怖和暗杀的事件总发生，亡国灭种的危机是确实存在的，那个阶段知识分子要接受良知的拷问，他谈幽默闲适和物质享受是不合时宜的。他没有苏东坡那么强的政治意识，没有苏东坡那种惊天的才情机智，也就是说，林语堂不敢为天下先，用巧藏拙处也多，不像苏东坡那样鲜亮豁透。在文艺观方面，他们都"不拘文法"。苏东坡在词学史上的最大贡献是"以诗为词"，为此李清照还批评他写的词根本合不了音律。词从音乐文学变成案头文学，不合律就不合律了，这本身也是词这种体裁的发展必然。苏东坡显然不是故意要不合律的，他只是不拘束，跟他的性格一样！林语堂明

259

确说文章要"独抒性灵，不拘文法"，他的书话体小品文今天看来，应该是当时文坛的一朵奇葩。林语堂和苏东坡一样，都讲究物质享受，这个难得，我们现代人能理解，但是那个时代的知识分子可不一样，讲物质享受好像是亵渎了精神光辉一样，心里馋着嘴上偏说不！苏东坡才不管，他爱吃，也爱钻研怎么吃！林语堂也一样，且放肆地讲，我要有个中国的厨子＋法国情人＋一堆纯物质享受的东西！好耿直的两个人！林语堂说，"苏轼的肉体虽然会死，他的精神在下一辈子，则可成为天空的星、地上的河"。这一点，林语堂更难以企及，也是他与苏东坡的差异。

林语堂称苏东坡是"旷古奇才"，被他"以儒学为准绳，而骨子里则是一纯然道家"的气质所吸引。苏东坡从童年到青年和壮年，直至生命的黄昏，都以快乐、从容、满足的姿态歌吟人生，这种精神深深打动了林语堂。林语堂为苏东坡立传，并不是要将伟大的文学家苏东坡生平事迹加以描述，而是要借苏来批判时代，提供现代一个值得效法的模范，指引人生命努力的方向。同时，这又是跨越千年的握手，故而林语堂在坚持史信、客观和平实的同时，更多地注入了他的思想、感情、感觉和体悟。

实际上，林语堂在《苏东坡传》的开笔就叙述了他与苏东坡的关系：

　　要了解一个死去已经一千年的人并不困难。试想，通常要了解与我们同住在一个城市的居民，或是了解一位市长的生活，实在嫌所知不足，要了解一个古人，不是有时反倒容易吗？姑就一端而论，现今仍然在世的人，他的生活尚未完结，一旦遇有危机来临，谁也不知道他会如何行动。醉汉会戒酒自新，教会中的圣人会堕落，牧师会和唱诗班的少女私奔。活着的人总会有好多可能的改变。还有，活着的人总有些秘密，他那些秘密之中最精彩的往往在他死了好久之后才会泄露出来。这就是何以评论与我们自己同时代的人是一件难事，因为他的生活离我们太近了。论一个已然去世的诗人如苏东坡，情形便不同了。我读过他的札记，他的七百首诗，还有他的八百通私人书简。所以知道一个人，或是不知道一个人，与他是否为同代人与否，没有关系。主要的倒是是否对他有同情的了解。归根结底，我们只能知道自己真正了解的人，我们只能完全了解我们真正喜爱的人。我认为我完全知道苏东坡，因为我了解他；我了解他，是因为我喜爱他。喜爱哪个诗人，完全是由于哪一种癖好。我想李白更为崇高，而杜甫更为伟大——在他伟大的诗之清新、自然、工巧、悲天悯人的情感方面更为伟大。但是不必表示什么歉意，恕我直言，我偏爱的诗人是苏东坡。

在今天看来，我觉得苏东坡伟大的人格，比中国其他文人的人格更为鲜明突出，在他的生活和作品里，显露得更为充分。在我头脑里，苏东坡的意象之特别清楚明显，其理由有二。第一，是由于苏东坡本人心智上才华的卓越，深深印在他写的每一行诗上，正如我所看见的他那两幅墨竹上那乌黑的宝墨之光，时至今日，依然闪耀照人，就犹如他蘸笔挥毫是在顷刻之前一样。这是天地间一大奇迹，在莎士比亚的创作上，亦复如此。莎翁诗句的道健，是来自诗人敏感的天性与开阔豁达的胸襟，至今依然清新如故。纵然有后代学者的钻研考证，我们对莎士比亚的生活所知者仍极稀少，可是在他去世四百年之后，由于他作品中感情的力量，我们却知道了他的心灵深处。

第二个理由是，苏东坡的生活资料较为完全，远非其他中国诗人可比。有关他漫长的一生中，多彩多姿的政治生涯那些资料，存在各种史料中，也存在他自己浩繁的著作中。他的诗文都计算在内，接近百万言，他的札记、他的遗墨、他的私人书信，在当代把他视为最可敬爱的文人而写的大量的闲话漫谈，都流传到现在了。在他去世后百年之内，没有一本传记类的书不曾提到这位诗人的。宋儒都长于写日记，尤以司马光、王安石、刘挚、曾布为著名，勤奋的传记作者如王明清、邵伯温。由于王安石的国家资本新法引起的纠纷，和一直绵延到苏东坡一生的政坛风波的扰攘不安，作家都保存了那一时代的资料，其中包括对话录为量甚大。苏东坡并不记日记。他不是记日记那一类型的人，记日记对他恐怕过于失之规律严正而不自然。但是他写札记。遇有游山玩水、思想、人物、处所、事件，他都笔之于书，有的记有日期，有的不记日期。而别人则忙于把他的言行记载下来。爱慕他的人都把他写的书简、题跋等精心保存。当时他以杰出的书法家出名，随时有人恳求墨宝，他习惯上是随时题诗，或是书写杂感评论，酒饭之后，都随手赠与友人。此等小简偶记，人皆珍藏，传之子孙后代，有时也以高价卖出。这些偶记题跋中，往往有苏东坡精妙之作。如今所保存者，他的书简约有八百通，有名的墨迹题跋约六百件。实际上，是由于苏东坡受到广泛的喜爱，后来才有搜集别的名人书札题跋文字印行的时尚，如黄山谷便是其一。当年成都有一位收藏家，在苏东坡去世之后，立即开始搜集苏东坡的墨迹、书简等，刻之于石，拓下拓片出卖，供人做临摹书法之用。有一次，苏东坡因对时事有感而作的诗，立刻有人抄写流传，境内多少文人争相背诵。苏东坡虽然发乎纯良真挚之情，但内容是对政策表示异议，当时正值忠直之士不容于国都之际，当权者之愤怒遂集于他一人之身，情势严重，苏东坡几乎险遭不测。他是不是后悔呢？表面上，在他的贬谪期间，对不够亲密的朋友他说是已然后悔，但是对莫逆之交，他说并无悔意，并且说，倘遇饭中有蝇，仍须吐出。由于他精神上的坦白流露，他也以身列当时高士之首而自伤，在与心地狭窄而位居要津的政客徒然挣扎了一番之后，他被流放到中国域外的蛮荒琼崖海岛，他以坦荡荡之胸怀处之，有几分相信是命运使然。

像苏东坡这样的人，生活中竟有如此的遭遇，他之成为文人窃窃私语的话柄，尊重景仰的话题，尤其是在去世之后，乃是自然之事。若与西方相似之人比较，李白是一个文坛上的流星，在刹那之间壮观惊人的闪耀之后，而自行燃烧消灭，正与雪莱、拜伦相近。杜甫则酷似弥尔顿，既是虔敬的哲人，又是仁厚的长者，学富而文工，以古朴之笔墨，写丰厚之情思。苏东坡则始终富有青春活力，以人物论，颇像英国的小说家萨克雷（Thackeray），在政坛上的活动与诗名，则像法国的雨果，他具有的动人的特点，又仿佛英国的约翰生。不知为什么，我们对约翰生的中风，现在还觉得不安，而对弥尔顿的失明则不然。倘若弥尔顿同时是像英国画家根兹博罗，也同时像以诗歌批评英国时事的蒲普，而且也像英国饱受折磨的讽刺文学家绥福特，而没有他日渐增强的尖酸，那我们便找到一个像苏东坡的英国人了。苏东坡虽然饱经忧患拂逆，他的人性更趋温和厚道，并没变成尖酸刻薄。今天我们之所以喜爱苏东坡，也是因为他饱受了人生之苦的缘故。

中国有一句谚语，就是说一个人如何，要"盖棺论定"。人生如梦，一出戏演得如何，只有在幕落之时才可以下断语。不过有这种区别——人生是如同戏剧，但是在人生的戏剧里，最富有智慧与最精明的伶人，对于下一幕的大事如何，也是茫然无知。但是真正的人生，其中总包含有一种无可避免的性质，只有最好的戏剧才庶乎近之。因此在给过去的人写一本传记时，我们能把一场一场已经完成的戏，逐一观看，观看由人内在的气质与外在的环境所引起的必要的发展，这自然是一项重大的方便。在我将《苏东坡传》各章的资料钻研完毕，并且了解了为什么他非要有某些作为不可，为什么非要违背他弃官归隐的本意之后，我觉得自己好像一个中国的星象家，给一个人细批终身、预卜未来，那么清楚、那么明确，事故是那么在命难逃。中国的星象家能把一个人的一生，逐年断开，细批流年，把一生每年的推算写在一个折子上，当然卦金要远高出通常的卜卦。但是传记家的马后课却总比星象家的马前课可靠。今天，我们能够洞悉苏东坡穷达多变的一生，看出来那同样的无可避免的情形，但是断然无疑的是，他一生各阶段的吉凶祸福的事故，不管过错是否在他的星宿命运，的确是发生了，应验了。

注释

[1] 2017 年 11 月 23 日，第八届（眉山）东坡文化节暨首届四川音乐周开幕式上的现场主旨演讲。

[2] 刘中秀：《幽默大师林语堂讲演〈关于读书的意见〉》，《东北中学校刊》1934 年7 月 9 日第 6 期，第 6 页。

[3] 林语堂：《做文与做人》，《论语》1935 年 1 月 16 日第 57 期，第 442－447 页。

[4] 林语堂：《生活的艺术》，《林语堂名著全集》第 21 卷，东北师范大学出版社1994 年版，第 226 页。

[5] 林语堂：《苏东坡与其堂妹》，《林语堂散文经典全编》第 3 卷，九州出版社 2002年版，第 456 页。

[6] 林语堂：《生活的艺术》，《林语堂名著全集》第 21 卷，东北师范大学出版社1994 年版，第 227 页。

[7] 林语堂：《苏东坡传》，《林语堂名著全集》第 11 卷，东北师范大学出版社 1994年版，第 5 页。

[8] 林语堂：《苏东坡传·序》，《林语堂名著全集》第 11 卷，东北师范大学出版社1994 年版，第 2 页。

谦卑与博爱的襟怀
林语堂与耶稣基督

　　"基督"的意思是救赎，基督是对耶稣的尊称。基督教是对奉耶稣基督为救世主的各教派的统称。作为一位海内外著名的学者与作家，林语堂一生与基督教有着不解的缘分，他出身基督教家庭，自幼耳濡目染，却在成年后发生变异，崇奉人文主义，而又在晚年重新信仰，终归基督教。《从异教徒到基督徒》《林语堂自传》《八十自叙》等部著作中，比较详细地记叙了林语堂一生与宗教的关系及其曲折的经历。

　　1959 年出版的《从异教徒到基督徒》，全书八章，从题目即可理解基本思路：一颗心灵由基督教起步，而后又怎样冲破层层阻隔，迈过高山迷雾，最后又重回基督威严的大光之中。第五章还专门论述了佛教，题为"澄清佛教的迷雾"。这与他在《林语堂自传》一样——第二章"乡村的基督教"和第五章"宗教"，相互交叉的写法，记录他一生与宗教的关系。正如林语堂自己在"绪言"中所言："本书是个人探求宗教经验的记录，记载自身在信仰上的探险、疑难及迷惘，与其他哲学宗教的蹉研，以及对往圣先哲最珍贵的所言、所诲的省求。""这绝对不是平凡无奇的发现，而是一次性灵上充满震惊与环险的旅程。""我获得宗教走的是一条险路；我觉得没有其他的路是更妥帖的。因为宗教本身是个人自始至终面对那个令人惊悸的天，纯属自身与上帝之间的事；它自个人内心生出，不能由他人'赐予'。"[1] 在表现手法上，他打破了理论著作过于讲究概念、推理和逻辑的弊病，也突破了生涩的教条化的语言表述方式，代之以生动明快、灵活自由和深入浅出的阐述，从而使读者感到不费力气就能理解作者的深意。

林语堂出生于一个虔诚的基督教家庭，他的父亲是基督教的牧师，他的祖母也是基督教的信徒，因此他自称"第三代基督徒"。据林语堂回忆，童年时期他每晚都和兄弟姐妹"轮流读耶经……跪在凳子上，各自祷告"[2]。林语堂与基督教有一段曲折的因缘，他"在童时是一个十分热诚的教徒，甚至在圣约翰加入神学院，预备献身为基督服务的。"[3] 但是，随着年岁的长成，他越来越无法接受基督教神学中诸如"童女生子""肉体复活""原罪"等荒谬、不真的教条，故而说："一切神学的不真，对我的智力都是侮辱。"[4]

应该说，这一时期的林语堂，对中国传统文化的热爱和认识超过了对外来基督教的热爱与认识。首先，西方强行输入中国的鸦片，导致中国人有了一种深厚的屈辱感和对西方的厌恶感，同时也使中国的基督徒有一种被剥夺国籍的感觉。鸦片是西方传教士用枪炮逼迫中国人接受的东西，林语堂为此对坚决禁鸦片的林则徐表示了崇高的敬意，认为他是伟大的无畏者，是自己同宗的著名先贤，他以自己有这样的同宗先贤而深感自豪。其次，林语堂认为中国人的祖先崇拜，是表现中国人传统个性特点的基本点，任何一个中国人都没有理由不参加祖先崇拜活动，更不应自摒于这个传统民族文化活动之外。祖先崇拜，在中国人看来，是对过去的崇敬与联系，是源远流长的家族系统的具体表现，而因此更是中国人生存的动机。它是一切要做好人、求光荣、求上进、求在社会上成功的准则。对一个有知识的中国人来说，加入本国思想的传统主流，不做被剥夺国籍的中国人，是一种很自然的期望。尽管上海圣约翰大学"异教智慧"的世界向林语堂敞开，但来到北京后，他还是跳出基督教信仰的限制，去"恶补"中国传统文化的课。这个时候，林语堂的思想、信仰及实际行为，都已表明他开始了一种崭新的人生生活，完全摆脱了幼年时期准基督徒般的生活境界。

但是，生活有时确实会给人开玩笑，一个已经背离宗教、弃绝基督教的人，居然会在晚年，在林语堂越益成熟、越益走向人生至高点时，却幡然悔悟，又重新回归基督。他说："我转回基督教，有些人曾表示惊讶，且觉得难以相信我会放弃对现世及现实主义的接受，而去换取较为可疑、较为形而上学的基督教'信仰'。""我之回到基督教会，不如说是由于我的道德的一种直觉知识，由中国人最为擅长的'从深处发出的讯号'的感应。我也必须说明经过的程序不是方便而容易的，我不轻易改变一直崇信的道理。我曾在甜美、幽静的思想草原上漫游，看见过美丽的山豆；我曾住在孔子人道主义的堂室，曾爬登道山的高峰且看见它的崇伟；我曾瞥见过佛教的迷雾悬挂在可怕的空虚之上；而也只有在经过这些之后，我才降在基督教信仰的瑞士少女峰，到达云上有阳光的世界。"[5]

光在哪里？耶稣的声音！林语堂认为，这大光是耶稣发出的，它威严得像命令，命令我们爱上帝和爱邻舍。但妇孺皆能明白，耶稣为我们清除了这一切，把纯朴真理的核心指示我们，既简明又带着天上的灵光，代表着上帝最高的法则和人类最美好的德行。上帝已不再是虚幻的，它已从耶稣基督身上具体地表现了出来。这就是宗教，完整而纯粹，绝对不是一种假设。没有任何一种宗教能给予这种从上帝而来的亲切感。建立个人与上帝之间的关系乃是基督教的无比贡献。林语堂真正能够让自己心平气和、心灵通透的是基督耶稣"大光"之照耀。

林语堂在他所写的文章中，专门谈到了他从人文主义回到基督教信仰的过程。他承认，自己在人生的第二阶段——从童年到老年之间的青年和中年的三十多年时间中，"唯一的宗教是人文主义：相信人有了理性的督导已很够了，而知识方面的进步必然改善世界。"但是，他观察了20世纪物质上的进步和那些不信神的国家所表现出来的行为后，开始认为，深信人文主义是不够的，"人类为着自身的生存，需与一种外在的、比人本身伟大的力量相联系。"这就是他回归基督教的理由，他说，他愿意回到"那由耶稣以简明方法传布出来的上帝之爱和对它的认识中去。"[6] 这个转变似乎有些令人感到不可理解，甚至不可思议，但是，我们如若联系林语堂的家庭背景、他的童年时代生活环境和家庭氛围、他的大学生活经历及他对东方佛教和中国道教的看法，也许能够理解他这种转变的缘由和道理。他背离基督教虽然在情理上自然可信，并非故作姿态，但它毕竟还不够彻底，一旦实际生活让他看到，人的理性还难以足够地让其能改善自己并进而改善世界，他就会产生动摇和怀疑，于是乎，人文主义的东西在他心中便逐渐减少了，宗教的东西则逐渐占了上风。然而，东方的佛教以慈悲为本，认为感觉世界不过幻景而已，人生的一切都是至堪悲悯的，它只是宣扬对来世的盼望和对今世的逃避；中国的道教提倡对虚幻、无名、不可捉摸又无处不在的"道"的崇敬，这"道"是主宰天地和宇宙的一切之源，但它回复自然和拒绝进步的本质，对现代人问题的解决起不了作用；于是，林语堂便开始不知不觉地倾向于自己童年的基督教信仰了。这当中主要还是实际的人生经历中所遇到的困惑和迷惘在中间起作用。如果一个人的生活本身一直一帆风顺，他恐怕很难产生迷惘和困惑，这便难以导致他对宗教产生依赖和信仰，而如果一旦现实生活变得严酷异常，而人自身对它又难以做出正确的解释，那他一定会将自己的精神寄托于宗教或其他的精神依托上，从而给自己寻找理想的出路或做出可以令自己信服的解释。林语堂大约就因为现实世界的诸种现象难以令他满意，又寻找不到理想的释词，于是早年潜在于内心的因素便"故土复萌"了，加上一个偶然的机会，陪太太去教堂做礼拜时，他听到了牧师的宣讲，其丰富的内容和深刻的启示，成了他信仰转变的最佳良机，他开始恢复了对基督教的信仰，寻找到了能使像自己那样受过现代教育的人满足的宗教。

当然，这段"背离"阶段的生活，也并非单纯划一，在自称异教徒的那段时间里，林语堂虽然"已失去对信仰的确信，但仍固执地抓住对上帝父性的信仰。"[7] 数十年的基督教育使林语堂对上帝的信仰已然很深，上帝早已成为他内心的精神依托，他"不能设想一个无神的世界。我只是觉得如果上帝不存在，整个宇宙将彻底崩溃，而特别是人类的生命。我一切有理性而生的信念亦由理性而尽去，独有我的爱，一种精神的契谊（关系）仍然存留。"[8] 林语堂以人道主义的观点重新观察基督教，他将基督神学与基督教区别开，在他看来，基督教的根本是引人向善，而上帝也并不像基督神学所描述的那般严厉、不近人情，他"深信上帝也同样的近情与明鉴。"[9]

林语堂始终保持着对上帝的爱与信仰，在他看来，苍穹之上总有一个伟大的上帝凝视着人类，他教导人类去做一个好人、一个有用的人。林语堂认为，对不真的教条的质疑并不影响人成为一个好的基督徒，因为"耶稣没有信条，也没有仪式。耶稣只教人一个原则，或两个原则合并为一个原则：就是天国是在你心中……温柔及谦卑的人将承受地土，前者教人心灵内在的自由；后者教'我弟兄中最小者'的价值。换句话说，谦卑的人在心灵上是自由的，而最谦卑的人将会获得胜利。"[10] 林语堂认为温柔、谦卑才是基督教的核心教义，也是基督教徒该有的人格特点，让中国人信奉基督教的不是刻板的教义，而是因为他们与有着温柔、谦卑这一基督徒人格的人接触过。林语堂曾回忆"我记得当我横越大西洋的时候，遇见一个想劝我信基督教的女人，而且几乎是以她的谦卑和温柔而成功的。我敢说如果这一次的海上旅程延长十天，我就会在当时当地重回基督教。"[11] 而林语堂回忆中那位数十年后依旧唤出他的乳名的女传教士也同样具有温柔、谦卑的特点。温柔与谦卑是基督教对林语堂的一大影响，它养成了林语堂温和谦卑的个性。

基督教中的"博爱"精神同样对林语堂影响至深。在《从异教徒到基督徒》一书中，林语堂引用耶稣的话来论述耶稣对上帝及人类的爱。"有了命令又遵守的，这人就是爱我的。爱我的必蒙我父爱他，我也要爱他，并且要向他显现。""我要赐给你们一句话，就是叫我们彼此相爱。我怎么爱你们，你们就要怎么相爱。"[12] 林语堂认为，耶稣对上帝、对信众的爱是无条件的、等同的，他不因一切物质条件而改变，"凡劳苦担重担的人可以到我这里来，我会使你们得到安息。"[13] 正是因为这份无私、平等的爱让"税吏、娼妓，比当时那些饱学之士更亲近他"。这也是"耶稣最特别的地方，他的无与伦比之处。"[14] 林语堂表现出来基督教的"博爱"精神与佛教的慈悲之心有异曲同工之妙。在《风声鹤唳》中，林语堂将《圣经》中"我命你们互爱，如我爱你们。为友舍命，人间大爱莫过于斯。"[15] 作为博雅的墓志铭，而老彭这位禅宗佛教徒对普通难民无条件的爱与慈悲正如耶稣对众生的博爱。耶稣与佛教的不同之处在于耶稣的爱只对信众，而佛教的博爱却针对一切的生灵，但无论爱的对象是谁，"博爱"都使人成为一个温和的人，使人获得稳定、宁静、和平。

在基督教文化的影响下，林语堂将温和与谦卑作为一种人格理想，这份温和与谦卑使他对人常怀有一颗包容与仁慈的心，林语堂正是怀着这份温和、包容与仁慈走进一段传统的婚姻。他待人温和，对妻子更是如此，"翠凤从来不知道，男人可以这么体贴，这么温柔地对待女人。她心里的顾虑很快就消除了。"[16] 林语堂内心的谦卑使他在婚姻中不以大丈夫自居，他能看到翠凤的优点，也深知自己在生活上的不足，他知道翠凤的常识比他多，他也感谢妻子为他做美味的饭食，他们的婚姻不是一方发号施令，而是双方共同合作，正因如此，他们的婚姻才有长久的可能。

现代的理性主义和物质主义，林语堂认为问题太多，那是一个"死巷"，不是"康庄大道"，它不能让人有光明的前途。基督是觉者、智者，人们渴望能得到智者的救助，在饱尝耶稣的甘霖滋润下，空荡干涩的灵魂一下子会找寻到皈依处，过度绷紧了的神经会发生润滑缓和的作用，在对耶稣的渐渐领悟里，失落的情绪会趋于平静、平和；浮躁、不安的心态会慢慢地安下心来。这就是为什么林语堂一生与基督教有着极为密切的关系——从小受基督教濡染，且几乎终生探求包括基督教在内的广义的宗教，最终又回归了宗教——基督教。

注释

[1] 林语堂：《从异教徒到基督徒》，《林语堂名著全集》第 10 卷，东北师范大学出版社 1994 年版，第 39—40 页。

[2] 林语堂：《八十自叙》，《林语堂名著全集》第 10 卷，东北师范大学出版社 1994 年版，第 258 页。

[3] 林语堂：《林语堂自传》，《林语堂名著全集》第 10 卷，东北师范大学出版社 1994 年版，第 24 页。

[4] 林语堂：《从异教徒到基督徒》，《林语堂名著全集》第 10 卷，东北师范大学出版社 1994 年版，第 55 页。

[5] 林语堂：《从异教徒到基督徒》，《林语堂名著全集》第 10 卷，东北师范大学出版社 1994 年版，第 85 页。

[6] 林语堂：《林语堂自述》，大象出版社 2005 年版，第 66 页。

[7] 林语堂：《从异教徒到基督徒》，《林语堂名著全集》第 10 卷，东北师范大学出版社 1994 年版，第 65 页。

[8] 林语堂：《林语堂自传》，《林语堂名著全集》第 10 卷，东北师范大学出版社 1994 年版，第 25 页。

[9] 林语堂：《我的信仰》，《林语堂名著全集》第 18 卷，东北师范大学出版社 1994 年版，第 339 页。

[10] 林语堂：《从异教徒到基督徒》，《林语堂名著全集》第 10 卷，东北师范大学出

版社 1994 年版,第 228 页。

[11] 林语堂:《从异教徒到基督徒》,《林语堂名著全集》第 10 卷,东北师范大学出版社 1994 年版,第 234 页。

[12] 林语堂:《从异教徒到基督徒》,《林语堂名著全集》第 10 卷,东北师范大学出版社 1994 年版,第 223—224 页。

[13] 林语堂:《从异教徒到基督徒》,《林语堂名著全集》第 10 卷,东北师范大学出版社 1994 年版,第 234 页。

[14] 林语堂:《从异教徒到基督徒》,《林语堂名著全集》第 10 卷,东北师范大学出版社 1994 年版,第 52 页。

[15] 林语堂:《风声鹤唳》,《林语堂名著全集》第 3 卷,东北师范大学出版社 1994 年版,第 343 页。

[16] 林太乙:《林语堂传》,《林语堂名著全集》第 29 卷,东北师范大学出版社 1994 年版,第 36 页。

快乐哲学的传承

林语堂与伊壁鸠鲁

伊壁鸠鲁（Epicurus，前 341—前 270 年），是古希腊一位唯物主义者和无神论哲学家，快乐主义的幸福观是他哲学的一个特色。他说："我们说快乐是幸福生活的开始和目的，因为我们认为幸福生活是我们天生的最高的善，我们一切取舍都从快乐出发，我们的最终目的乃是得到快乐，而以感触为标准来判断一切的善。"[1] 伊壁鸠鲁的快乐主义建立在感觉论的基础上，提倡追求精神的快乐和理性的、审慎的肉体快乐，且运用原子论思想消除人对神的恐惧和死亡的害怕，引导人关注现世人生，从而获得身体上无痛苦和灵魂上无烦扰的快乐生活。林语堂坦承："我生来便是一个伊壁鸠鲁派的信徒，吃好味道的东西最能给我以无尚的快乐。"[2] 他提倡闲适、快乐的生活，认为快乐属于感觉，只有在肉体快乐得到合理满足的基础上才能享受精神的快乐，还用宇宙观消除对神灵和死亡的恐惧，以一种乐观的心态摆脱悲剧情结的困扰，追求尘世的幸福生活，享受人生的快乐。这是林语堂从伊壁鸠鲁那里学到的思想精髓。

林语堂的快乐哲学在伊壁鸠鲁快乐主义学说的影响下形成，他们有着天然的、稳定的联系：第一，他们的理论在动荡时局下产生，且都受到许多学者的批判；第二，他们认为快乐建立在感觉论的基础上；第三，他们既注重精神的快乐，也注重肉体的快乐；第四，他们正确对待神灵和死亡，消除人的恐惧和忧虑，提倡追求身心安宁和避免苦痛的幸福生活。

伊壁鸠鲁的快乐主义哲学建立在他的感觉论的基础上。他提出，"不同的感觉作用于或判断于不同的物体。所以，一种感觉的判断和另一种不会冲突。"[3] 人们就可以使用多种感官功能对不同事物的声音、颜色和类型等建立印象，感官对这些印象进行把握，在感官舒适的状态下，也就能体会到快乐。

此外，伊壁鸠鲁又把快乐看成是天生的最高的善。在对快乐进行主体性选择时，伊壁鸠鲁强调要运用"清醒的理性"去把握快乐。因为"没有任何快乐的本身是坏的，但是某些享乐的事会带来比快乐大许多倍的烦恼"[4]。伊壁鸠鲁结合人们的欲望，将快乐分为三种类型：第一类是自然的也是必要的欲望，如食物、水、睡眠等，这类欲望是为了满足人的基本生存需要；第二类是自然而不必要的欲望，如奢侈的宴饮、过度的物质享受、性欲的需求等，这类欲望并不能使人获得真正的快乐；第三类是既非自然又非必要的欲望，如虚荣心、贪财、贪权、占有欲等，这类欲望是难以使人满足的。伊壁鸠鲁主张人们满足自然而必要的欲望，对于自然而不必要的和既非自然又非必要的欲望要抛弃和节制。

深受伊壁鸠鲁思想影响的林语堂认为："人类的一切快乐都属于感觉的快乐""人类所有的知识都是由于感官之经验而产生"[5]。

快乐不是抽象的，而是具体的且触手可得。在清晨睡醒后呼吸着新鲜的空气；或是手拿烟斗，悠闲地吸着烟；或是一群伙伴在溪中玩水，海阔天空地畅聊；或是雨天出门故意不带伞，淋得全身湿透等都是快乐的时候。这些日常生活之事能带给人快乐的感觉，在于人使用嗅觉、视觉、听觉、触觉等满足了精神生活，使心灵得到释放、舒畅，人也就感觉快乐了。伊壁鸠鲁强调快乐是身体的感受与心灵体验的结合，林语堂将其引申为快乐是感官与精神错综地联系起来的体验。林语堂承认感官欢乐的存在，信任身体的每个感官的功能，摒除"轻视感觉和畏惧情感的心理"[6]。在此之后，人使用味觉、视觉、色觉、触觉等多种感官去感知事物，且与人的精神体验相联系，使人获得愉快的感官体验。

在感官尽情地去享受人生欢乐时，林语堂提倡"道德的欢乐"，用理智对待欲望，避免对唯物主义的误解。他认为"所谓'唯物主义'，是含有一种喜悦、一种欢乐、一种健全的情感"[7]。真正的唯物主义者是大公无私的、欢乐的，他们不会为了权欲、虚荣心、物欲、情欲等用宗教、愚昧的学说和信条去迷惑人类，践踏生命。他们有仁爱之心，有一个健全的且接近大自然的心灵。这个心灵从感官上获取营养，已从人类的愚昧和无知中解脱出来，且能保持理智和道德的健全。在这种心灵的作用下，他们会引导人类对于人生和欲望有正确的认识，要用感官去感受各种事物的实情，得到正确而全面印象。与此同时，感官与理智、道德健全的心脑共同合作，将获取的印象进行把握，使人精神愉悦，感受人生的欢乐。

伊壁鸠鲁认为肉体快乐是其他快乐的基础，"肉身的呼喊催促着我们避开饥渴和寒冷，谁能避开这些困扰并一直保持下去，其

277

幸福将不亚于天神。"[8] 由此可知，如果肉体的快乐不能得到满足，其他的快乐和人生的目的就难以实现。事实上，伊壁鸠鲁崇尚的是一种理性的、审慎的、有节制的肉体快乐，在此基础上强调精神的快乐。伊壁鸠鲁虽然更强调精神上的快乐，但在价值地位上肉体快乐与精神快乐是相等的，它们之间并不存在低等和优质的区别。在伊壁鸠鲁看来，精神快乐是在一定程度上对肉体快乐的静观。精神快乐能存在于当下，也能回忆过去、预想未来，而肉体快乐只能是暂时的、不稳定的。所以精神上的纷扰比身体上的痛苦来得深刻，使人所感受到的精神快乐也更为深刻。

林语堂与伊壁鸠鲁一样，不但承认肉体的存在而且强调肉体的快乐。他认为"精神的欢乐与身体的欢乐是不可分离的，精神的欢乐也必须由身体上感觉到才能成为真实的欢乐。"[9] 如果人不承认肉体的存在，那人就和天使一样了。天使没有肉体，不能感受饥饿、口渴，没有触觉、嗅觉、听觉等感官，以至于天使不能感受肉体的快乐。在承认人有肉体的基础上，林语堂指出肉体上的欲望必须得到合理的满足，否则人没有了欲望，只剩下空壳的身躯或者变成纯粹的灵魂。由空虚、和平、宁静可以取而代之的人生，是不真实的，也是毫无意义的。文学描写人生的酸甜苦辣和真实的人性、情感与欲望；宗教、绘画、诗歌、音乐带给人视觉、色觉、听觉上的感受，使痛苦、冤屈和残酷的情感变得冷淡；哲学使人重获对大自然和人类天性的真见识。文学、艺术、宗教、哲学能使人获得精神欢乐，它们带给人新鲜的感官体验，"富于感情的吸引力和一种更健全的人生意识"[10]。即使人淡忘现实生活中的麻木、沉重、冷酷和琐碎，从而对人生充满热情，富有希望，使人能以爱心和慈悲之心欣赏世界，让人自由自在地去寻找和感受幸福的生活，享受精神的快乐，成为爱好人生者。然而，在世俗化的人生中，林语堂从食物、社交宴会、家庭的团聚、春天的野游等切实的生命体验中享受欢乐。他认为人类的快乐属于感觉，从感觉出发，人可以发挥各种感官功能去感知事物，将肉体的体验与精神体验相结合，使身心愉悦。

伊壁鸠鲁认为快乐的实质是身体上的无痛苦和灵魂上的无纷扰。他运用原子论思想消除人对神的恐惧和死亡的害怕。世界是由物质组成的，而物质是由原子所构成，所以人和神也是由原子所构成。既然神是由原子所构成，它就不具有神秘性和神圣性。人由原子所构成，也是由身体和灵魂组成，因此身体和灵魂也是由原子所构成的。伊壁鸠鲁提出，"人的身体和灵魂是不能被分离的"。当人死了，原子驱散，身体和灵魂会会分离，感觉也就不存在了。他说："死亡，作为所有恶中最严峻的，对我们也没什么，因为当我们还生存时，死亡还未来临，而另一方面，当死亡来临时，我们也就不在了。对还在生存的和死去的人都没什么，因为对前者而言，死亡还没来；对后者而言，人已经没有了"。[11] 因此，人无需恐惧死亡，也无需担忧来世，而应去追求现世人生的幸福和快乐。

在伊壁鸠鲁学说的影响下，林语堂也否定神灵，认为人应该要正视死亡，享受尘世的快乐。林语堂否定"天堂"的存在，"在那边我们要做些什么呢？在天堂我们要得到怎样的快乐呢？""在天堂里也需要奋斗吗？努力吗？"[12] 在如此的质疑中道出了神灵只存在人的想象中，神学家以"拯救"人类灵魂的名义，为人死后虚构了一个"天堂"。林语堂认为人要有正确的宇宙观，人与石、树和动物一样都属于世界，所以人要确定在宇宙应占的地位，"因为我们生时是大自然的一个重要部分，而死后又是回到大自然去的"。[13] 人死后，身体回归大自然，灵魂亦是如此，也就无需为灵魂的问题所烦扰，而要关注人在尘世的快乐。人的生命总有一日会消亡，人不可能永生。大多数人总是被这种不可逃避的悲剧情结所困扰，林语堂却非常快乐地接受这种命运，"如果人们的信念和我的一样，认为尘世是唯一的天堂，那么他们必将更竭尽全力把这个世界造成天堂"。[14] 他就是以这种积极乐观的心态对待死亡，提倡人要把生活加以调整，努力想办法过一种真实的、合理的生活，在生活中获得最大的快乐。

无论是伊壁鸠鲁的快乐还是林语堂的快乐，都区别于"享乐"和"纵欲"。伊壁鸠鲁学说中的"快乐"是指身体没有痛苦（即身体的健康、基本物质需求的满足等）和心灵的安静（即排除对神和死亡的恐惧）。为达到这一目的，必须把三种欲望加以区分和取舍：第一类是自然而又必要的欲望，如饥渴时对面包和水的需求等，这类欲望要满足；第二类是自然而不必要的欲望，如过度的物质享受、性欲的需求等，可以偶尔顺从，但要有节制；第三类是非自然又非必要的欲望，如权欲、贪财、占有欲等不能屈从。因此，人们要正确对待这三种欲望，采取审慎的态度，理性选择，才能趋乐避苦，获得心灵的宁静和快乐的生活。对此，林语堂不仅理解通透，且将其融入人生哲学中。如前所述，他认为肉体上的欲望必须得到合理的满足，才能带来精神的欢乐。他尊重人性，理性对待物质、性等欲望，追求合理近情的生活理想的体现。不要被迷信和宗教所蛊惑，而要正视死亡，享受真实而快乐的现世人生。林语堂的观点似乎与伊壁鸠鲁学派的观念有相契合之处，可感的东西都是真实的，幸福作为一种感觉，就是真实生活的映像。但是，毕竟时代不同，林语堂绝对排斥关于幸福的客观标准。感觉来源于思维，人们长久以来的生活，所处的环境，所受的教育，积累、沉淀，形成每一个人不同的思考方式与思维观念。但是，百灵鸟的啼叫、浓密树荫下的一张躺椅、闲聊、散步、赏玩古董字画，享受家庭之乐，这些看似平常的东西才能给予心灵持久的满足。

林语堂提倡追求生命的享受和人生的快乐，这是他的目的，不是手段，更不是罪恶。以积极乐观的心态面对人生，注重肉体的欢乐与精神的欢乐，使身心达到和谐，从而享受真实而快乐的现世人生，这是林语堂人生哲学的价值意义所在。

林语堂与伊壁鸠鲁都处于国家时局动荡，百姓生活颠沛流离，文学思潮和文学流派蜂拥而至的社会环境里。伊壁鸠鲁提出快乐主义伦理观，用哲学指引战乱中的人们寻找幸福生活。林语堂深受其哲学理论的影响，提倡幽默小品，以"闲适""性灵"缓解内忧外患的社会局势所带来的焦虑和恐惧，启发人们关注现世生活，追求快乐人生。伊壁鸠鲁所主张的哲学理论从个人主义出发，这与社会时局不相符，由此而遭致文人学者的批判，林语堂亦是如此。

注释

[1] 夏军、张桂岳:《中国哲学简史》，江苏人民出版社 1989 年版，第 37 页。

[2] 林语堂:《林语堂自传》，《林语堂名著全集》第 10 卷，东北师范大学出版社 1994 年版，第 7 页。

[3] 诺尔曼·李莱佳德著，王利译:《伊壁鸠鲁》，中华书局 2014 年版，第 17 页。

[4] 伊壁鸠鲁·卢克莱修著，包利民等译：《自然与快乐：伊壁鸠鲁的哲学》，中国社会科学出版社 2004 年版，第 59 页。

[5] 林语堂：《生活的艺术》，《林语堂名著全集》第 21 卷，东北师范大学出版社 1994 年版，第 129 页。

[6] 林语堂：《生活的艺术》，《林语堂名著全集》第 21 卷，东北师范大学出版社 1994 年版，第 139 页。

[7] 林语堂：《生活的艺术》，《林语堂名著全集》第 21 卷，东北师范大学出版社 1994 年版，第 141 页。

[8] 伊壁鸠鲁·卢克莱修著，包利民等译：《自然与快乐：伊壁鸠鲁的哲学》，中国社会科学出版社 2004 年版，第 46 页。

[9] 林语堂：《生活的艺术》，《林语堂名著全集》第 21 卷，东北师范大学出版社 1994 年版，第 140 页。

[10] 林语堂：《生活的艺术》，《林语堂名著全集》第 21 卷，东北师范大学出版社 1994 年版，第 146 页。

[11] 诺尔曼·李莱佳德著，王利译：《伊壁鸠鲁》，中华书局 2014 年版，第 69 页。

[12] 林语堂：《生活的艺术》，《林语堂名著全集》第 21 卷，东北师范大学出版社 1994 年版，第 128 页。

[13] 林语堂：《生活的艺术》，《林语堂名著全集》第 21 卷，东北师范大学出版社 1994 年版，第 129 页。

[14] 林语堂：《生活的艺术》，《林语堂名著全集》第 21 卷，东北师范大学出版社 1994 年版，第 160 页。

至亲至爱
的牵绊

对林语堂影响和
帮助最大的几位亲人

　　每个人一生所成就的事业和他对社会所作出的贡献，除了个人所做的主观努力之外，与他所处的生活条件，所接触的人，所从事的职业也是分不开的。就林语堂而言，若不是他在一生中的几个关键时刻都遇到了对他产生重大影响和帮助的人，那就很难说后来成为具有世界影响力的艺术大师。每个人都可能有自己的家庭成员，他们或健在，或已离去，但他们都会给家中的一分子或多或少的影响。《林语堂自传》中说道："在造成今日的我之各种感力中，要以我在童年和家庭所身受者为最大……一个人一生出发时所需要的除了健康的身体和灵敏的感受之外，只是一个快乐的孩童时期——充满家庭的爱和美丽的自然环境便够了。"[1] 林语堂出生于一个人口众多的大家庭之中，对他影响最大的有父亲、母亲和二姐。他是个感恩的人。父亲为了他读书而奔波，母亲的辛勤劳作，还有二姐出嫁时对他的叮嘱关爱，他都牢记心中。在这个平凡的家庭里，自幼儿时期起，林语堂就感受到了来自家人的爱与温暖，家人以及家庭生活对他个性的养成、家庭观的形成以及婚恋的选择都产生了重要的影响。

父亲

在所有对林语堂发生影响和帮助的人之中，可以说父亲林至诚是最早、最大的了。正如林语堂自己所言："讲学问，尊德行是先儒之教。行有余力，则以学文，是孔子的明训。行为尊孔、孟，思想服老庄，这是我个人自励的准绳。文章可幽默，做事须认真，也是我律己的格言。这种态度与我少时的家教有关。我的父亲是一个做大梦的理想家，我小时候也好发议论，好发狂言，当我说得天花乱坠之时，父亲正色对我讲：'你别说得海阔天空，要紧把目前手下的事做好。救国之道，不在高谈阔论。人人肯把眼前手下的事做好，有识见，有操守，这个国家就好了。'当时我心中不服，因为他也很会做大梦。后来常想这句话，也有真理。一国之中，人人能把眼前分内的事做好，一个国家有这样个个认真守职的人，这种国家非强不可。"[2]

1. 林至诚小时曾做过小贩，肩担糖果四处叫卖。下雨天他母亲赶紧炒豆，让他卖豆仔酥。他有时也挑米去监狱卖，因为可得较高利润。他也挑竹笋到漳州城去卖，两地距离约十五里。后来他把自己肩上的疤痕指给孩子们看，说是挑重担磨出来的，要小孩们知道必须刻苦耐劳，才能站起来做人。

2. 林至诚是我国的第二代基督教徒，他认字读书，完全是自修的结果。他 24 岁入教会神学院，后来成为牧师。牧师的工作，为林语堂提供了读教会学校的机会。若不是教会学校所提供的免费教育，一个乡村牧师的孩子怎么能上大学、出国留学？林语堂在坂仔上的铭新小学、鼓浪屿教会小学，厦门的"寻源书院"（中学），上海的圣约翰大学，都是教会学校。

3. 林至诚对一切西方的东西皆有兴趣，他追求新知识，这就使林语堂从小兴奋地漫游于异域文化的殿堂。对孩子启蒙时，林至诚把儒家的经典作为启蒙读物（四书五经、《声律启蒙》、《幼学琼林》、《鹿洲全集》）。也鼓励他们看林琴南译的西洋书，如《福尔摩斯》《天方夜谭》《茶花女》，以及司各特、狄更斯、莫泊桑等的作品。林语堂的国学修养，首先要归之于父亲的"家庭教育"。他一心赞成光绪帝的新政，一直把一张光绪的画像挂在客厅墙上。他又受西溪的范礼文牧师（Reverend W. L.Warnshius）的影响，对西方的一切非常热心。范牧师向林至诚介绍"新学"的书籍及一份对林家大小有极大影响的刊物——上海基督教会林乐和牧师（Young.Allen）主编的《教会消息》（*Christian Inteligence*），从这些读物里，林至诚对西方知道了许多，而决心要他的儿子读英文，接受西洋教育。他又倾心"西学""新学"，向往牛津大学、柏林大学。1907 年，坂仔新教堂落成时，林至诚赶到漳州城里取回一副朱熹手迹的对联拓本，精心装裱在教堂的新壁上。用儒家的格言来装饰宣言基督教的讲台，这是至诚亲手缔造的"中西合璧"。数年后，林语堂以"两脚踏中西文化"而闻名于世，其实，这中西文化融合观的始作俑者就是他父亲。

4. 林至诚幽默成性，在讲台上说笑话，在饭桌上也和孩子谈笑。他有亲和力，而且还善于用闽南话布道，生动又诙谐，即便是没有多少文化的农夫也都爱听。他不仅传教，还为乡民解决争端，乡民家庭大小事，他都要过问。他喜欢为人做媒，尤其喜欢撮合鳏寡孤独。所以，他走到哪儿，哪儿就是人们集会的中心，并且笑声不断。这与林语堂后来成为"幽默大师"不无关系。

5. 作为乡村基督教的牧师，林至诚一个月的工资仅为20元（后涨至24元），微薄的工资收入并不影响他对孩子们培养的决心，为了凑足林语堂去圣约翰大学读书的学费，他为筹款整天东奔西跑。"我出国时，我们已经走上轮船的跳板，这时父亲送我们的那种景象，我始终不能忘记。父亲对我们双目凝视，面带悲伤。他的心思似乎是：现在我送你们俩到美国去，也许此生难以再见，我把儿子交托这个做媳妇的……她会细心照顾你。"[3]

当林语堂在德国莱比锡城听到父亲去世的消息，父亲的点点滴滴顿时都涌上心头。基督教文化中的"原罪""苦难"和"悲剧"情结是作为一种精神渗透在父亲的灵魂之中，而后又成为林语堂悲剧人生的来源之一。

在林语堂眼中，父亲是一个"无可救药的乐观派"。正是父亲的理想与乐观感染了家庭中的其他人，尤其是林语堂，当林语堂在爱情与生活中受挫时，这份理想与乐观显示出了重要的作用。林语堂从父亲身上感受到的不仅是理想与乐观，还有父亲对孩子深厚的爱。据林语堂回忆，林至诚每天上午10点左右会吃一碗猪肝面，而他经常留半碗给林语堂，这碗带着父爱的猪肝面始终留在林语堂的记忆中，林语堂在《八十自叙》中回忆道："我从来没吃过味道那么美的猪肝面。"不同于许多家庭中严厉而与孩子疏远的父亲，林至诚主动教授孩子，甚至和孩子们开玩笑，因此在林语堂心中"他对我们孩子，倒是和蔼亲切"。[4] 林至诚教育子女要友善，平时脸上要挂满笑容，尤其不许吵架。孩子们都很听话，照着父亲的教导去做，不时将笑堆在脸上。从此，林语堂各个时期的照片上，我们都能看到他那脸上和善的笑容。他又是一位无私的父亲，他想要给孩子最好的东西，为了培育孩子，他倾其所有不求回报。身为牧师的林至诚，并不像专制的封建家庭的父亲，他能平等和悦地对待孩子，他总是将自己视为家庭中的普通一员，他会当着孩子们的面为太太布菜，也会给孩子们讲笑话。现代教育观念认为，家长是孩子的第一个启蒙老师，他们的一举一动、一言一行都将在孩子心中留下印象，并且逐渐形成孩子的性格。显然，林至诚这种生活的态度与幽默的性格，自小就对林语堂起了作用，以致后来在生活的重压之下，他常常想起父亲。而在《生活的艺术》之类的作品中，也渗透着林至诚的生活艺术。

母　亲

"我降生的那一年，父亲四十岁。有一次外出之时，他染患了感冒，几乎丧命。讲道之时他曾出大汗，回家之后又没换衣裳，得了好严重的肺炎。母亲非常焦虑。母亲那时正要生第五个孩子，她只好想办法自己接生。至于她怎样忍痛生产，就不得而知。"[5] 女子本弱，为母则刚。林语堂的母亲杨顺命是一位勤劳、朴实、善良的女性，即使繁重的家务经常使她累得筋疲力尽，但她也从未抱怨，而且将孩子们照顾得很好。杨顺命与孩子们的关系极好，她对待孩子们非常宽容，虽然孩子们经常联合起来戏弄她，但她从不恼怒，只是皱着眉头说："你们又在戏弄笨娘了。"[6] 林语堂在《回忆童年》一文中这样形容母亲对他的影响："我有一个温柔谦让天下无双的母亲，她给我的是无限无量恒河沙数的母爱，永不骂我，只有爱我……说她影响我什么，指不出来，说她没影响我什么，又瞻之在前，忽焉在后。大概就是像春风化雨。我是在这春风化雨母爱的庇护下长成的。我长成，我成人，她衰老，她见背，留下我在世。说没有什么，是没有什么，但是我之所以为我，是她培养出来的……天下无限量的爱，是没有的，只有母爱是无限量的。这无限量的爱，一人只有一个，怎么能够遗忘?"[7] 母亲，对人之子，都具有本根的意义。对林语堂而言，母亲不仅给予他生命，也给予他"天高地厚般的慈爱。"[8] 上中学时，从厦门回来，有时，林语堂会躲进屋里，等待母亲出现，当母亲走到门前时，会突然扑到母亲的身上，让母亲又惊又喜；有时，他也会来点小幽默，如在门外装成乞讨的声音，向牧师娘要点水喝，既令母亲忍俊不禁，又是何等的天伦之乐！不仅生命是母亲给的，能长大成人也是母亲血汗灌养的。这是不能遗忘母爱的理由！有所为，有所不为的林语堂在《有不为》中写道："如果上帝能爱我，有像我的母亲爱我一半那样，那么他一定不会把我送入地狱的。"[9] 同样的意思在《生活的艺术》及其他的文章中，有多次表达。母亲的慈爱使林语堂一生无法忘怀，"慈爱"也成为林语堂对"母亲"一词最深的理解，因此林语堂多次塑造诸如陈妈、李太太（李飞之母）等慈母形象，即便是对银屏凶狠无情的姚太太，也有着夜夜盼儿归的经历。

除了让林语堂懂得什么叫母爱，杨顺命对林语堂的影响还有很多方面，譬如：

首先，母亲的生活习惯、道德品行深深影响着林语堂。杨顺命出身寒微之家，长得也并不好看，尤其是牙齿，所以笑的时候总是用手遮住嘴，怕人笑话，瘦长的脸上有几分木讷与朴厚。这个"顺命"的女人，不仅有着顺天知命和不与世争的天性，而且，身为8个孩子的母亲，还需从早操劳到晚，一家人的一日三餐，一年四季的缝补浆洗，几乎是她的"功课"。"到晚上总是累得筋疲力尽，两只脚迈门槛都觉得费劲。"[10] 她不仅将全部的爱无私地奉献给了子女，而且还是那么地勤俭持家。林语堂从厦门回来，总带一条在商务印书馆买的肥皂送给她，她要用时就切一块放在太阳下晒干，使它结实一点，不会用得太快。平常，她用的是豆腐渣做的豆饼，没什么泡沫。林语堂身上的拙朴、憨直、善良、坚忍与厚道更多是来自母亲。

其次，母亲的处世准则、性格特征也深深地影响了他。母亲信教，在晚上常用一种闽南语的罗马拼音系统读耶经。自己的丈夫是牧师，在闽南这个基督徒甚多的地方，是有一定社会地位的。杨顺命从不在人前炫耀，更不是目中无人。她一如尘土草木同村里人打成一片，视他们为兄弟姐妹。如果在烈日之下有人经过门前，她会邀请他们进屋喝碗水，歇歇脚。有时，得到一点儿好茶，她总是自家不喝，先将邻居叫来尝尝。这种品行，潜移默化影响着林语堂的一生。在林语堂的人生中，很重要的一点是对天命的顺应与容忍，那种不与天争，不与人斗，面带微笑和安逸退守的性格与母亲直接相关。如果说父亲是从理想气质方面塑造林语堂，那么母亲是从现实人格方面塑造林语堂。

最后，影响到林语堂女性观的形成。"我喜欢女人，就如她们平常的模样，用不着因迷恋而神魂颠倒，比之天仙；也用不着因失意而满腹辛酸，比之蛇蝎。女人的理论每被男人斥为浮华，浅薄，重感情，少理智，但是女子的理智思想比男人实在。她们适应环境，当机立断的能力也比我们好。也许她们的主张，常说不出理由来，但是她们的直觉是不会错的……这就是她们著名的'第六官'（The six sense）。在她们这种感情少理智的表面之下，她们能攫住现实，不肯放松。男子只懂得人生哲学，女子却懂得人生。……种族之延绵，风俗之造成，民族之团结，礼教之维持都是端赖女人，没有女子的世界，必定没有礼俗、宗教、传统及社会阶级。世上没有天性守礼的男子，也没有天性不守礼的女子。"[11] 林语堂笔下那些美好的女性形象，身上有着自己母亲的因子。

二　姐

二姐美宫，也是一位对林语堂影响至深的人。二姐比林语堂大4岁，他们一起游戏，一起学习，一起戏弄母亲……作为姐姐，二姐也时常教导并劝解林语堂，因此对林语堂而言二姐"是我的顾问，也是我的伴侣"。[12] 二姐是他心中美好的偶像，是他童年时光快乐的源泉，也是理想与追求的动力，以至晚年的林语堂还多次深情地说出："我青年时代所流的眼泪，多是为了二姐而流的。"[13]

二姐长得活泼而美丽，"眼睛特别有神，牙又整齐又洁白"，就读于鼓浪屿毓德女中，被同学们称誉为"校花"。她和弟弟往往一起干活，一同玩耍，一并读书写字，一意向往着美好的未来。美宫聪明过人，学习成绩优异，并且心怀雄心壮志。假期，她曾与语堂一起兴趣盎然地阅读林琴南翻译的外国小说《撒科逊劫后英雄传》，两人还随想随编了一个法国侦探故事，每日讲给母亲听，她要与弟弟一起走出乡村，到外面的世界自由飞翔。由于家庭条件不允许，为了弟弟能继续深造，她只好辍学在家待嫁。美宫将婚期一拖再拖，直到 22 岁才出嫁。在偏僻的乡村终了一生，这对于心高气傲的美宫来说，是痛苦而绝望的结局。出嫁意味着她自己的希望与理想彻底破灭，但为了弟弟语堂能进入大学，她愿意做出如此牺牲。美宫出嫁与语堂去上海读圣约翰大学同时，"在婚礼前一天早晨，她从身上掏出四毛钱对我说：'和乐，你要去上大学了。不要糟蹋了这个好机会，要做个好人，做个有用的人，做个有名气的人，这是姐姐对你的愿望'。""我深深感到她那几句话简单而充满了力量。整个这件事使我心神不安，觉得我好像犯了罪，她那几句话在我心里有极重的压力，好像重重地烙在我的心上，所以我有一种感觉，仿佛我是在替她上大学。"[14] 美宫婚后约 10 个月，即死于鼠疫。

美宫对林语堂的影响有多个方面。林语堂的悲剧生命主要表现在三个方面：一是"死亡情结"；二是人生的戏剧化；三是感伤的抒情基调，这都与他的二姐有关。二姐美宫给林语堂的乐观、平和、幽默与闲适的性格中注入了忧郁的成分。忧郁性格是一种美，尤其是一种柔性之美，有着缺少尖锐矛盾冲突之下思想的深度。这一点，我们在《赖伯英》《风声鹤唳》《京华烟云》等作品中都感受得到。在他的生命和创作中，常感到"二姐"影子的存在。他后来对女性的看法，塑造莫愁这样的艺术形象，也与二姐有关。林语堂一生勤奋不已，有着二姐的鞭策和激励。"做个好人，做个有用的人，做个有名气的人"，时时回响在耳边。他要对得起姐姐的"愿望"。人不仅要能认识自己的才能，还要充分发挥自己的才能，这非常重要。

1947 年 4 月，林语堂所撰的《我的二姊》载《西风》第 93 期。正文题名前标注："人们很少知道这些无名女英雄的伟大。可是我觉得我今日的知识，有一部分是由于纪念她而得来的。"[14] 这里有二姐早逝给他留下的那份生命的悲感，也有他对二姐那腔挚情。

廖翠凤

廖翠凤是林语堂的妻子，是后来融入这个大家庭的。林语堂一生中既有美好无邪的初恋，也有痛彻心扉的热恋，亦有在相濡以沫的婚姻生活中产生的爱情。

在《八十自叙》中，林语堂提到他的初恋情人是坂仔村里的赖柏英。那次纯真的爱情并不长久，林语堂长大后急于走出家乡去外面的世界追求"新知"，而赖柏英却坚持要照顾双目失明的祖父。在上海圣约翰大学求学期间，林语堂认识了"就是美的化身"的陈锦端，但是他们的恋爱却因陈锦端父亲的反对而夭折。

1915 年 8 月，林语堂与厦门鼓浪屿豫丰钱庄老板廖悦发的二女儿、上海圣玛丽女中毕业生廖翠凤订婚。当林语堂初次来到廖家时，母亲向翠凤说起"语堂是个牧师的儿子，但是家里没有钱"。母亲是担心女儿跟了林语堂将来会吃苦。她却坚定而得意地回答说："穷有什么关系？"[15] 这一句连她自己都吃惊的、历史性的话，深深震撼着林语堂！廖翠凤选择人的标准是人品，而不是金钱。在她看来，一个人最重要的是志气，而不是拥有多少金钱，更何况人又不是为钱活着。林语堂才华出众，这一点廖翠凤是早就知道的。她相信他将来一定会有出息，也不会错待她。廖翠凤给予林语堂的是信任、尊重和人生的激励。这对一个曾经恋爱，却因贫穷而被人瞧不起的人来说，是何等的宝贵！

林语堂于 1919 年 8 月 9 日与夫人廖翠凤在厦门圣公会教堂举

行婚礼。9月18日，携夫人廖翠凤抵达美国哈佛大学留学。婚后，林语堂在获得妻子的同意后烧掉了婚书，在他看来"婚书只是离婚时才用得着"。[16] 在婚姻生活中，林语堂与廖翠凤相互牺牲、携手共进，为当时同人婚姻生活的楷模。赵景深曾有文描述："他与妻子感情很笃。在一次宴会中，语堂听见皮鞋的嘚嘚声，侧耳细听了一会儿，便说：'她来了！'但听门扭响处，一个高胖的夫人塞了进来，果然是他的夫人。大家都微笑颔首，仿佛对于他们两个老夫妻的爱表示欣羡。"[17]

婚后，廖翠凤以自己1000元的嫁妆资助林语堂留学，当清华学校的半额奖学金停发时，他们生活窘迫，廖翠凤毫不犹豫地变卖首饰维持生活。廖翠凤虽不及林语堂博学多才，却始终默默地陪伴着他。林语堂将《牛津袖珍字典》讲给廖翠凤听时，廖翠凤虽不懂，却也陪着他笑。对于林语堂"想发明中文打字机，编纂字典等工作，她都不太清楚，但是她要设法去了解，想步步跟得上他。"[18] 作为妻子，她不反对林语堂抽烟，甚至在床上抽烟，她理解丈夫，让他舒心自由；她不像一般世俗女子，容不得自己的男人与别的女性往来，她充分相信自己的丈夫，从不嫉妒他与别的女性交朋友；她虽然对丈夫所从事的事业不是非常的了解，但却是十分地看重和支持。"每当林语堂出去演讲，入迷的听众不断鼓掌欢迎，而廖翠凤却不让女儿鼓掌，因为她觉得这样做太骄傲；可是，一到家中她又第一个向林语堂表示祝贺，祝贺他演讲成功。还有，每到一本书处于紧张的写作状态，为了不打扰丈夫，廖翠凤总是嘱咐女儿不要随便进出爸爸的书房，即使她自己端送茶水也小心翼翼，她觉得丈夫的工作既重要又神圣。最令林语堂感动的是，每当一本书完稿，妻子总要与女儿一起为他欢呼，这一时刻往往比盛大的节日还重要！……当然，廖翠凤对林语堂并非百依百顺，有时也有批评和警示。一次，她对林语堂这样说："堂啊，你的文章不要写得太长，太长人就不爱看了。"林语堂不仅不烦，反而总是认真听取和采纳妻子的意见。

在婚姻中，林语堂也做到了陪伴与牺牲。当廖翠凤在美国做盲肠炎手术时，他们花光了所有的积蓄，林语堂仅靠一罐"老人牌"燕麦度过一个星期。当林语堂因发明"明快打字机"而几近破产时，廖翠凤展露出廖家人世俗的缺点，她时常念叨："我们没有钱了，我们欠人家钱。"对此，林语堂选择了理解，他安慰廖翠凤说："凤，我们从头来过。你别担心，我这支邋遢的笔还可以赚两个钱。"[19]廖翠凤晚年患有恐惧症，只有和女儿住在一起才觉得好一点儿，但林语堂却怀念山川，在香港的小公寓住久了他就觉得精神不佳，因此林语堂时常在香港与台湾之间往返，终究是在香港待的日子更多。

廖翠凤虽是银行家之女，但绝无那种娇骄之气。在家自小就接受三从四德所谓传统美德的教育，管束严格。尽管上了学堂，但烧饭、洗衣、缝纫等所有普通家庭事务，她都会做。她照顾好林语堂又尊重林语堂。

廖翠凤还影响着林语堂信仰的改变。廖翠凤是虔诚的基督徒，常在床上读《圣经》，而且无论在什么地方，都会去参加教会的侍奉。林语堂偶尔也会陪她去参加，但结果常令他失望。因为他无法忍受那些基督教会"欠缺甜美的人情味"和"次级的布道词"。在林语堂不信仰宗教甚至极端反对基督教的那一段日子，她依然没有动摇，每周必上礼拜堂，而且尽可能地把林语堂也带去礼拜，这样锲而不舍终于发挥了功效。终于，1957 年，林语堂夫妇成了纽约麦迪生街长老教会会员，他终于寻找到了一间不会让他局促不安且能够由始至终高兴地专心聆听的教会。

"我听过大卫·利达博士（The Reverend David Read，1910—2001）第一篇布道词之后，每个礼拜天都去，因为我每次都能有丰富的收获。被容许走到上帝的面前像我常常想崇拜他一样来崇拜他，是一种万虑皆释的轻松感！他自然地发生，因此当正式参加教会的问题被提出的时候，甚至没有经过一次家庭讨论。在我参加且愉快地参加之前，我们曾每个礼拜到麦迪生街长老会教会去，持续半年之久。我只想说利达博士在他的布道词中常固守基督徒生活上的问题，他不像在哈佛纪念教会的牧师，当我数十年在那里时，他有时用乔治·哀利奥特做他的布道词的题目。有这么多基督徒生活上的问题可谈，没有必要去讲一些不相干的话。因此到礼拜堂去便成为一件令人愉快的事，因为在教会等于接近耶稣基督的真精神。"

这段话摘自《从异教徒到基督徒》一书的最后一章：《大光的威严》。从中可见，最终使林语堂重新回到教会的有两位至关重要的人：他的妻子和大卫·利达博士。因而这本书不仅是他再次成为基督徒的见证，也是他献给妻子的礼物："To My Wife。"林语堂又"恢复"了他的信仰，夫人廖翠凤的功劳确实不小。

林语堂与廖翠凤携手共度了五十多年的光阴，他们共同面临艰难困苦。在结婚五十周年之际，林语堂送给妻子廖翠凤一件礼物，上面刻有James Whitcomb Riley的那首《老情人》。林语堂自译为：

同心相牵挂　　一缕情依依
岁月如梭逝　　银丝鬓已稀

幽冥倘异路　　仙府应凄凄

若欲开口笑　　除非相见时

这是一首感人肺腑的诗，表达了林语堂对妻子的深厚感情。

林语堂与赖柏英两小无猜在前，与陈锦端的现代恋爱在后，与廖翠凤的结合实际上是一个老式婚姻，但他们一辈子相濡以沫。所以，林语堂曾高声宣称："我从没有休过自己的老婆。"[20] 他不否认爱情的重要性，也不提倡老式婚姻，在他看来婚姻固然以爱情为基础，但爱情同样可以从老式婚姻中培养出来，不能与自己的最爱结合当然是人生憾事，但并不等于说一个人的爱情婚姻宣告完结，就不能互相包容、和谐相处。不能做到这一点的人，是缺乏人生的智慧；失去了爱情，呼天喊地乃至自杀的人，是不了解生命的真谛。

《林语堂自传》中曾回忆道"我们是在一个虔诚、相爱、和谐而有良好工作秩序的家庭中长大"，父亲时常告诫他们"每个人都要'友好和善'"，因此兄弟姐妹间从来没有争吵过。他们脸上常挂着笑容，长大后林语堂"尽力脱去那一幅常挂脸上的笑容以去其痴形傻气"。林语堂的家庭不仅和谐，而且互助。林语堂入大学时，受到哥哥的资助，他同样也帮助弟弟完成学业。在这样友爱的家庭中，林语堂感受到家庭生活的爱与快乐，"一个小孩需要家庭的爱情，而我有的是很多很多……我深识父亲的爱、母亲的爱、兄弟的爱和姐妹的爱。"[21] 这些爱滋养着林语堂成长，使他学会爱人、待人；和谐友爱的家庭生活是他对家庭最初的印象，也成为他对家庭最终的追求，林语堂的家庭观念极深，这必然离不开他幸福的家庭生活。

注释

[1] 林语堂:《林语堂自传》,《林语堂名著全集》第 10 卷,东北师范大学出版社 1994 年版,第 4 页。

[2] 林语堂:《无所不谈合集》,《林语堂名著全集》第 16 卷,东北师范大学出版社 1994 年版,第 69 页。

[3] 林语堂:《八十自叙》,《林语堂名著全集》第 10 卷,东北师范大学出版社 1994 年版,第 278 页。

[4] 林语堂:《八十自叙》,《林语堂名著全集》第 10 卷,东北师范大学出版社 1994 年版,第 255-260 页。

[5] 林语堂:《从异教徒到基督徒》,《林语堂名著全集》第 10 卷,东北师范大学出版社 1994 年版,第 46 页。

[6] 刘慧英编:《林语堂自传》,江苏文艺出版社 1995 年版,第 272 页。

[7] 林语堂:《八十自叙》,《林语堂名著全集》第 10 卷,东北师范大学出版社 1994 年版,第 257 页。

[8] 林语堂:《讽颂集》,《林语堂名著全集》第 15 卷,东北师范大学出版社 1994 年版,第 67 页。

[9] 林语堂:《八十自叙》,《林语堂名著全集》第 10 卷,东北师范大学出版社 1994 年版,第 257 页。

[10] 林语堂:《讽颂集》,《林语堂名著全集》第 15 卷,东北师范大学出版社 1994 年版,第 129 页。

[11] 林语堂:《八十自叙》,《林语堂名著全集》第 10 卷,东北师范大学出版社 1994 年版,第 26 页。

[12] 林太乙:《林语堂传》,《林语堂名著全集》第 29 卷,东北师范大学出版社 1994 年版,第 13 页。

[13] 林语堂:《八十自叙》,《林语堂名著全集》第 10 卷,东北师范大学出版社 1994 年版,第 261 页。

[14] 林语堂:《我的二姊》,黄嘉德译,《西风》1947 年 4 月第 93 期,第 259-262 页。

[15] 林语堂:《八十自叙》,《林语堂名著全集》第 10 卷,东北师范大学出版社 1994 年版,第 276 页。

[16] 林语堂:《八十自叙》,《林语堂名著全集》第 10 卷,东北师范大学出版社 1994 年版,第 276 页。

[17] 赵景深:《文人剪影》,北新书局 1936 年版。

[18] 林太乙:《林语堂传》,《林语堂名著全集》第 29 卷,东北师范大学出版社 1994 年版,第 119 页。

[19] 林太乙:《林语堂传》,《林语堂名著全集》第 29 卷,东北师范大学出版社 1994 年版,第 119 页。

[20] 林语堂:《讽颂集》,《林语堂名著全集》第 15 卷,东北师范大学出版社 1994 年版,第 65 页。

[21] 林语堂:《林语堂自传》,《林语堂名著全集》第 10 卷,东北师范大学出版社 1994 年版,第 5—6 页。

青春之恋的挚爱
林语堂与陈锦端

　　林语堂在《八十自叙》中多次提到："我非常爱这个朋友的妹妹 C"，"正和那同学的妹妹 C 相恋"，"C 小姐的父亲决心将她嫁与别人"，"我知道不能娶 C 小姐时，真的痛苦万分。"[1] 这是怎么一回事？

　　在上海圣约翰大学，有一天，同学陈希佐、陈希庆兄弟带着一位少女向林语堂走来，林语堂一眼看去，简直惊呆了：飘逸的长发在微风中飘着，活泼明亮的双眼透着睿智，"好像阳光的焦点集中在她一人身上，使她似乎发出一种光芒。玉堂顿时心身都化了"。[2] 希佐说，这是他妹妹，名叫陈锦端，在圣玛丽女校读书。就是这位同窗好友的妹妹，是林语堂一辈子无法忘怀的精神之恋。

　　林语堂爱上了仅一墙之隔的圣玛丽女子学校的陈锦端。这是林语堂一生中唯一一次刻骨铭心的爱恋。陈锦端美丽大方，擅长绘画，在林语堂心目中，她就是美的化身，就是他苦苦寻找的另一半。他爱她的美貌，爱她爱美的天性，爱她那自由自在、笑嘻嘻、孩子气的性格。她身上沐浴着圣母玛利亚似的纯洁光辉，更重要的是她懂他的心。林语堂潇洒倜傥，才华横溢，陈锦端则倾心于林语堂的博学多才，爱他的"英俊有名声"。她知道，他念完大二，在结业典礼上，接连四次走到台上去领奖，并以演讲队队长身份接受演讲比赛获胜的奖杯，此事在圣约翰大学和圣玛丽女校引起了不小的轰动。他们之间有着共同的思想，共同的审美情趣，共同的语言。"锦端使他感到柔和如水色，柔软如轻纱的爱。他向她倾泄心底的话。""他在认识锦端之后，仿佛饱吸生命的活力，感到如醉如痴般"，"锦端对这位热情英俊的青年所献的殷勤，无法拒绝"。[3]他们彼此相知、相爱。

然而林语堂只顾着编织才子佳人的美丽梦想，他只忘情地陶醉在他与她的浪漫爱情中，却忘了现实的冷酷，忘了这个世界还有"门当户对"这样一个词。陈锦端的父亲是厦门最著名的医师陈天恩，而林语堂只是一个穷牧师的儿子，两家社会经济地位极为悬殊。自古才子配佳人总是被人羡慕、赞赏，但陈天恩"正打算从一个有名望之家为他女儿物色一个金龟婿"。他为了自己的"掌上明珠"的将来，又不至于太伤害林语堂，便将岛上廖家的二女儿廖翠凤介绍给林语堂。终遭棒打鸳鸯，有情人未成眷属。林语堂第一次感觉到彻底的绝望，滚动的泪泉冲决理智的闸门，急骤地喷涌，失控的感情，像脱了缰绳的野马，暴发的山洪似的倾泻下来。悲痛不已的林语堂选择接受现实，从此将陈锦端埋藏于无人能触及的心灵深处。但又如何能够轻言忘记呢？感情浓烈炙热，是说忘就能忘得了吗？

在女儿林太乙的眼里："玉堂对陈锦端的爱情始终没有熄灭。

我们在上海住的时候，有时锦端阿姨来我们家里玩。她要来，好像是一件大事。……我在上海长大时，这一幕演过许多次。我不免想到，在父亲心灵最深之处，没有人能碰到的地方，锦端永远占一个位置。"林太乙还常常看到父亲不自觉地画着飘逸长发的素描。尽管后来林语堂不再提到陈锦端，但晚年在香港时，听到锦端的嫂子说锦端还在厦门时，语堂却异常高兴地说："你告诉她，我要去看她！"要知道，此时的林语堂"身体衰弱，行走不便"。[4]

曾有人质疑林语堂既与翠凤结婚，又为何心里藏有锦端，他的情是否专一，和谐是否为伪？这是个既涉及夫妻关系，又涉及异性朋友的问题。首先，要摒弃男女之间要么夫妻，要么路人这种非此即彼的二元对立。其次，情感这种内宇宙非常复杂，绝非一汪清水，是否含有暧昧成分，过来人都心知肚明。再次，生活有灰色地带，但婚姻之树常青，这似乎不是道德问题。最为关键的是当事人廖翠凤的深明事理。"父母亲因为感情很好，而母亲充满自信，所以会不厌其详地、得意地告诉我们，父亲是爱过锦端阿姨的，但是嫁给他的不是当时看不起他的陈天恩的女儿，而是说了那句历史性的话'没有钱不要紧'的廖翠凤。母亲说着就哈哈大笑。"[5]

其实男女之间的友谊是人的一种高尚的感情，是介乎于爱情和友情之间的一种情感。这种感情它本身不是爱人，不是情人，但又超出一般朋友，这种感情是不言爱，更不言性。但会令你心动，却又不会动情；让你温暖，但不会有激情，纯净中有甜美，平淡中有绵长。异性友谊的最高境界：站在不远不近的地方去欣赏对方。为什么？有距离才有美感；有距离才能欣赏；有距离才能永远，这类解释过于抽象。这种感情在于心的了解，精神的交融，两人的心贴得很近，身体却离得"很远"，这是一种精神层次的"柏拉图"，只有理性的人才能做出，只有理智的人才能得到。

两个人在一起时，有着精神上的默契，有着心灵的统一，他们可以谈爱情、谈婚姻、谈未来，可以无所顾及地谈人生所有的问题，心有灵犀，心意相通，相知相惜，互相扶持，互相敬重。感觉像情人，却无情人间的那种腻味；感觉像兄妹，却没有兄妹间的那份庄重，随意但庄重，亲密但理性，相知而无私，拥有这种感情的两个人，不会当自己是异性。他们可以紧紧地握手，也可能会结结实实地拥抱，但那与性无关，是友爱是欣赏，是思无邪，而绝不是欲望，不是占有。会一起欣赏尼采，会一起探讨拜伦，但绝不是互送一朵小花。可以一起去郊游，可以一起去喝酒，到了车站，说声拜拜，各走各的路，不用相约，不用相守，轻轻松松带着尊严走自己回家的路。那种感觉是美妙的，那种味道是让人难喻的。当然那份异性的吸引也不否认，偶尔也会有那么几分刹那令人情不自禁，悄悄流露几许爱慕之意，也确难免，他感觉到了，她也感觉到了，那是握手瞬间的轻微感觉，那是拥抱朦胧的冲动。陈锦端嫁给了方锡畴，锦端不育，他们抱养了一子一女；语堂娶了廖翠凤，生下三朵金花，语堂心疼翠凤，早早让她做了输卵管结扎手术，不再受生育的痛苦。

但是当他们抬头再看看澄澈的天空，对望一下彼此无私的眼眸，他们就会知道：有些东西比爱情更持久，更值得追求。拥有这种感情，也会有痛苦，有无奈，同时也有快乐，也有让你说不清的无尽享受。因为这种感情毕竟存在男女异性之间，不是爱情，却又接近爱情，更可以超越爱情，这种感情变数很大，最难把握，所依持的就是彼此间的矜持和尊重，死守的就是最后一道防线。这种感情，至情至性的人才会有，大智大慧的人才会有，冰雪聪明的人才会有。这种情感很奢侈，就像玻璃瓶一样美丽而易碎，要拥有这份感情，就必须远离爱和性。因而心照不宣，心知肚明。一层薄薄的纸使这种关系会更具魅力和生命力。只有理性的男人，只有聪慧的女人，才配拥有这份情意，也才能维持这份情意，红男绿女，庸俗男女不会，也不配拥有这种感情。我相信这种属于男女私情之外的至真至纯，难寻难觅，需要刻意疏离又需要精心呵护的感情是存在的。这是一种奇妙的感情，自然坦诚而潇洒，也是最高最美境界的淡然。

　　你问我爱你有多深，我爱你有几分？我的情也真，我的爱也真，月亮代表我的心。你问我爱你有多深，我爱你有几分？我的情不移，我的爱不变，月亮代表我的心。轻轻的一个吻，已经打动我的心，深深的一段情，教我思念到如今。你问我爱你有多深，我爱你有几分？你去想一想，你去看一看，月亮代表我的心。

　　用当代的这首《月亮代表我的心》正好诠释林语堂、陈锦端的那段情感。

注释

[1] 林语堂:《八十自叙》,《林语堂名著全集》第 10 卷,东北师范大学出版社 1994 年版,第 275–276 页。

[2] 林太乙:《林语堂传》,《林语堂名著全集》第 29 卷,东北师范大学出版社 1994 年版,第 17 页。

[3] 林太乙:《林语堂传》,《林语堂名著全集》第 29 卷,东北师范大学出版社 1994 年版,第 18 页。

[4] 林太乙:《林语堂传》,《林语堂名著全集》第 29 卷,东北师范大学出版社 1994 年版,第 23–24 页。

[5] 林太乙:《林语堂传》,《林语堂名著全集》第 29 卷,东北师范大学出版社 1994 年版,第 23–24 页。